오문수 기자의

꿈꾼 적 없던 길이

세계여행

머리말

사람들은 왜 여행을 떠날까? 그것도 물설고 낯선 해외로. 아마 호기심이 첫 번째 이유이지 않을까? 여태껏 살면서 들어보지도 못한 생경한 모습에 감동과 감탄하며. 해외여행은 새로운 것을 배울 기회를 제공하고 세계를 다른 시각으로 볼 수 있도록 한다. 한 번도 만난 적 없던 사람들을 더욱 가까이 연결해 주고 그들을 통해 삶의 목적을 찾을 수 있도록 도와준다.

여행을 의미하는 투어(tour)는 즐기기 위한 목적으로 이곳저곳을 또는 이 나라 저 나라를 여행하는 걸 의미한다. 하지만 여행을 의미하는 또 다른 표현 트래블(travel)의 어원 속에는 고역, 고난의 의미가 숨어있다. 트래블(travel)의 어원인 트라베일(travail)은 고통, 괴로움, 산고란 의미를 내포하고 있어 여행이 힘든 일이라는 걸 의미한다. 그런데 정말 힘들기만 할까?

호기심 많은 내게 해외여행의 꿈을 심어준 고등학교 지리 선생님

호기심 많은 나는 초등학교 6학년 시절 도서부장을 맡으며 도서실에서 여러 권의 책을 만났다. 초등학생을 위한 명작 <걸리버 여행기> <해저 2만 리> 등을 읽으며 상상의 나래를 펼쳐갔다. 나이가 들어간다는 건 현실의 벽에 부딪히며 동화속 상상의 세계와 이별한다는 걸 의미한다. 내 자신의 능력과 현실의 벽에 부딪히며 상상속 세계가 무너져가던 고등학교 1학년 지리 시간은 내 가슴속에서 잠자고 있던 세계여행의 꿈을 일깨워줬다. 지리 선생님은 우리나라 각지에 대한 해박한 지식과 세계 여러 나라에 대해 자세히 가르쳐주셨다. 흥미로운 수업이 진행되던 어느 날 내가 손을 들고 질문에 나섰다.

"선생님, 우리나라 각지에 대해서 어떻게 그렇게 잘 아세요?"

"음, 그거? 나는 방학 때면 자전거 짐받이에 텐트와 취사도구를 싣고 전국을 돌아다니며 여행했었지. 그런데 나는 아무것도 아니야. 한국 최초의 세계여행가 김찬삼 교수는 세계여행을 꿈꾸지 못하던 1960년대 오토바이를 타고 전 세계를 3번이나 돌았다. 여행하다 돈 떨어지면 농장에서 아르바이트로 돈을 모아 다시 여행에 나서 세계여행을 마치고 교수가 됐다"

김찬삼 교수의 세계여행기를 듣고 "나도 언젠가는 세계여행을 하겠다."는 꿈이 되살아났다. 하지만 현실은 녹록치 않았다. 경제적으로 힘들어하던 청년 시절이 지나고 결혼 후 경제적 안정을 이루자 가슴속 깊은 곳에서만 꿈틀대던 꿈이 서서히 살아났다. 그러나 가장이 직장을 그만두고 세계여행을 떠날 수는 없다. 하지만 내게는 직장을 그만두지 않고도 여행을 떠날 수 있는 교사라는 직업이 있다. 게다가 해외여행을 떠나는 사람들 대부분이 두려워하는 언어에 대한 두려움은 없다. 영어교사이기 때문이다. TV와 책을 통해 호기심을 달래는 동안 어느덧 40대가 됐다. 특권층과 유학생에게만 해외여행의 문호가 열려있던 1989년 해외여행 전면자유화 정책이 시행됐다. 방학이라도 영어교사는 보충수업을 해야 한다. 꿈꾸면 이뤄진다든가? 직업 때문에 해외여행의 꿈을 못 꾸고 있던 1991년 보충수업을 해야 하는 국•영•수•과 교사들 대부분이 방학 중에 연수를 받아 보충수업이 불가능하게 되자 교장 선생님께 사정해 유럽배낭을 다녀오겠다며 허락을 요청했다. 여행을 계획했던 국가와 지역에 대한 정보를 6개월간 공부하고 여행사 담당자와 만나 궁금한 상황에 대해 들은 후 런던행 비행기에 몸을 실었다.

홀로 도전한 한 달간의 유럽 배낭여행…
여행 중 겪을 수 있는 거의 모든 경험 맛봐

한 달간 유럽 열차를 이용할 유레일패스를 구입했지만 이메일이 없었던 때라 숙소와 좌석 예약이 이뤄지지 않은 채 홀로 떠난 여행은 어려움의 연속이었다. 내가 타고 갈 루프트한자 비행기는 밤 11시 55분에 런던 히드로 공항에 도착할 예정이었다. 여행 안내서를 탐독하며 방문할 목적지는 정해 놨다. 하지만 동행할 친구도 없을 뿐만 아니라 숙소도 정해지지 않아 독일 프랑크푸르트 공항에서 도버해협을 건널 때 좌석 사이를 돌아다니며 젊은 대학생들이 보이면 숙소가 있는가를 물었다. 다행히 나와 똑같은 처지의 대학생 3명을 만나 "우리 런던의 첫날밤을 공항대합실에서 자자"고 합의했다. 행운은 우연히 찾아오는가 보다. 게이트를 통과해 대합실에 나가니 얼굴 한 번 본 적 없는 한국분이 "학생들 잠잘 숙소는 마련했어요? 여름방학이면 배낭여행의 두려움을 모르고 무작정 떠나오는 대학생들이 있단 말이야"라고 말하며 혀를 찼다. 자신도 대학생 시절에 배낭여행에 무작정 도전했다가 목사가 되었다며 차를 타라고 하셨다. 새벽 1시가 넘어 도착한 호텔. 말이 호텔이지 한국 여관 정도 수준의 방이었지만 편히 잠잘 수 있어 좋았다. 드디어 영국에 도착했다는 생각에 깊이 잠들지 못한 다음날 새벽 한국에서 걱정할 아내에게 안부전화를 하기위해 호텔 문을 나서는 순간 영국에 대한 환상은 깨졌다. 헙수룩한 옷을 입고 구두코가 터진 신발을 신은 채 현관문 앞에서 담요 하나에 3명의 노숙자가 자고 있었기 때문이었다. "아! 신사의 나라, 해가 지지 않는 나라라고 일컬어졌던 대영제국이 이런 모습이란 말인가?"

런던을 구경하고 도버해협을 건너 벨기에, 네덜란드, 덴마크, 스웨덴, 노르웨이의 아름다운 피오르드를 구경하며 북유럽의 아름다움에 한껏 취해 긴장이 풀린 내게 위기가 왔다. 유레일패스 1등권이 있지만 인터넷이 없던 시절이라 예약 못한 채 발트해를 건너는 열차 통로에서 비닐을 깔고 자던 중 국경 경찰의 여권검색을 받았다. 여권은 해외여행 중 가장 중요한 서류인지라 목걸이를 걸어 러닝셔츠 속에 간직했던 여권을 꺼내 보여준 후 잠이 들었다. 2년 전 통일된 베를린 시내를 구경한 후 다음 목적지 프라하를 방문하기 위해 베를린 주재 체코 영사관에 들어가 입국수속을 받기 위해 여권을 꺼내 보니 여권과 카드가 없다. 배낭과 주머니 등 있을 만한 곳 모두를 찾았지만 행방이 묘연했다. 아뿔싸! 필시 분실했거나 피곤해 열차 통로에서 잠자는 사이 누군가 훔쳐간 게 분명했다. 여행안내서가 설명한 대로 독일경찰서에서 분실 증명서를 받아 영사관에서 발급받은 건 3개월 동안만 유효한 '여행증명서'다.

다시 체코 영사관에 들러 담당자에게 여행증명서를 내미니 담당자가 입국이 불가능하다며 돌아가란다. 사정해도 소용이 없었다. "I am from Korea ~"를 말하며 담당자에게 통사정할 때 뒤에서 "한국분이세요?"라며 여인이 다가왔다. 내가 여권을 분실한 자세한 내막을 전해들은 그녀가 독일어로 설명하자 담당자가 여행증명서에 도장을 찍어줬다. 알고 보니 독일에 파견됐던 간호사 출신 아주머니였다. "광부였던 남편을 만나 베를린에서 잘살고 있다."며 열차가 출발할 시간 여유가 있으니 자신의 집에 가자며 초대했다. 그분이 내놓은 김치와 불고기 3인분은 유럽 여행 중 먹은 최고의 음식이었다.

한 달을 계획하고 떠난 유럽 여행도 반쯤 지나니 자신감과 여유도 생겼지만 여행 내내 나를 괴롭혔던 일이 있었다. 8월 18일 개학인데 내 귀국 비행기 티켓은 8월 22일이었다. 서울에서 비행기 티켓을 줬던 여행사 직원에게 "반드시 8월 18일 비행기를 타야한다"고 채근하자 "파리에 가면 배낭여행 온 대학생들이 많이 있으니 돈을 주고 바꿀 수 있다"고 말했다. 미덥지 않았지만 해외여행 경험이 없는 나는 여행사 직원의 말을 믿을 수밖에 없었다.

남유럽까지 돌아본 후 마지막 행선지는 귀국행 비행기가 출발하는 프랑스 파리다. 8월 15일이 되어 파리 루프트한자 여행사에 들러 8월 22일 출국 예정인 항공권을 8월 18일로 바꿀 수 없냐고 묻자 안 된다며 화를 냈다. 여행사 출입문을 열고 밖으로 나와 '리컨펌'하기 위해 여행사를 방문하는 한국 대학생에게 "10만 원을 더 줄 테니 22일 출국예정인 내 항공권을 18일 예정인 학생 항공권과 바꾸자"고 했더니 흔쾌히 허락했다. 학생과 동행해 다시 여행사 직원에게 교환해달라고 했더니 돌아온 말은 impossibe(불가능해), go away(꺼져!)라고 말하며 불같이 화를 냈다.

눈앞이 캄캄했다. 방법이 없을까 고민하며 루브르박물관 방문계획을 취소하고 대한항공 지사를 찾아가 사정하니 "선생님, 비행기 티켓이 버스 티켓인 줄 아세요?"라며 대한항공 티켓도 없단다. 애가 탄 나는 태국항공, 홍콩항공, 일본항공을 찾아갔지만 좌석이 없다. 만약 한국과 가까운 동남아국가 비행기티켓이 있으면 그 나라까지 갔다가 한국으로 귀국할 예정이었다.

할 수 없다. 비상수단을 동원하는 수밖에. 다시 루프트한자 여행사에 들러 <나홀로 집에> 주인공 케빈의 엄마와 같이 생긴 예쁜 여인에게 다가가 손모아 빌며 도움을 요청했다.

"한국 집에 전화해보니 아내는 병원에 입원해 있고 어린 아들과 딸이 울고 있어요. 하루빨리 돌아가 아내와 아이들을 돌볼 수 있도록 도와주세요. 제발! 제발!"

두 손 모아 간절히 비는 내 모습을 애처롭게 바라보던 그녀가 말했다. "연락처를 주세요. 최선을 다해보겠습니다"라고 말했다. 밥도 못먹고 파리 시내 여행사를 찾아다니느라 아픈 다리를 끌고 간 곳은 세느 강변에 세워진 노트르담사원이었다. 신부님이 신도들 앞에서 집전하는 동안 맨 뒷자리에 앉은 내 입에서는 기도가 흘러 나왔다.

"하느님 18일 비행기를 태워주시면 교회에 열심히 다닐 테니 제발 도와주세요."

"에라 모르겠다. 될대로 되라지"라고 혼잣말을 하며 밤 8시 빵 한 조각을 뜯으며 아픈 다리를 끌고 내가 묵었던 유스호스텔에 도착하니 경비원이 물었다.

"Are you Mr. Oh?"
"Yes"

경비원이 건네준 메모지에는 단 두 글자 "O.K"가 선명하게 적혀 있었다. 내가 "야호!"하며 환호성을 지르자 내 방에 있던 여러 나라에서 온 8명의 대학생들이 무슨 일이냐고 물어 설명해주자 다 같이 축하해줬다. 나는 인근 가게에 들러 맥주 한 박스를 사 대학생들과 함께 마셨다. 다음날 들뜬 마음으로 일찍 일어난 나는 과일가게에 들러 커다란 과일상자를 사서 일명 케빈 엄마에게 감사 표시를 했다. 한국으로 돌아온 나는 한국인삼 두 상자와 김을 사서 파독간호원과 나를 도와준 루프트한자 여행사 직원에게 소포를 보냈다. 파리 루프트한자 여행사 직원이 보낸 답장에는 "한국에서 뜻밖에 인삼 선물을 받아 깜짝 놀랐다. 프랑스에서는 한국인삼을 약으로 간주한다"는 답장이 왔다.

당시의 글이 전혀 없는 이유는 내가 기사 쓰기에 관심이 없었기 때문이었다. 그러나 오마이뉴스 글쓰기에 본격적으로 뛰어들면서부터는 사물과 현상을 보는 눈이 달라졌다. 사물이나 사건의 본질을 파악해야 했고 뒤에 숨어있는 현상까지도 캐내야 했기 때문이다. 배낭여행뿐만 아니라 패키지 여행을 떠날 때도 사전에 공부를 하고 떠났다. 여행은 아는 만큼 보인다. 사전에 공부한 내용에 곁들여 현지인들을 만나 대화하고 현장에서 일어났던 에피소드를 곁들이면 흥미로운 기사가 탄생한다. 많은 나라를 돌아보며 배우고 느낀 것도 많다. 우리나라의 장단점과 고쳐야할 문제도 보였다. 여러 나라를 돌아보고 느낀 소감은 한국이 꽤 괜찮은 나라라는 것이다.

밤에 여성들이 돌아다닐 수 있는 나라는 대한민국을 포함해 손으로 꼽을 정도다. 대한민국은 깨끗한 화장실을 공짜로 사용할 수 있는 나라다. 최상의 인터넷을 손쉽게 사용할 수 있는 곳이기도 하다.

어디 그뿐인가? 영화 <기생충>과 <오징어 게임>으로 세상 사람들을 사로잡았다. 세계인들이 꼭 가보고 싶어 하는 마추픽추를 등정한 후 다음 목적지로 가는 열차를 타기 위해 마추픽추 아랫마을 아구아 깔리엔테스 역무원 아르날도(Arnaldo)씨와 얘기하던 중 깜짝 놀랐다. 한국에서 왔다고 하니 "아들이 BTS멤버인 김남준, 김석진 등을 무척 좋아한다."며 멤버 이름을 정확히 말해 문화가 경쟁력임을 실감했다. 사실 나는 BTS는 알지만 멤버들 이름까지는 몰랐기 때문이다. 역무원이 한국어로 "김남준, 김석진"을 말할 때는 어깨가 으쓱해졌다.

칠레의 아름다운 항구 발파라이소에 있는 노벨문학상 수상자 네루다 기념관을 방문하던 중 체험학습차 현장을 방문한 학생들이 "한국에서 왔다"고 하자 " 와우! BTS 나라에서 왔다"며 몰려들어 즐거운 비명을 지르기도 했다. 아르헨티나 수도 부에노스아이레스에 있는 푸에르토 마데로 운하를 구경하던 중 20여 명의 고등학생들이 악기를 연주하며 율동하는 모습을 보고 "사진 찍어도 되느냐?"고 묻자 "괜찮다"며 "어느 나라에서 왔는가"를 물었다. 대한민국에서 왔다고 밝히자 한국말로 "안녕하세요?"하며 우르르 달려와 기념촬영을 요구했다. 그들에게 지구 정반대 쪽에 있는 대한민국을 어떻게 알았는지 묻자 "BTS와 싸이를 통해 한국을 알았다"며 대학을 졸업하면 한국을 방문하겠단다.

해외여행 중 가장 기억에 남는 일은 몽골 서쪽 끝 알타이 지역에서 청동기시대를 살았던 사람들이 바위에 새긴 암각화 탁본을 뜬 것이다. 국경지대인지도 모르고 암각화가 있다는 지역으로 들어갔다가 국경경비대에 불려가기는 했지만 교과서에서만 보았던 암각화를 보았다는 생각에 흥분해 배고픈 줄도 몰랐다.

"세상사가 시들해지면 마추픽추에 가보라!"는 말이 있다. 사정상 마추픽추를 못 가는 분들에게는 미안한 일이지만 그 말이 틀리지 않다는 생각이 든다. 여행을 좋아하는 사람들에게는 꿈의 대상이니까. 뿐만 아니다. 마추픽추는 해발 2,350m 산 정상위에 잉카인들이 세운 공중도시로 인간이 궁지에 몰렸을 때 해낼 수 있는 한계가 어디까지인지를 가늠해볼 수 있는 곳이기도 하다.

6·25 참전 용사로 몇 해 전 한국을 방문했던 미국 노인이 감격해하며 하던 말이 기억에 남는다. "From Nothing to Everything(아무것도 없었던 나라에서 모든 게 있는 나라)". 초등학교 시절 단체로 읍내 극장에 영화 구경 가던 시절 읍내 도로변에 펼쳐진 상가 모습에 눈이 휘둥그레져 옆만 보고 가다가 길가 전봇대에 부딪혀 머리에 혹이 났던 내가 5대양 6대주를 돌아보았다.

이제 전봇대에 부딪히지 않아도 될 것 같다.

차례

차례

차례

차례

세계여행

오문수 기자의 꿈꾼 적 없던 길이

유럽연합을 둘러보며 인류의 꿈을 보았다

독일, 헝가리, 체코, 러시아 여행기

7월 말부터 8월 초까지 동유럽과 러시아를 여행했다. 경제, 정치적으로 각기 다른 여러 나라가 큰 공동체를 이루며 살고 있는 유럽연합을 통해 우리의 정치 경제적 어려움을 살펴보고 싶었기 때문이다.

찌는 듯한 태양과 함께 도착한 첫 기착지는 2006 월드컵 대한민국-토고 전이 열린 프랑크푸르트였다. 금융과 상업의 중심지로 '젊은 베르테르의 슬픔', '파우스트' 등의 작품을 남긴 괴테의 생가가 있는 곳이기도 하다.

다음날 인구 13만 명에 학생이 3만 명에 달한다는 학문의 도시 하이델베르크를 방문했다. 짙은 녹색의 숲을 배경으로 고풍스러운 옛 성들의 모습이 인상적인 낭만주의 중심지 하이델베르크는 넥카강과 라인강이 합류하는 독일 서남쪽에 위치해 있다.

로덴부르크에선 마치 중세 귀족이 된 듯

하이델베르그 대학은 신학, 철학, 의학으로 유명하며 우리 사상사에 중대한 영향을 끼진 막스 베버, 칸트, 하이데거, 헤겔 등의 대철학가를 배출했다. 당시 영주의 자랑거리가 자기가 다스리는 지역에 얼마나 유명한 대학이 있는지였다고 하니 하이델베르그 영주는 꽤 목에 힘을 주고 다녔을 것 같다.

독일이 오늘과 같이 지방자치가 발전한 것은 중세 영주들의 권한이 막강하여 7왕 중에서 신성로마제국의 황제를 선출한 데서 기인한 것으로 본다. 이들은 연방국가였지만 황제와 독립적으로 동맹관계를 맺고, 황제의 간섭 없이 제국의회에서 특정문제를 결정할 집단적인 권리를 얻었다. 특히 루터에 의해 종교개혁이 진행됐을 때, 많은 제후들이 종교개혁을 지지한 데에는 종교적 이유와 함께 정치적·경제적 자치를 누리고 싶었던 이유도 있었다.

제2차 세계대전 이후 관광객 유치를 위해 전략적으로 개발된 로만틱 가도를 따라 이튿날 로텐부르크에 갔다. 세계대전으로 도시의 약 4할 정도가 파괴되었으나 완전하게 복원되어 마치 타임머신을 타고 중세로 간 듯

1 2차대전시 폭격으로 무너진 성문의 일부

2 모차르트의 생가가 있는 게트라이트 거리

3 세상에서 가장 아름다운 다리중의 하나인 카를교를 끼고 멀리 보이는 프라하 성의 모습

4 부다왕궁과 세체니다리 야경

한 느낌이었다. 당시 복장을 한 마부가 이끄는 마차를 타고 납작한 돌로 이루어진 시청 광장과 거리 구석을 누빌 때는 중세의 귀족이 된 듯했다.

'프라하의 연인'으로 한국 관광객 많은 체코

체코는 공산주의 체제하에서는 소련의 지배를 받았으나 1988년 고르바초프에 의한 소련의 개혁 바람으로, 같은 해 민주화개혁 요구 시위가 대규모로 발생했다. 12월에 공산정권이 퇴진하고, 1989년 '시민포럼'의 지도자 바츨라프 하벨이 체코슬로바키아 41년 역사상 처음으로 비공산주의자 대통령으로 취임하였다. 오랫동안의 공산주의 영향으로 산업이 발달하지 않아 관광이 주산업이다.

프라하는 블타바 강을 끼고 형성된 수도로 수많은 역사를 간직한 고도다. 로마네스크 양식, 고딕 양식, 르네상스 양식, 바로크 양식의 아름다운 건축물이 그대로 남아있어 유네스코 세계문화 유산으로 지정되어 있는 곳이다. 모 방송국에서 방영한 '프라하의 연인'으로 우리나라 관광객이 굉장히 많아 한식당에 들렀을 때는 한국에서와 똑같은 맛을 볼 수도 있었다.

프라하를 떠나 산 아래에서 S자형으로 흐르고 있는 강물을 따라, 한 지주가 건설한 붉은 지붕의 중세적인 건물들과 고딕양식의 성, 바로크와 르네상스 양식으로 유명한 체스키크롬노프를 향해 약 3시간 쯤 관광버스를 타고 달렸다. 내려다보이는 아름다운 모습은 여기가 과연 끊임없는 전쟁과 살육의 현장이었는지 의심스러웠지만 버스에서 들리는 음악이 당시로 나를 되돌렸다.

체코음악의 아버지로 불리며 보헤미아에 민족주의의 혼을 심은 스메타나의 '나의 조국' 중 제2장 '몰다우(현재의 블타바 강)'은 끝없는 대평원과 낮은 언덕 주변에 펼쳐진 평화로운 전원의 풍경을 떠올리게 했다. 바위에 부딪혀 쾌활한 소리를 내며 햇빛에 아름답게 반짝이는 강물 주위에 사냥꾼의 나팔소리와 농부들의 경쾌한 춤, 밤이면 푸른 달빛 아래서 춤을 추는 요정들이 등장하여 외친다. 이 곡은 조국의 현실을 일깨우고 국민들에게 조국을 사랑하자는 메시지를 던지는 가슴 뭉클한 음악이다.

독일어로 '알프'라는 뜻은 '여성적 아름다움을 간직한 악마'의 뜻을 가졌다고 한다. 암염으로 유명한 잘츠부르크(Salz: salt, burg: castle) 성은 영화 'Sound of Music'의 무대로 유명하다.

악마가 후세에 아름다움을 전하기 위해 꼭꼭 숨겨두었던가! 볼프강 호수 주변경치에 흠뻑 젖어 있다가 미라벨 정원에서 호헨짤츠성을 바라봤다. 모차르트의 생가와 세계 명품 상표를 탄생케 했다는 일화가 있는 게트라이트 거리에서 커피로 지친 다리를 달랬다.

동양이 뿌리, 유럽에서 인종의 섬인 '헝가리'

헝가리 국민들은 오랜 기간 터키와 오스트리아의 지배를 받아 성격이 우울하면서 저항의식이 강한 반면 개방적인 면도 있다. 기질이 우리나라 사람과 비슷하다. 역사적으로 칭기즈칸이 서역 정벌을 할 때 유럽지역에서는 제일 먼저 침략을 받은 곳이 바로 헝가리다. 그 때 민족 대이동으로 로마가 멸망케 된 한 원인을 제공하기도 한 헝가리는 뿌리가 동양이라는 특징을 갖고 있다.

문화적으로 우리와 언어체계가 비슷하며 고추를 먹는다. 이름을 표기할 때도 성 이름순으로 표기하며, 주소도 큰 주소부터 작은 주소로 써내려간다. 때론 우리와 거의 흡사한 모습의 현지인을 발견할 수가 있다. 유럽에서는 인종의 섬, 언어의 섬이라는 느낌을 받는다고 한다.

스탈린과 KGB, 스킨헤드족, 회색빛 도시, 사람들의 굳은 표정, 박해와 탄압만 떠올랐던 러시아의 인상은 상트 페테르브르크에서 한국으로 귀화한 박노자 교수의 '당신들의 대한민국'을 탐독하고는 무너져버렸다. 무자비한 살육과 암살로 유명했던 소련이 어떻게 무슨 내용으로 교육을 했기에 그러한 박애주의자가 탄생했을지 무엇보다 궁금했다.

러시아, 아르바트 거리는 우리나라 인사동이나 종로 느낌

약 150여 다민족으로 형성된 러시아 사람들은 처음에는 서먹하나 친해지면 정을 주는 경향을 보인다. 우리나라 대학생 대다수는 취직이 목적이지만, 러시아 대학생들은 순수 학문이 목적이며 취직은 2차라고 한다. 2학년부터 매년 논문을 발표해야 하며 교수와 학생들 앞에서 질문을 받고 대답하는 수업방식이니 비판적 사고를 가질 수밖에 없겠다는 결론을 내렸다.

상트 페테르부르크의 에르미따쥬 박물관은 소장품이 약 230만 점이나 된다고 한다. 고갱의 타히티 원주민의 생활을 그린 그림을 비롯해 모네, 밀레, 르누와르, 앙리 마티스의 작품 등 수많은 작품이 전시되어 있다. 그 중 눈길을 끈 것은 피카소의 '두 자매'였다. 어릴 적 같이 자랐으나 성장하여 동생은 수녀가 되었고 언니는 창녀가 되어 만나는 슬픈 내용이다.

푸틴 대통령궁 앞에 크게 펼쳐진 우리나라의 어느 대기업 광고는 우리의 국력을 실감케 했다. 우리나라 핸드폰을 사려고 몇 달씩 아르바이트를 한다는 가이드의 설명에 기분이 흡족했다.

푸쉬킨이 살던 아르바트 거리는 우리나라 서울의 인사동과 종로를 연상케 했다. 포장마차형 가게가 즐비하게 늘어서 있고 아시아 계통의 사람들이 가게를 선전하는 벽보를 둘러메고 서있는 모습에서 삶의 현장을 느낄 수 있었다.

가이드가 안내한, 무너질 것 같은 허름한 벽 앞에는 무수한 낙서가 있었다. 그런데 가이드가 설명을 하려 할 때 키가 크고 무섭게 생긴 러시아 여인이 나타나 큰 소리를 지르며 사진을 못 찍게 해 일행이 깜짝 놀랐다. 여기가 바로 빅토르 최가 무명시절에 항상 노래 불렀던 곳으로 지금도 많은 젊은이들이 그를 추모하고 있단다.

빅토르 최, 러시아의 현실과 진보를 노래했던 고려인 3세로 고르바초프까지 인정한 국민가수였다. 그러나 원인 불명의 사고로 죽자 러시아에서 5명의 여인이 따라죽기까지 했단다. “최는 우리 음악인의 천사가 됐습니다.”라는 낙서가 눈에 들어왔다.

1 빅토르 최를 기리는 추모의 벽

2 붉은광장의 바실리 블라제누이 성당

3 피카소의 ‘두 자매’© 에르미따주 박물관

유럽연합의 꿈, 그것은 전 인류의 꿈이 아닐까?

유럽은 영주와 영주의 충돌, 교황과 황제의 충돌, 신교와 구교간의 종교전쟁, 전체주의와 나치즘, 파시즘, 제국주의로 이어지는 끊임없는 전쟁으로 엄청난 희생을 치렀다. 30년간의 종교 전쟁으로 인해 독일 인구의 절반이 죽었고, 1·2차 세계대전으로 한반도의 전 인구에 해당하는 약 8천만 명이 희생됐다.

유럽연합이 만들어진 데는 이제 더 이상 무모한 피를 흘리지 말고 자유로이 오가며 전쟁의 가능성을 줄이자는 염원이 담겨 있다. 공동관세, 공동화폐를 통해 점차 정치 통합으로 가자는 의지도 담겨 있다. 평화와 공존 그것은 유럽인들만의 꿈이 아닌 전 인류의 꿈일 것이다.

(06 .08 .15)

문명의 다양성을 인정하는 나라

이제 우리가 그들을 돌아볼 때이다

말레이시아는 전체인구의 2/3가 회교도이다. 어디를 가도 '두둥'을 쓴 여인들을 볼 수 있고, 시내에 가면 커다란 회교 사원이 있어, 일출·정오·하오·일몰·심야에 다섯 번씩 예배드린다. 특히 금요일 정오에는 모스크에서 집단예배를 행한다. 예배를 드릴 때는 반드시 메카가 있는 쪽을 향하고 행한다.

종교의 가장 중요한 존재 의의 중 하나는 사회의 평화를 유지하는 것이다. 그러나 역사를 보면 크고 작은 전쟁이 종교에서 유래한다. 가장 크게는 십자군 전쟁을 들 수 있고, 작게는 크로아티아 전쟁과 지금도 계속되는 이라크 전쟁도 예외가 아니다.

하지만 말레이시아에서는 다민족 국가로서 종교의 자유가 보장되며, 인근 필리핀·인도네시아와 같은 종교문제로 인한 갈등이 일어나지 않고 평화롭게 공존하고 있다.

새뮤얼 헌팅턴 교수는 저서인 <문명의 충돌>에서 21세기는 이데올로기의 대립에 억눌려 역사 흐름의 표면에 나타나지 않고 있던 문명 간의 갈등이, 냉전 이후 세계질서의 기본 축이 될 것이라고 전망했다.

헌팅턴은 세계가 장기간 주도권을 행사해 온 서구 문명으로부터 비서구 문명으로 힘의 무게 중심이 옮겨 가고 있다는 것이다. 세계 정치는 다극화, 다문명화 되었다. 문명의 이동 경로를 보면 이집트→메소포타미아→크레타와 그리스→로마→대서양→미국→동양(한·중·일)→동남아로 귀착되는 감을 느낀다.

우리가 서구적 가치를 첫 번째로 여기며 살아온 감이 있지만 여기에 반기를 들고, 자기들의 눈부신 경제발전이 서구문화의 도입에 힘입은 것이 아니라 자기네 문화를 고수한 결과라고 주장하는 지도자가 있다.

이 중에 가장 대표적인 지도자가 말레이시아 마하티르 총리였다. 우리나라에서는 1997년 IMF 이후에 서구의 요구대로 엄격한 구조 조정을 실시하면서 자본자유화 확대, 고금리를 비롯한 초긴축, 그리고 부실기업과 부실 금융회사들의 도산촉진 등을 수용했다. 와중에 빈부격차의 심화와 수많은 실직자를 양산하는 아픔을 겪었다.

마하티르 총리

반면 말레이시아 마하티르수상은 이와는 반대로 동양적 가치를 고집하며 "아시아의 경제위기는 아시아가 원인이 아닌 서구의 탐욕 때문이다(Asian financial crisis is not because of Asian values but Western greed.)."라고 일갈하면서 동양적 가치를 지켜 오늘의 성공을 이끌었다.

우리로 하여금 반성케 하는 대목이다. 남의 것만 바라보며 달려온, 그럼으로써 얻은 것만큼 잃은 것도 많은 우리의 자세를 가다듬게 한다.

코타키나발루는 수도와 멀리 떨어진 사바주이지만 도시와 농촌 가리지 않고 개발에 여념이 없었다. 이 과정에서 한국이 말레이시아 사회에 펼친 위상은 대단했다. 한국의 모 대기업이 건설한 쌍둥이 빌딩과 대교, 3-4개월씩 모아야 살 수 있다는 핸드폰과 산골 곳곳의 가정에 있는 TV

등의 한국이 끼치는 영향력은 한국인의 위상을 높이는 데 크게 기여하고 있다.

걱정스러운 것은 영국의 로버트 우스터 교수가 지적했듯이 '돈과 행복은 비례하지 않는다'는 보고다. 그가 조사한 바에 따르면 조사대상 54개국의 '국민행복도' 조사에서 G7국가는 한 나라도 40위 안에 들지 못하고, 오히려 방글라데시, 아제르바이잔 등의 가난한 나라가 상위에 속했다는 것이다.

점심을 먹고 시내 관광에 나섰다. 일명 '로케트'라고 불리는 사바주 청사는 코타키나발루 외곽으로 약 10분 거리인 리카스만에 있다. 세계에서 몇 안 되는 건축물 중의 하나인 사바 파운데이션 빌딩은 72개 면의 유리

1

1 세계 3대 회교사원으로 돔은 황금으로 장식돼 있으며 7,500명을 수용할 수 있다

2 이 사원에 들어가기 위해서 이슬람 전통 복장을 한 한국인들. 5분도 힘들었다고 한다

3 칸타나 카마라 꽃

2

3

로 장식되었고, 32층의 웅장한 규모를 자랑하며 압도적인 외관으로 코타키나발루 시내의 랜드마크를 이루고 있다.

한 나라에는 그 나라만의 고유한 문화가 존재한다. 이슬람교도는 식사할 때 돼지고기를 먹지 않는다. 또 왼손을 부정하게 생각하기 때문에 악수를 하거나 물건을 받을 때는 오른손을 이용한다. 머리를 신성하게 여기기 때문에 어린이의 머리를 쓰다듬거나 만지지 말아야 한다. 일부다처제가 많으니 가족관계에 대한 화제는 가급적 피해야 한다.

우리나라의 대표적인 라면생산 업체인 S기업은 이 나라에서 라면을 생산했지만 유통이 되지 않았다. 원인을 살펴보니 동물을 죽일 때도 이맘(이슬람 최고지도자)이 기도를 해야 소고기를 먹을 수 있단다. 하는 수 없이 이맘을 대관령으로 초대하여 소 도축장에서 기도를 한 후에야 소고기가 들어간 스프를 유통시킬 수 있었다고 한다.

도시를 벗어나 외곽으로 나갈수록 전통가옥들이 많이 보였다. 수상가옥만이 아닌 일반가옥도 지상에서 거리를 두고 지은 집들을 볼 수 있었다. 이는 지열을 피하고 우기에도 습기를 피하기 위한 그들만의 지혜다.

호텔에 돌아와 수영장 주변에서 쉬려는데 볼썽사나운 모습을 봤다. 30개쯤 되는 수영장 주변의 긴 안락의자에는 세계 각국에서 온 여행객들이 조용히 낮잠을 즐기거나 담소를 하고 있었다. 그중에는 책을 읽으며 독서를 즐기는 사람도 있었다.

그런데 한쪽에서 '딱', '딱'하며 화투를 치거나 포커놀이를 즐기는 사람들이 있었다. 자그마치 네 테이블이다. 일부러 다가가 말을 들어보니 한국사람들이다. 화투가 국민 스포츠인가 아니면 국제 스포츠인가?

일본의 전철이나 독일의 열차를 타보라. 많은 사람들이 책을 보고 있어서 얘기하기도 미안할 정도다. 우리나라 사람들은 화투를 친목도모라고 여긴다. 친목도모 수단이 화투밖에 없는가?

1 사바주 청사

2 수생생물

3 전통 민속춤 공연

4 성게

5 전통민속춤을 관람하기 위해 모인 여행객과 종업원

6 신랑신부의 모습

나 자신이나 국가를 위해서도 책 읽는 습관을 길러야 한다. 화투에만 골몰한 사람들이 지도자가 되면 그 조직은 어찌될 것인가? 요행이나 부정한 방법을 수단으로 여기지 않을까? 정 그렇게 하고 싶으면 자기들 방에서 하면 국가적 망신을 시키지는 않을 텐데….

저녁에는 전통 민속공연장이 있는 탄중아루비치에 갔다. 싱싱한 랍스터와 새우, 타이거 피쉬 등의 열대 해산물에 약간 매운맛이 나는 소스를 곁들인 음식은, 수마주 페남팡(Sumazau Penampang)이라는 페남팡 지역에 사는 카잔두순족의 전통춤에 어울려 훨씬 맛있었다.

이들의 춤은 우리의 꽹과리와 같이 생긴 9개의 '끌링땅안'이라는 악기가 주도하고, 징과 같은 '차낭'이라는 악기와 작은북과 같이 생긴 '꼼팡'이라는 타악기에 맞춰, 무용수들이 여러 가지 전통춤을 췄다.

남녀가 한 쌍을 이뤄 약간 무릎을 굽히고 양팔을 벌리며 남자 무용수가 인도한다. 이들은 때때로 "이히, 이히"하는 소리를 내는데, 이는 전사가 적에게 겁을 주기 위함이다. 전통춤은 의식이나 공식행사에 공연한다고 한다.

호텔에 돌아와 쉬려는데 연회장에 화려한 복장을 한 현지인들이 모여든다. "무슨 일이 있느냐?"고 묻자, 결혼식 피로연이 있는데 신부는 중국계이고 신랑은 인도계란다.

"사진을 찍어도 되겠느냐?"고 묻자 기꺼이 허락한다. 피로연에 참석한 하객들은 우리와 마찬가지로 축의금을 내고 피로연장에 참석하고, 신랑신부와 양가 부모들도 함께 도열하여 인사를 받는다.

식장에 들어가니 굉장히 화려한 예식장이다. 신랑신부 부모가 착석하고 신랑신부가 하객들의 박수 속에 입장하자 사회자가 "사회의 훌륭한 일꾼이 되어줄 것을 바란다."는 축하 메시지를 전한다.

신랑신부는 천주교 신자들이다. 하지만 수백 명의 하객들 속에는 이슬람교도들도 같은 테이블에 자연스럽게 앉아 담소를 나누며 식사를 하는 모습을 봤다. 가이드의 설명으로는 호텔에서 결혼하는 집안은 대단한 가정으로 참석한 하객들이 원하면 호텔에 재워준단다.

말라카 해협은 우리의 석유수송로이자 유럽으로 수출을 하는 데 없어서는 안 될 중요한 통로이다. 마하티르 총리는 한때 우리의 발전 모습을 보고 'Look East' 정책을 펴며 동북아시아의 발전을 따르자고 했다.

지금 동남아시아는 우리의 경쟁상대이며 공존대상이다. 우리는 지금 그들을 눈여겨보며 자신을 뒤돌아봐야 할 때이다.

(07. 01. 25)

이 아이들을 아시나요?

태국 북쪽 고산지역 아카족 어린이 캠프 이야기

태국 수도 방콕에서 북쪽으로 758㎞ 떨어진 곳에는 북부지역 제2의 도시인 치앙라이가 있다. 치앙라이 공항에서 내려 약 70㎞쯤 떨어진 매 소이를 지나 반 따오 카엔 잔이라는 조그만 마을에 들어서면 430명을 수용하여 돌보는 아카족 캠프가 있다.

아카족 어린이들은 캠프에 오기 전 혹심한 가난과 문맹으로 여자 아이들은 섹스 산업에 팔려가고, 남자 아이들은 노예와 비슷한 처지로 농장에 팔려가 에이즈나 옴 그밖의 풍토병으로 죽어가고 있었다.

이들을 구하고 자신의 운명을 스스로 개척하도록 도와주는 최선의 방법이 교육이라는 판단으로, 교육과 위생에 최선을 다하는 것이 캠프 창설자인 데이비드와 아사의 신념이다.

콕강을 끼고 발달된 치앙라이는 1262년 멩라이 왕이 건설하였고, 치앙마이로 도읍이 옮겨가지까지는 란나왕국의 수도였다. 1556년 미얀마의 침공으로 란나왕국이 멸망하고, 2백 년 동안 지배를 받았다.

현재는 태국 땅으로 6월부터 10월까지는 몬순의 영향을 받는 우기여서 덥고 습하다. 사람들은 밤낮 없는 풀벌레 소리와 도마뱀들과 함께 어울려 산다. 치앙라이는 주변 지역의 78%가 산으로 이루어진 산악지역으로 북부 산악지역을 다스리는 전초기지 역할을 한다.

평야지대인 황금의 삼각주는 미얀마 라오스 태국의 국경을 접하는 지역으로 3국의 물산이 교류하여 옛날에는 살기 좋은 고장이었다. 하지만 교통이 불편하고 빈곤과 반군이 지배하는 국경지대는 군자금 모금을 위한 명목으로 아편을 재배하고, 여아들을 납치하여 섹스 산업을 벌이는 통로이기 때문에 치안부재의 위험한 지역이다.

지난 수십 년 동안 황금의 삼각주에 사는 어린이들은 피할 수 없는 수많은 비극에 노출되어 있었다. 속임수로 팔려나간 아이를 구하기 위해 방콕의 섹스산업 현장을 찾아간 부모들은 총에 맞아 죽었다.

그들은 항상 죽음의 그림자가 따라다니거나 학대와 강간으로 죽어갔다. 한 어린이는 섹스산업에서 탈출하여 집으로 돌아왔지만 일주일 동안 벽만 바라보다가 조용히 죽어갔다. 하지만 누구도 그 아이가 겪은 공포나 성적 학대에 대해 알지 못한다.

에이즈가 유발하여 알지 못한 질병으로 고통 속에 울고 있는 아이도 있다. 에이즈는 살점이 떨어져 나가거나 살이 풍선처럼 부풀어 오르기도 하고, 참을 수 없는 고약한 냄새를 풍기기도 한다.

매춘굴에서 돌려보내진 2백 명의 어린이 중 3명만 집으로 돌아가고 나머지는 시민권이 없기 때문에 감옥에 갇혔다. 감옥에서 나온다고 해도 무슨 일이 일어날지 아무도 모른다. 돈도 없고, 말도 못하며 보호해줄 부모도 없다.

한 어린이는 길거리에서 반복해서 납치되어 매춘굴에 팔렸다. 또 한 어린이는 성적 학대를 받고 탈출하여 5년 동안이나 집을 찾아 헤매기도 했다. 젊은 엄마가 세 살 먹은 어린이에게 길거리에서 물건 팔기를 강요하여 내보냈고 결국 그 아이는 강간 당한 뒤 살해당했다. 살해와 노예가 되는 것을 목격한 어린이들은 300㎞를 걸어서 도망치기도 했다.

아사는 아카족과 외부세계를 잇는 통로다. 그녀는 아카족에게 여왕과 같은 존재이며 존경받는다. 아사는 산악지역의 빈곤한 농가의 오두막에서 태어났다. 그녀는 조그만 어린아이들이 극심한 고통과 옴으로 죽어가는 걸 봤다.

아카족은 일부다처제의 가족 구조다. 아사는 아버지의 두 번째 부인에게서 태어났다. 아버지는 먹을 것과 미래에 대한 전망이 보이지 않자 그녀의 미래를 전망하며 6살 때 학교 기숙사 앞에 몰래 버렸다.

무슨 일이 일어날지 몰라 당황하여 아무 말도 못한 채 계단아래서 몇 시간을 울기만 했지만, 선생님들은 너무 많은 애들이 있어서 그녀가 누군지도 몰랐다. 학교에 보내진 첫 해엔 허덕였지만 곧 일등이 되었다.

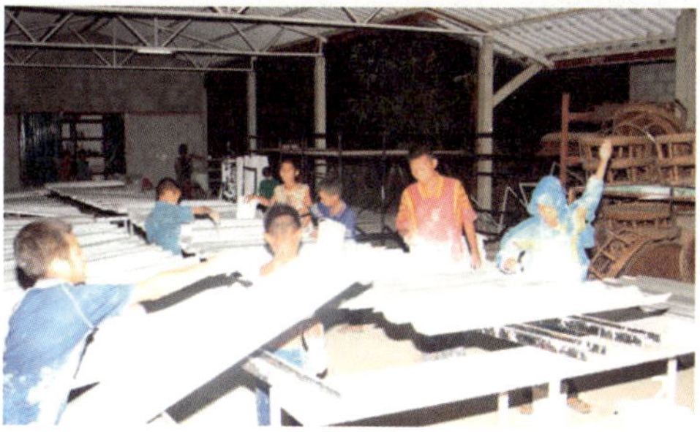

1 캠프를 시작할 때 제일 먼저 지은 대나무 건물

2 자신들이 기거할 집의 슬레트를 페인트칠하는 어린이들. 새벽 5시 반이다

3 데이빗과 아사 가족

4 작업복을 갈아입고 등교하는 아이들

1 세계 각국에서 온 자원봉사자들이 식사 시간에 모여 담소하고 있다.

2 사랑에 굶주린 아이들은 틈만 나면 자원봉사자들에게 안긴다. 네덜란드 초등학교 영어교사인 윌렉

3 무얼까? 어린이가 들고 있는 것은 죽순의 껍질로 밑둥치가 30cm쯤 된다

4 미취학 어린이들은 캠프에서 외국인 자원봉사자들에게서 영어 교육을 받는다

5 캐비닛을 만들기 위해 용접하는 윤종성 목사를 용접 책임자인 모파(13살)가 쳐다보고 있다

6 건축과 도시계획 전공을 마친 네덜란드 출신 요한과 아네믹. 바로 옆은 윤 목사. 바깥 온도가 40도 정도다

아사를 이 길로 이끈 건 남편의 역할도 크지만 잊을 수 없는 아픈 기억이 그녀로 하여금 필생의 일에 뛰어들게 했다. 절친한 친구가 총구 앞에서 성노예가 되어 14살에 죽었다. 어느 날 그녀도 어릴 적 친구와 함께 잡혔지만 운좋게 도망쳤다. 잡혀간 운 나쁜 친구들은 모두 죽었다.

학비는 납부금 정도 밖에 안 되는 장학금으로 받고 스스로 돈을 벌어 전문학교를 다녔다. 1994년부터 호주 출신의 선교사로 치앙마이에서 몇 명의 아이들을 후원하며 선교활동을 하던 데이빗을 만난 건 21살인 1996년이었다.

아사는 호주에서 건축학을 전공하고 성공적인 사업을 유지했지만 그녀 친구가 죽어가면서 한 마지막 말을 듣고는 울고만 있을 수 없었다. 아카족 어린이들을 돕기 위해 되돌아가기로 결심했다.

호주에서 모금 안내문을 밤새 작성해 교회에 돌렸으나 반응은 차가웠고 아무도 도와주지 않았지만, 계속적인 노력과 홍보로 서서히 모금이 되기 시작했다. 골목길에서는 오른쪽 대문은 데이빗이, 왼쪽은 아사가 맡아 안내문을 돌리기도 했다.

치앙라이에 돌아와 현 캠프에 대나무로 건물을 짓고 아이들을 모으고 먹을 것과 숙소를 제공하고 학교를 보내며 사회에 나가 스스로 자립할 직업 교육을 시켰다. 건축, 용접, 컴퓨터, 재봉, 요리, 채소 재배, 회계 등이 캠프에서 가르치는 직업교육이다.

이들의 하루 일과를 보면 새벽 5시에 기상해 노래와 기도로 점호를 하고 5시 반부터 한 시간 동안 맡은 분야별로 작업을 한다. 식사 후 캠프에서 차려준 도시락을 들고 등교하는 시간은 7시 반. 미국, 영국, 호주, 네덜란드, 뉴질랜드, 바누아투, 남아프리카 공화국 등에서 온 자원봉사자들은 9시부터 주어진 분야에서 각자 맡은 일을 시작해 오후 3시 반이면 끝난다.

이들이 맡은 분야는 건축, 미장, 용접, 땅 고르기, 페인트칠 등이다. 캠프에 필요한 모든 기구들을 직접 만든다. 여성 자원 봉사자들은 주로 보건 분야를 맡거나 미취학 아이들에게 영어를 가르친다.

학교를 마치고 오후 4시에 돌아온 아이들은 다시 작업복으로 갈아입고 4시 반부터 시작하여 6시까지 분야별로 열심히 일한다. 고학년 여학생들은 주로 식사와 팀의 리더로 활동해 캠프에 없어서는 안 되는 소중한 자원이다.

저녁식사를 마치고 7시부터 한 시간 동안 기도와 오락시간을 통해 하루를 반성하고 8시에 일찍 잠자리에 들어간다. 이들에게는 한국 부모들의 골치를 썩히는 컴퓨터도 TV도 없고 학원은 꿈도 꾸지 못한다.

사랑에 굶주린 어린이들은 자원 봉사자들을 보면 품에 안기고 손을 내민다. 이들에게 가장 무서운 벌은 캠프에서 내쫓기는 것이다. 집에 가면 학교도 못가고, 먹을 것도 입을 것도 갈아입을 옷도 없다. 이들은 또래 속에서 깔깔거리며 일과 배움 속에서 행복을 느낀다.

여러 나라에서 온 자원봉사자들이 땀 흘리며 일하는 것을 보며 곰곰 생각해 봤다. 사람은 무엇으로 사는가? (07 .08. 10)

태국 치앙라이 북쪽에 우리와 비슷한 고산족이 산다

'한국 사람이 되는 게 소원'이라는 라후족 마을을 찾아가다

태국 북쪽 치앙라이에서 약 70km 떨어진 곳에 메수아이라는 조그만 마을이 나온다. 여기서 미얀마 국경 쪽으로 30분쯤 쌈라를 타고 산길을 오르락내리락 달리면 깊은 산 속에 라후족 마을이 나타난다.

쌈라는 0.5톤짜리 냉동탑차의 탑의 높이를 약 1m쯤 낮춘 것으로, 뒤 칸을 시내버스처럼 고쳐 양쪽으로 승객들이 걸터앉을 수 있도록 개조한 마을버스라고 생각하면 쉽게 이해된다. 고개를 숙이고 들어가 양쪽으로 최대한 밀착하여 앉으면 10여 명이 앉을 수 있다.

치앙라이 자체가 1천 미터 이상의 고원지대인데도 더 높고 깊은 산속으로 구불구불 들어가는 길은 윈도우 바탕화면처럼 아름다웠다. 산 속에서 아편 재배와 사냥으로 살았다는 이들이 지금은 산을 개간하여 옥수수 밭을 만들었다.

라후족은 원래 티베트와 가까운 중국의 운남성 일대에서 살았다. 후에 중국 정부와 갈등을 겪으며 미얀마와 라오스 태국으로 넘어와 고산지대에 정착하게 되었다. 라후족의 명칭은 '수서(또는 무수르)'인데 '사냥꾼'이라는 뜻이다.

고증되지 않았지만 라후족은 한국인의 후손이라는 얘기가 있다. 이현

1 전통 라후족 집모습으로, 약 1m쯤 떨어진 지상과 방의 빈 공간에는 돼지와 닭 개들이 산다.

2 대나무로 된 방 바로 아래 빈 공간에 사는 돼지와 닭

3 구식 화승총을 들고 사냥을 나가는 라후족

4 우리가 먹는 고추와 같은 크기의 고추. 우리가 먹는 배추와 똑같은 배추를 먹는다

5 윤종성 목사, 박철범 목사(위) 아름다운가게에서 마련한 '병아리떼 쫑쫑쫑'옷을 선물하자 부러운 눈으로 쳐다보는 아이들

6 사진만 보면 영락없는 우리네 시골 할머니 모습이다

7 라후족이 사는 마을로 가는 길

복 서울대 교수의 주장이다.

"일설에는 고구려가 망할 때, 당나라에서 고구려 유민 10만 명을 포로로 끌고 갔는데 이들이 중국을 거쳐 태국까지 오게 되었다는 사실을 추측할 수 있으나, 자세한 것은 연구가 이루어져야 한다."

<고구려 본기>에 의하면 당나라 고종이 고구려인 3만8,300호를 잡아가 중국 남쪽 광막한 땅에 옮겼다고 기록되어 있다. 소수민족 출신의 중국학자 호례극의 주장이다.

"이들 고산족들은 고구려 사람들처럼 남자가 처가살이를 하고, 결혼 때 닭을 옆에 두고 식을 올린다. 형이 죽으면 동생이 형수를 아내로 맞는 것도 고구려 옛 풍습이다."

중국이나 태국말은 어순이 '주어→동사→목적어'인데, 어순도 '주어→목적어→동사'의 순으로 사용하고, 1인칭인 '나'를 '나'로, 2인칭인 '너'를 '너'로, 1인칭 복수인 '우리'를 '나흐'로, 2인칭 복수인 '너희'를 '너흐'로 사용한다.

식습관도 비슷한 것이 많아 절구통에 찐 찹쌀을 넣고 깨를 묻힌 '깅'이라는 음식은 우리의 인절미와 비슷하다. 라후족 아카족들은 우리처럼 개고기를 먹는다. 또 김치와 된장을 담가 먹는다. 먹으면 거의 숨을 쉴 수 없을 정도로 매운 태국의 작은 고추를 먹는 게 아니라 한국의 큰 고추를 먹고, 우리와 똑같은 찰벼와 배추를 먹는다.

라후의 여인들은 어릴 때부터 자수를 비롯한 뜨개질을 배운다. 음악과 춤을 좋아하여 축제날이면 준비해 두었던 색동옷을 입고 춤을 추며 즐긴다. 시간이 많으면 며칠간 숙식을 하며 관찰해 보고 싶었으나 전혀 예정에 없던 일정이어서 아쉽다.

아프가니스탄 문제가 있지만 한국의 선교사들은 이 산골 오지까지 찾아와 선교를 하고 있었다. 산비탈에 작은 교실 한 칸 크기의 교회를 세우고 선교 활동하는 박철범 목사를 만났다. 여러 가지 문제가 있을 수도 있지만 이들의 노력이 있어 한국이 조금씩 알려지기도 한다는 생각이다.

"반군이나 치안 부재 문제로 걱정이 되지 않느냐?"는 질문에 박 목사는 "걱정 없다. 만약 염려가 되면 어떻게 선교활동을 하겠느냐?"며 괜찮단다. 박 목사는 현재 4년째 오지 선교활동 중이다.

이들의 생김새는 태국 사람들보다는 우리와 너무나 흡사하여 아이들과 대화하다, 나도 모르게 한국말이 나와 혼자 웃음을 지었다. 학자들이 좀 더 체계적으로 연구해봤으면 하는 생각이 든다.

(07. 08. 17)

'천하의 부엌'이라 불렸던 오사카

국화와 칼의 나라 일본

'교토는 입어서 망하고, 오사카는 먹어서 망한다'는 말처럼, 오사카는 일찍부터 산해진미와 음식솜씨를 자랑했다. 본격적 탐색을 위해 지도와 안내서를 들고 오늘 일정에 대한 세밀한 계획에 들어갔다. 아침을 먹으려는데 보여줄 것이 있으니 아침식사를 같이 하자는 연락이 왔다.

24시간 영업하는 식당 체인점의 하나인데 깨끗하고 훌륭한 레스토랑같이 분위기가 밝고 따뜻하다. 벽과 천장은 주황색 톤으로 사방에 유리창이 있어 자연채광으로 쾌적하다. 1층은 주차장이며 2층은 식당이다. 메뉴는 94개나 되지만 가벼운 음식, 그릴류, 정식, 탕, 면, 작은 케이크류, 튀김과 드라이 진 정도의 알코올음료를 아침, 점심, 저녁때마다 A, B, C로 구분하여 주문을 받는다.

또한 음료와 커피는 셀프서비스로 가져다 먹기 때문에 봉사하는 사람이 많이 필요하지 않다. 주방에는 3명의 아주머니가 음식 장만과 서비스까지 겸하기 때문에 운영비가 저렴하다는 설명이다.

오사카 히라노 지역의 번화가가 아닌 지역에서 가게세 부담도 덜고, 지저분한 형태가 아닌 깨끗하고 아늑한 분위기 속에 식사를 해결할 수 있도록 틈새시장을 잘 파고 들었다는 느낌이다.

이삼옥 씨는 한국전쟁이 끝나고 먹고 살기 힘든 한국을 떠나 일본에 계시는 큰 아버지 밑에서 공부를 하며 사업을 배우기 위해 목포를 떠났다. 일본에서 학업을 마친 그는 큰 아버지 사업을 도우며 오사카의 음식 사업에 본격적으로 뛰어들었다.

현재 몇 개의 식당을 소유한 그는 한때 한국에서 유명한 프랜차이즈를 운영하기도 했다. 그는 신메뉴 개발 정보를 얻기 위해 미국, 영국, 이태리, 독일, 프랑스 등을 방문하여 음식문화를 연구 개발했다.

동종 업계의 다른 사람들과 견학 갔을 때 새로운 메뉴를 보고 메뉴판을 요구하면 전부 거절해 할 수 없이 메뉴판을 숨겨와 새로운 메뉴를 개발하고 소스를 만들었다. 개발한 소스는 부인 외에는 가족 누구에게도 가르쳐주지 않을 정도의 장인 기질을 소유했다.

드디어 혼자 떠나는 여행의 출발이다. 비가 오기 때문에 우산을 들고 만일을 대비해 우의와 장갑을 담은 가방을 메고 지하철 노선도를 들고 엊저녁에 보아둔 길을 따라 '가미'역을 출발해 목적지인 '시텐노지'를 향했다.

시텐노지(四天王寺)는 우리나라 백제 불교의 영향을 받아 쇼토쿠태자(聖德太子)에 의해 일본 최초로 세워진 사찰이다. 6세기 중엽 일본에 전해진 불교는 여러 호족들의 지지를 얻어 마침내 쇼토쿠태자가 불교장려책을 쓰게 됨으로써 공식적인 지위를 굳혔다.

통치 목적으로 인정된 불교는 배척을 당하기도 했지만 현재 7만 5천개의 절과 8천만 명의 신도를 갖고 있다. 불교에서는 스스로 진리를 자각하고 깨달음을 목표로 하고 있다. 불교에서는 신이 없고 자비와 관용으로 평등을 강조한다.

미국의 문화인류학자 루스 베네딕트(1887~1948)는 <국화와 칼>이라는 저서에서 일본인의 특질을 집단주의·의리·수치의 문화라는 개념으로 규정 지었는데 평화를 사랑하면서도 전쟁을 좋아하는 이중성을 그렸다.

도덕적 기준을 죄의 내면적 자각에 두고 자신을 다스려 가는 서구의 문화에 대해, 일본의 문화는 주위 사람들을 의식하면서 타인의 비판을 기준으로 삼는 하지(恥: 수치, 부끄러움)의 문화라고 규정했다. (단국대 정형 교수의 '일본, 일본인, 일본문화')

일본어를 못해서 지하철 안내방송에 귀 기울이고 있는데 오늘따라 영어 안내방송이 잘 들리지 않는다. 화장하고 있는 옆자리의 아가씨에게 지도를 보여주며 시텐노지(사천왕사) 역을 물었더니 여기서 내리란다.

개찰구를 향해 내려가는 동안 벽에 써진 한자 문구를 보며 약간 이상

1 돈카스, 꼬치요리, 생선회 등의 서민적인 음식점과 술집이 즐비한 신세카이의 어느 식당 간판

2 통천각 바로 밑 튀김 전문점인 '오뚜기 식당' - 비닐로 바람막이에서 줄을 지어 차례를 기다리고 있다

3 덴포잔 플레이스 마켓에 있는 모찌가게. TV와 잡지에 게재된 가게 소개 사진들을 걸어 두고 있다

4 시텐노지(사천왕사)의 아름다운 정원을 구경하는 배낭여행 대학생들

했지만 열차는 이미 떠나버렸고 도리가 없어 역무원에게 물었더니 다음 역이란다. 일본어를 모르는 내가 죄지, 영어를 알지 못한 아가씨를 탓할 수는 없었다.

30분쯤 기다려 목적지인 사천왕사역에서 내려 짐작이 가는 길을 따라가면서 입구를 물었다. 여행지에서는 헛걸음을 하는 것보단 확인하는 게 최고다. 빙 둘러쳐진 울타리를 한참이나 걸어왔는데 30대쯤 보이는 중년 신사는 되돌아가라는 눈치다.

"땡큐"를 연발하며 되돌아가 아무리 찾아봐도 정문이 없어 돌아다니다 조그만 호텔 프런트를 찾았다. 그래도 호텔이니까 최소한 영어는 알아들을 거라는 추측이었다. 아주머니가 하는 말을 알아들었던 말은 오직 '게이트'를 "게이또"라고 발음하며 다시 오던 길로 되돌아가라는 눈치다.

출발부터 영어를 모르는 사람들 때문에 1시간 반은 허탕을 치며 돌아다녔다. 출입구에 가니 학생들 셋이서 얘기를 하는데 한국 대학생들이다. 한 달 후면 군에 입대한다는 무역학과 대학생과 친구들을 만나 같이 행동하는 게 최선의 방법이다.

젊은 학생들은 정보에 뛰어나고 고등학교 때 제2외국어로 일본어를 했다니까 웬만한 일본어는 대화가 통하고 심심치 않았다. 말로만 들었던 일본식 정원은 프랑스 베르사이유 궁이나 유럽의 조경양식과는 판이하게 달랐다.

우선 규모가 작고 아담하지만 나뭇가지 하나하나를 가꾸며 자연 속에 있는 돌과 물 흙을 그대로 옮겨와 주위와 조화시킨다. 서양의 자연관은 자연보다 우월한, 혹은 자연과 대립하는 것으로 간주하여 관리의 대상이지만 일본의 자연관은 하나의 가족과 같이 자연의 일부를 이룬다.

일본은 화산폭발, 태풍, 해일, 폭설 등의 반복되는 자연재해로 오래 동안 쌓아왔던 역사를 한순간에 잃어버리는, 자연의 거대한 힘 앞에 인간의 한계를 절감하곤 하는 국가다. 공포 속에서 무상과 체념, 인내와 변화를 수용하고 그 고독에 몸을 맡기는 실존적 고독감을 느끼는 일본 불교 특유의 우주관이 서려 있는 아름다운 정원양식이다.

다음 목적지는 16세기 말 조선과 피비린내 나는 전쟁을 통해 우리와 끊으려야 끊을 수 없는 인연을 지닌 도요토미 히데요시가 세운 오사카성이다. 여수에서 임진왜란과 정유재란의 격전지와 역사적 유적에 관심이 많던 나는 악연의 끈을 눈으로 확인하고 싶었다.

배를 타고 16시간을 선택한 것은 시간을 거꾸로 돌려보고 싶은 연유이

5 도요토미 히데요시가 세운 오사카의 상징 오사카 천수각

6 깊이 9m, 수량 5,400t 규모의 수족관에서 유영하는 고래상어 주위를 따라 다니는 고기들

7 오사카성 뒤편의 자살기념비 - 왼쪽에 지장보살상과 신성한 장소임을 나타내는 시메나와와 도리이가 걸려있다

8 컬럼버스가 아메리카 대륙을 발견할 때 운항한 산타마리아호를 재현한 관광유람선

기도 하다. 조선을 정복하자며 출정했던 길과 패배로 돌아왔던 길은 어떤 길이며 일본의 산하는 어떻게 생겼을까를 확인하고 싶었던 것이다.

전국의 수많은 무사단이 개입한 춘추전국시대를 이겨내는 방법으로 건설됐을 오사카성은 돌담과 호리(성을 보호하기 위해 파놓은 수로로 일명 해자)가 유명하다. 도쿠가와가 각 다이묘들에게 비용을 분담하여 완성시켰다.

다이묘들은 장군에게 충성을 나타내기 위하여 멀리 떨어진 긴기 지방에서 거대한 바위를 모아 이곳으로 운반했는데 입구의 사쿠라몬(정문) 근처에 있는 바위 중 큰 것은 60㎡에 무게가 130톤이나 되는 것도 있으니 얼마나 막강한 권력을 휘둘렀는지 짐작할 수 있다.

오사카성의 상징인 천수각 뒤편으로 돌아가면 자살기념비가 있다. 평화를 사랑하면서도 전쟁에서 패하거나 주군을 위해서 서슴지 않고 자살을 감행하는 사람들을 기념하는 비석으로 지장보살상과 신사가 있다. 생각보다 빨리 성을 둘러보고 학생들과 함께 오사카 국제항이 있어 시의 현관으로 여기는 덴포잔으로 향했다.

덴포잔은 일본에서 가장 낮은 산(높이 4.5m)으로 인공으로 만들어진 산이다. 300년 전 아지가와 강과 시리나시가와 강 사이에 생성된 작은 삼각주에 불과한 이 지역이 일본 경제의 중심으로 발전하고, 강 상류에서 흘러 내려온 토사로 선박의 왕래가 불편하자 토사 제거 작업을 진행했다.

덴포잔은 당시 쌓아놓은 토사를 말하는 것으로 당시의 연호인 '덴포(天保)'에서 유래됐다. 엔터테인먼트 공간으로 구성한 이 지역은 세계 최대 규모의 대형수족관인 가이유칸과 다양한 전시회가 열리는 문화공간인 산토리 뮤지엄 및 쇼핑의 명소인 덴포잔 마켓플레이스가 있다.

가이아칸의 테마는 제임스 러브록이 제창한 '가이아 가설'에 기초한다. 가이아 가설은 '지구와 그 곳에 살고 있는 모든 생물은 상호작용하는 하나의 생명체이다'라는 생각에서 비롯됐다. 가이유칸을 돌아보면 자연환

파리의 에펠탑을 모방한 쓰텐카쿠 통천각으로 높이103m이며 영화 속에 자주 등장한다. 주변에는 서민들의 먹거리와 술집이 밀집해 있다

경의 소중함과 생명의 존엄함, 신비로움을 느낄 수 있다.
깊이 9m, 수량 5,400T의 세계 최대급 거대 수조에서는 고래상어와 대형 어류가 유유자적하며 헤엄치는 모습을 볼 수가 있다. 또한 기기묘묘한 해파리들이 조명과 아름다운 음향 속에 천천히 바다를 떠다니는 환상적인 모습에 여성관객들의 카메라 세례를 받는다.

밤이 되어 어두워지자 학생들의 숙소가 있고 먹거리로 유명한 신세카이로 되돌아왔다. 신세카이(新世界) 지역은 지금도 옛 오사카의 운치가 살아 있는 지역이다. 돈가스, 꼬치요리, 회덮밥 등 온갖 음식점과 술집이 밀집해 있다.

신세카이에서 빼놓을 수 없는 명소는 쓰텐가구 통천각이다. 파리의 에펠탑과 개선문을 모방하여 만든 탑으로 밑에는 다르마(오뚜기)라는 유명한 가게가 있다. 꼬치를 빵가루에 묻혀 기름에 튀긴 가게로 사람들이 줄을 서서 기다린다. 집으로 돌아오면서 느낀 생각이다. 오사카에서 음식 자랑하지 말자.

(08. 02. 04)

일본거울에 비춰본 또 다른 우리, 재일교포

일본에는 현재 약 100만 명에 달하는 재일교포가 살고 있으며, 그 중 32%가 오사카에 살고 있다. 주로 한반도 남부 지방인 경상도, 전라도, 제주도 출신인 이들은 일제치하에서 노동력, 군대 징용, 자의로 새 터전을 얻기 위해 이주한 본인 및 그 후세들로, 3부류로 나눌 수 있다.

일본 여행 기간 머물렀던 처삼촌 음식점에는 재일교포들이 한국 김치 맛과 숙모가 끓여주는 설렁탕 때문에 자주 찾아온다. 숙모는 일본 여자로, 삼촌이 큰 아버지와 사업할 때 만났다는데 음식 솜씨, 특히 김치 맛과 사골을 오래 끓인 국물에 무우를 넣은 설렁탕은 일품이다.

젊었을 적에는 오사카 히라노 지역에서 50여 개의 점포를 운영했다는데 그 맛의 원조가 한국 김치와 설렁탕이 아닐까 할 정도다. 목포가 고향인 삼촌은 김치 맛을 내기 위해 도쿄의 한국인 음식 전용 상점에서 젓갈을 구입해 김치를 담근다.

또한 여러 가지 젓갈과 음식 재료도 구입하는데 특이한 것은 한국의 산초를 멸치에 섞어서 먹는 것이다. 일본 사람도 산초를 먹느냐는 질문에 많이 먹는다는 것이다. 삼촌은 여행을 정리하고 글을 쓰려면 반드시 이층에 있는 나를 내려오라고 해서 오늘 있었던 일을 대강 듣고 맥주와 대구막걸리(불로 막걸리)를 내놓기도 한다.

열흘 머무는 동안 몇 번 봤던 라쿠태(羅啓太)는 유난히 막걸리와 김치 설렁탕을 즐겨 삼촌한테 물어보니 재일교포 3세란다. 운전사인 그는 서울, 부산, 이태원, 경상남북도와 제주도를 가봤다. 한국음식에 대해 아는 대로 얘기해 보라고 하자, 냉이, 오이김치, 깍두기, 물김치, 막걸리를 들먹인다.

한국에 대한 인상을 묻자 "아버지와 성묘할 때 가본 한국은 먹거리가 좋으며 대단히 예의바르고 좋다."고 했다. 시원한 국물 맛이 최고라는 그는 "탁배기가 맛있어요. 막걸리 주세요."를 연발한다.

나주가 고향인 임씨 할머니(72세)는 남편이 죽고 아이들은 분가하여 혼자 산다. 재일교포 3세라서 한국말이 서툴지만 오랜만에 고국 소식을 갖고 온 내가 반가운지 자주 오신다. 전라도에서는 현재 거의 들을 수 없는 "손제가(손주가)…, 아이고 그런께로…"를 연발하며 웃긴다. 아시아 태평양인권 정보 센터 연구원인 박군애 씨를 소개해 준 임 할머니는 말이 안 통하면 삼촌에게 도움을 청한다.

일본에서 재일교포로 태어나 학교 다닐 때 서러움도 많이 당했지만 지금은 크게 불편하지 않다는 임씨는 "세상이 너무 빠르게 변해서 나이든 사람이 따라갈 수 없어서 무섭다"며 한국인이 경영하는 노래방엘 데려다 줬다.

10여 명이 앉아서 술 마시며 노래하는 현장에는 한 사람을 제외하곤 모두 한국 사람들이었다. 특히 토요일과 일요일에는 한국 사람들끼리 모여 외로움도 달래고 정보도 교환하며 일주일의 피로를 푼다.

제주도 출신으로 일본에 온 지 24년 됐다는 아주머니는 초창기에는 차별이 심했지만 요즘에는 한국 드라마 덕택에 많이 완화됐단다. 주인아주머니가 알려준 노래방 신청 순위 1위는 '정 주지 않으리' 3위는 '새타령'이다.

교포 3세인 히로모토는 작년 4월에 불법취업자로 잡혀가 한국으로 송환된 친구가 보고 싶다며 “초등학교 4학년까지 할아버지가 한국말 하는 걸 듣고 배웠다. 지금은 한국드라마를 이해하기 위해 열심히 한국말을 배운다”며 서툰 한국말로 ‘꿈의 대화’를 부른다.

‘땅거미 내려앉아 어두운 거리에 가만히 너에게 나의 꿈 들려주네 에 - 에 - 에 - 에 - 에 - 외로움이 없단다. 우리들의 꿈속엔 서러움도 없어라 너와 나의 눈빛에 …’

약간 술이 됐지만 한국말을 열심히 배우고 있다며 그가 보여준 공책에

1 쓰루하시의 한국인 상가. 밤 8시쯤인데 철시를 했고 배용준 사진만 휑하다

2 재일교포 3세인 라쿠태와 일본인 여자친구가 대구 막걸리를 마시고 있다

3 멸치에 산초를 통째로 넣어 만든 멸치볶음

4 왼쪽은 박군애 씨의 어머니이고 오른쪽은 어머니 친구인 임씨 할머니

는 '밤배' '노란샤쓰 입은 사나이', '목포의 눈물' 등의 한국말 가사 밑에 깨알 같은 일어로 토를 달아둔 노트가 3권이나 된다.

내게 노트를 보여주고 자리로 돌아가는 그의 등 뒤를 보며 생각해 본다. 노랫말처럼 정말 외로움이 없을까, 서러움이 없을까? 왜 일본에서 태어나 일본에서 학교를 다니고 일본 친구들도 많이 있을 텐데, '소수자, 약자'인 한국 노래방에 와서 저런 노래를 배울까? 일본에 온 지 4년째이며 용접을 한다는 한 남자가 자연스럽게 하소연을 한다.

"내 엄지손가락을 보세요. 용접하다가 엄지손가락이 잘렸는데 정식으로 보상을 받지 못하고 있어요. 하지만 사장이 매달 월급에 20만 엔씩 얹어서 치료비 조로 주지요. 보상받을 길은 없을까요?"

"합법적인 자격을 갖고 있습니까?"

"아니요."

"살기 힘듭니까?"

"사는 데 크게 불편한 건 없어요."

도와줄 방법이 없었다. 아니 한국에 와 있는 동남아 저임금 노동자 문제 생각이 퍼뜩 떠올랐다. 지금 이들은 돈을 벌기 위해 고국을 떠나 일본에 와서 힘든 일을 하며 서로를 위안하며 사는 우리 핏줄이다. 한국에서 한국 거울만 보다가 일본 거울을 보니 그 속에 또 내가 있다.

88올림픽 이후 한국은 산업연수생제도, 고용허가제, 방문허가제와 영어교사 등으로 취업하거나 체류하는 외국인이 인구의 2%인 1백만 명이 넘었다(1백만 254명: 07.8.24. 법무부 자료). 여러 가지 문제점을 내포하고 있지만 이들에 대해 경제논리가 아닌 인간존중의 관점에서 접근하고 있는가에 대해 고민해야 할 숙제다.

내친김에 인권문제를 연구하는 박군애 씨 사무실에 들러 얘기를 듣고 소장님과 면담을 약속했다. 박씨는 재일교포 3세로 귀화를 하지 않고 한국 국적을 가지고 있다. 1월 26일에는 사무실에서 관심 있는 시민단체 관계자와 인권에 관한 토론에 발제를 하고 심도 있는 논의를 했으며 재일교포의 법적지위와 처우 개선을 위해 열심히 일하고 있다.

귀화하고 일본인과 결혼하면 자동적으로 국적을 취득하여 참정권을 획득할 수 있는데, 왜 귀화하지 않는가? 차별에는 어떤 종류의 차별이 존재하는가에 대한 활발한 논의 결과, 상호간에 많은 공감대를 이루었다고 한다.

1998년에 공명당에서 재일외국인에게도 지방자치선거에 참정권을 주자고 했지만 부결됐다. 다행이 1월 24일 아사히신문에 보도된 것을 보면 '영주외국인의 선거권안, 여당을 혼란시킬 불씨를 민주당에 제출 방침'이란 보도가 났다.

여당이란 자민당, 공명당의 연합 정부를 의미하며 자민당은 절대 반대 방침이라서 자중지란이 발생할 수도 있다는 의미다. 이 같은 법안이 의회에 발의된 계기가 된 것은 1990년 초 외국인들이 법원에 투표권과 선거인명부가 없는 것에 대한 항의를 시작한 데서 비롯됐다.

1995년 일본최고재판소는 여러 가지 논란이 있었지만 '선거권 부여는 헌법상 문제가 없다'고 선고했다. 하지만 애매한 표현이란 박씨의 설명이다. 어찌됐든 6차례에 걸친 참정권 문제가 본격적으로 도마에 올랐다.

24년 동안 미국에서 공부하고 강의하다가 아시아태평양 인권정보센터 소장을 맡고 있는 오사무 시라시 씨는 아시아 태평양 지역의 인권보호 촉진을 위해 인권정보를 수신 발신하는 기관이라고 단체의 성격을 설명했다.

2차대전시 만주에 파견된 일본군 장교인 아버지 때문에 후퇴하던 평양에서 1년간 살 때 태어났다. 인권센터의 일로 10일간 방문했던 평양의 모습에 만감이 교차했다는 그는 평양에서 어머니가 일군 패잔병 부인으로서 수많은 고초를 겪었다.

"1974년 한국에 학생운동이 한창인 때는 한국학생을 응원하기 위해 서울을 방문했다"고 한 그는 유창한 영어로 "일본은 권력의 폭력에 대한 경험이 부족해 많은 아시아 국가와 인권문제에 대해 연대했으면 좋겠다."고 말했다.

스위스에서 태어나 스위스에서 공부하는 아들이 작년 야스쿠니 신사를 참배한 소감에 대해 "일본이 나쁜 일 하나도 하지 않은 것처럼 했는데 침략을 받은 나라의 사람들은 이걸 보면 화가 날 것이다.", "지금의 발전은 이 젊은 사람들의 목숨을 바쳐서 이루어졌지만 침략을 받은 국민의 심

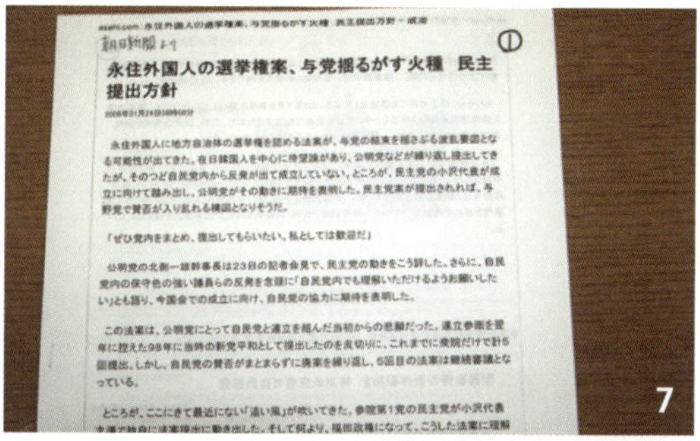
永住外国人の選挙権案、与党揺るがす火種　民主提出方針

5 재일교포가 많이 사는 오사카 쓰루하시의 식당가

6 아시아태평양 인권정보센터 소장과 박균애 씨

7 아사히신문(1월 24일) '영주외국인의 선거권안, 여당을 혼란시킬 불씨를 민주당이 제출 방침'보도

8 야스꾸니 신사의 인간어뢰로 승무원이 탑승해 미 군함에 부딪쳐 자폭한다. 뒤에는 가미가제 특공대가 몰았던 전투기 모습

정이 어떻겠느냐?"고 했다고 한다.

박씨가 연구소의 입장이 아닌 자신의 주장이라고 밝히며 말한 재일교포의 차별에 대한 문제를 지적한 '국민연금'의 예는 다음과 같다.

오끼나와가 미군에 점령당한 기간에는 주민들은 국민연금을 납부하지 않았다. 그 후 오끼나와가 1972년에 반환되면서 일본국민으로 구제되어 65세부터 국민연금을 받을 수 있었다. 일본의 국민연금제도는 25년간 국민연금을 납부해야 65세부터 연금을 되돌려 받을 수 있다.

고령의 재일교포들은 납세의 의무를 다했지만 국민연금에 가입할 권리가 없어 당장 아무런 혜택을 받지 못하고 있다. 1982년에 외국인도(35세까지) 연금을 의무적으로 납부하도록 했으나 25년 이상 납부기간을 채우지 못해 혜택을 받지 못하고 있다.

오끼나와 주민들은 25년이 안 됐지만 일본인이라서 혜택을 받았다. 하지만 재일교포는 징용으로 끌려왔거나 자진해서 왔더라도 식민지시대의 유산이므로 동등하게 대우해야 하지 않느냐는 게 박씨의 지적이다. 현재 많은 재일교포들이 귀화할 것인가 그대로 갈 것인가에 대해 고민 중이다.

오사카 츠루하시에는 코리아타운이 있다. 조금만 더 가면 깨끗한 코리아타운이 있다고 하지만 고베의 깨끗하고 멋있는 차이나타운 모습과 대조된다. 밤 시간에 들러 활기찬 모습을 보지 못하고 휑한 간판에 배용준 사진이 있어 술 마시는 아저씨 세 명이 있는 곳에 합석을 요청하자. "나는 한국인이 아니에요. 가세요." 한다. 카메라를 메고 와서일까 돌아서는 발걸음이 씁쓸했다. 차라리 한국말을 하지나 말든지. 피해의식일까?

자꾸 '꿈의 대화' 가사가 생각난다. '외로움이 없단다. 우리들의 꿈속엔 서러움도 없어라 너와 나의 눈빛에 …' 정말일까?

(08. 02. 18)

쌍둥이 잃은 뉴욕은 '프리덤' 잉태 중

9.11테러로 잿더미 된 붕괴현장에 가다

2001년 9월 11일 오전 8시 45분 세계무역센터 북쪽 타워에 첫 번째 비행기가 충돌했고, 18분 후인 9시 3분 세계무역센터 남쪽 타워에 두 번째 비행기가 충돌하여 엠파이어스테이트 빌딩과 함께 맨해튼의 상징이었던 쌍둥이빌딩 세계무역센터(WTC)가 지도에서 사라졌다.

세계무역센터는 '상업쪽 국제연합'이라 불릴 만큼 세계 각국 무역사무실이 모여 있던 곳이다. 110층에는 전망대가 마련돼 세계 각국 관광객들이 모여드는 곳이기도 했다. 쌍둥이빌딩과 허드슨강 사이에는 세계금융센터 건물이 있다.

쌍둥이빌딩이 사라진 요즘 또 다른 관광객들이 이 곳을 찾는다. 관광객들은 테러 현장이 가장 잘 보이는 이 곳을 찾아 숙연한 모습으로 쳐다보다가 한숨을 짓기도 하고 사진을 찍는다. 경찰과 안전요원들로 보이는 정사복 요원들이 날카로운 눈길로 지켜보는 가운데 철조망 사이로 조금만 틈이 보이면 카메라 셔터 소리가 터진다.

독일에서 왔다는 관광객에게 현장을 바라본 소감을 물었더니 "사건을 뉴스로만 봤기 때문에 실감이 잘 안 나지만 여기에 거대한 두 개의 건물이 있었다는 게 상상이 안 된다."고 말했다.

폭력은 또 다른 폭력을 낳는다

'그라운드 제로(Ground Zero)'란 원래 군대에서 사용했던 말로, 폭발이나 지진·전염병 등이 시작된 곳을 뜻한다. 9·11 이후 복구 작업 동안에는 이 자리에 엄청난 잔해가 쌓여 이곳을 '퇴적물 더미'로 불렀다가 잔해를 다 치우고는 '그라운드 제로'로 부른다.

현재 바닥에는 콘크리트 타설 작업이 진행 중이다. 2009년에 뉴욕의 지하철을 연결하는 '트랜스포테이션 허브'라는 거대한 환승역이 태어날 계획이다. 2012년에는 세계무역센터를 대신해 '원 월드 트레이드 센터'

1 9.11테러로 사라진 월드무역센터 현장 - 지금은 건설 작업이 한창이다

2 기적같이 유리창 하나 깨지지 않고 보존된 세인트 폴 성당 내부에 고인들을 위로하는 기념물들이 전시돼 있다

3 세계금융센터 건물에서 '그라운드 제로' 현장을 바라보는 관광객들

4 백년된 플라타나스 나무가 북쪽타워에서 날아온 수톤의 잔해들을 막아 세인트 폴 성당이 무사히 보존됐다. 뿌리 부분에 철근이 박혀 있다

또는 '프리덤 타워'라는 541m 높이의 초고층 빌딩이 들어설 예정이다. 541m는 1,776피트로 미국이 독립을 선언한 해를 의미한다.

9·11테러 이후 미국은 안보전략을 재검토하기 시작했다. UN빌딩, 자유의 여신상, 뉴욕증권거래소 등에는 관광객 출입을 금지시켰고, 주요 건물을 출입할 때는 반드시 신분을 확인한 후 들여보냈다.

세계무역센터 건물이 무너졌을 때 주변 거의 모든 건물이 충격을 받아 금이 가거나 영향을 받았지만 온전히 보전된 건물이 하나 있었다. 10여 미터 길 건너에 서있는 세인트 폴 성당이다. 수 톤의 잔해들이 날아왔지만 나무들이 방패막이가 돼 유리창 하나 깨지지 않았다는 성당이다. 사람들은 이것을 기적 같은 일이라고 여긴다.

이 성당은 9·11이후 죽은 사람의 혼이라도 좋은 곳에 가기를 빌어주는 현장으로 뉴욕에서 가장 오래된 건물이다. 성당 앞 정원에는 사건 당시 날아온 철근 더미가 나무 밑둥을 쳐 죽어버린 플라타나스 나무 그루터기가 그대로 보존돼 있다.

성당 안에는 한 유치원 어린이가 보낸 순직한 소방관 아저씨에게 보내는 편지가 삐뚤빼뚤한 글씨 그대로 전시돼 있다.

"사랑하는 소방관 아저씨!
오늘은 행복한 발렌타인데이입니다.
하느님이 당신을 축복해 주실 겁니다.
평화를 만들어 주는 분들께 축복을
그들은 하느님의 아들이라 불릴 것이며
지상에 평화가 있기를…

사랑하는 줄리아"

9·11테러 이후 뉴욕은 경제 손실보다 정신 손실이 더 컸다. 모든 공공기관과 주요 건물의 검문검색이 강화되어 개인의 자유가 제한되고 사람들은 테러의 공포와 증오에 휩싸였지만, 끔찍한 충격과 고통을 함께 겪은 이후 서로를 위로해주고 다독거려주는 친절한 도시로 변모했다. 뉴욕시장 블룸버그는 "9·11이후 사람들은 인생이 얼마나 짧은지를 실감했기 때문이다."고 얘기했다.

심각하고 숙연한 얼굴로 현장을 들여다보는 관광객들 사이로 그 때를 연상케 하는 사이렌 소리가 연신 들린다. 일행이 아울렛 매장으로 가는데 현장 옆 길바닥에 쓰러져 응급처치를 하고 구급차에 실려 가는 환자에 많은 사람들이 비상한 눈길을 보낸다. '자라보고 놀란 가슴 솥뚜껑 보

1 유치원 어린이들이 테러 당시 생명을 구하다 희생당한 소방관에게 보낸 편지들

2 사건 당시 죽은 소방관들의 모자와 부착물들

3 9.11테러 여파로 거의 모든 건물에 출입할 때는 신분을 확인한다. 이름표 같은 신분증을 붙이고 강의를 듣는 해외탐방단 일행들

고 놀란다'라는 것은 이런 것일까?

부시 행정부는 테러 주모자로 오사마 빈 라덴을 지목하여 탈레반 정권에 보복군사작전을 감행했고 2003년에는 이라크까지 침공했다. 이라크 전쟁은 현재 제2의 월남전이라는 오명을 쓰고 있다. 증오는 증오를 낳기만 할 뿐이다. (08. 09. 10)

뉴욕시민 4분의 1이 빈곤층, 이들을 구하는 사람들

공동체 발전의 씨앗 미국의 지역재단, 로빈 후드재단과 뉴욕재단센터

로빈후드 지역재단

1980년대에 엄청난 돈을 번 뉴욕의 유명한 헤지펀드 매니저 폴 투돌 존즈(Paul Tudor Jones)는 1987년 어느 여름날 초조해했다. 그해 9월 그는 투자자들에게 주식시장이 1929년의 대공황과 같은 공황상태가 불가피하다고 말했다.

다음달 10월 어느 날 주가가 하루에 23%가 폭락하는 상황이 발생했다. 그는 동료인 글렌 더빈에게 곧 엄청난 불황에 빠질 것 같다고 전화하면서 “우리가 뭔가를 해야만 해. 나는 자선단체를 만들 셈인데 당신도 참여했으면 좋겠다”고 말했다.

뉴욕 시민들이 주식시장 붕괴로 대공황에 대한 불안에 떨 때 시민들의 불안을 해소하고 어려움을 돕고자 3명이 의기투합하여 당시 6만 불로 시작한 것이 오늘의 로빈 후드재단의 탄생 서곡이다.

다음은 재단에 입사하기 전 가정폭력 여성들을 위한 쉼터에서 8년간 일했다는 오 코너(De O’ Connor)여사의 설명이다.

통계에 의하면 뉴욕시민의 1/4이 빈곤층으로 현재 로빈 후드 자산으로는 빈곤층의 13%밖에 지원하지 못한다. 지금은 연간 1,380억 원 정도의

자산으로 아동과 청소년, 교육, 일자리와 경제적 안정, 생존, 가정 폭력, 주택 등에 지원한다.

모금의 86%는 일반시민들로부터 기부를 받고, 나머지는 이사회가 담당한다. 대부분의 이사회멤버는 맨해튼에 사는 금융가들이거나 변호사, 엔터테인먼트 분야의 사람들이며 한 해의 운영비는 240억 정도이다.

재단에서는 '비용대비 효과'를 강조한다. 1달러를 기부했을 경우 평균 12달러의 효과가 있고, 일자리 창출의 경우는 1달러에서 55달러까지, 노숙인 지원의 경우 1달러에서 18달러의 가치가 있다고 평가한다.

다른 재단과 다른 점은 모금의 100%를 뉴욕의 빈곤 문제 해결에 사용해 재단이라는 말을 쓰지 않는다. 재단이라는 의미는 자산의 운영수익을

1

3

2

4

1 로빈후드 지역재단 홍보지

2 로빈후드 지역재단 봉사자

3 쉼터에서 봉사하는 오 코너(De O' Connor)여사

4 재단은 일반시민의 기부와 이사회가 담당하여 운영.

통해 지원하는 것이 원칙이다.

재단에서는 홈페이지를 통해 뉴욕의 빈곤 문제와 그 주변 문제의 심각성을 효과적으로 알린다. 또한 당장 먹고 사는 생계를 해결해 주는데 그치지 않고 빈곤 문제의 근본을 해결하는 데 중점을 두고 있다.

뉴욕 재단센터 사무실

뉴욕 재단센터

자선이 민주사회에서 살아가는데 가장 중요하며, 투명성과 책임성이야말로 신뢰의 열쇠라고 여기는 뉴욕 재단센터는 1956년도에 설립됐다. 뉴욕재단센터는 미국의 기부와 자선문화에 대한 정보를 가장 많이 수집하고 정리 교류하는 곳 중의 하나이다. 또한 현장의 추세에 대한 연구를 진행하고, 단체들의 기금모금과 배분사업에 대한 교육 훈련 프로그램을 지원한다.

다음은 뉴욕재단에서 근무하는 최주원 박사의 설명이다.

현재 50개 주의 정보를 관리하고 약 9만 3천 개의 배분단체 중 660곳에 정보를 제공하고 있다. 앞으로는 2만 개 정도의 재단에서 지원받아야 하며 노력중이다. 센터에서는 전국에 5곳의 도서관을 운영하고 있다.

센터에서는 최근에 지역단위인 시, 구, 동 등의 활동영역에 대해서도 세부적으로 자료를 조사·제공하도록 노력하고 있다. 특히 지원받은 단체의 활동지역은 어디인지, 수혜를 받은 지역은 어떤 지역단위인지까지 정보를 분석 관리하려고 노력한다.

또한 센터를 찾아오는 사람들에게 찾고자 하는 자금 제공자는 누구인지, 신청서는 어떻게 작성하는지 등의 정보제공과 교육훈련에 대한 활동도 계속 추진하고 있다. 한편, 연구자나 학자, 언론 등을 위한 정보를 세분화하기 위해 노력하고 있다.

다양한 미국 - 유니언스퀘어 공원에서

맨해튼의 중부 밋타운에는 시끄러운 도심 속에 아담한 공원 유니온 스퀘어 파크가 있다. 두 재단과 가까이 있어 일행은 이 공원에서 잠깐 쉬며 구경하기로 했다. 이 공원은 대학가가 바로 옆에 있어 베트남 반전시위가 일어났었고 노동절 시위를 최초로 한 곳이다.

조지 워싱턴과 링컨 대통령의 동상 밑에는 노숙자인지 선탠을 즐기는 사람들인지는 모르지만 아무렇게나 드러누워 자고 있다. 밤에는 위험한 지역으로 얼마 전에도 총격전이 벌어져 사람이 죽었다는 가이드의 설명에 주눅이 들어 멀리서 사진만 찍었다.

유니언스퀘어 공원의 주민들

사람들이 붐비는 이런 중심가 공원 옆에 그린마켓이 선다. 그린마켓은 뉴욕시 외곽에서 농사를 짓는 사람들이 자동차에 농산물을 싣고와 파는 곳이다. 야채, 꽃, 치즈, 잼 등의 농산품들이 유기농제품이라는 팻말을 달고 널려 있다. 한국에서는 구경도 못한 여러 가지 형태의 호박이며, 가지 등이 다양하게 나와 있다.

가까운 식당에서 점심을 먹고 다시 횡단보도 앞에서 신호를 기다리다가 일행은 피자케이스처럼 생긴 선물 박스를 공짜로 두 개씩 받았다. 먹을 것이면 호텔에 돌아가 술안주를 하든지 아니면 한국으로 갖고 돌아올 예정이었다.

각자 옆구리에 박스를 끼고 서있던 일행 중 누군가가 박스 뒷면을 살펴봤다. 강아지 그림이다. 아! 이런 낭패가! 글씨를 읽어보니 강아지 사료 판촉 선전물이었다. 하마터면 개 사료 먹을 뻔했다.

미국은 바야흐로 정치의 계절이다. 매케인 후보가 선거 파트너인 페일린의 딸 임신으로 타격을 입을 거라는 내용이 실린 신문이 굴러다니고, 오바마 후보를 지지하는 한 흑인이 배지와 티셔츠 및 사진을 파는 노점상이 보인다.

오바마를 선전하는 티셔츠를 고르는 한 백인 여성에게 물었다.

"왜 오바마를 지지합니까?"

"나는 이민 전문 변호사에요. 민주주의는 하고 싶은 것을 하는 것입니다."

가이드의 설명이다.

"미국은 정말 다양한 나라에요. 뉴욕에는 흑인과 다양한 민족이 어울려 사는 나라이기 때문에 오바마가 유리한 게 사실이지만 백인만 사는 중부 지역이나 보수적인 동네에서는 전혀 다른 여론이 형성되지요. 누가 될지는 모릅니다." (08. 09. 17)

뭐 세계문화유산에다 용변을 보라고?

여행의 최대 난적, 배설 못하는 고통

실크로드 역사 탐방

실크로드 여행은 화장실과의 싸움이다. 적어도 서너 시간, 많게는 다섯 시간 이상을 차내에서 참아야 한다. 인내심이 없는 사람은 고생이 아니라 고통이다. 화장실! 그게 인내심과 상관있을까? 생각해 보라 배설 못하는 원초적 고통을.

길은 몇 시간을 달려가도 끝없는 자갈과 모래사막뿐이다. 뿐만 아니라 의자의 앞뒤 간격이 좁아 발 뻗기도 곤란하다. 우리나라 고속버스나 관광차와는 비교 마시길. 우리나라처럼 멋진 비디오를 볼 수도 없다. 나는 2,000㎞가 넘는 장거리 여행(7박 9일)을 마치고 돌아와 훈장처럼 무좀이 생겼다.

일행의 나이를 보면 초등학생부터 79세까지다. 직업도 가지가지다. 변호사·목사·승려·약사·교수·기업가·교사·시민운동가·기자 등 다양하다. 이분들은 사회에서 다른 사람들에게 공중도덕을 지키라고 외치던 분들이다. 이들을 염치불고 체면불고, 지위고하를 막론하고 망신시키는(?)게 한 가지 있다. 배설!

어제 저녁 기분이 좋아 일행과 떠들며 많이 먹은 게 뱃속에서 소식이

온다. 다른 때 같으면 출발하기 전 일을 봤는데 여행 일정이 빡빡하고 밤늦게 먹느라 늦잠을 자 중요한 일을 못보고 관광차를 탔다. 아! 웬수(?)같은 가이드가 빨리 오라고 닦달한다. 별 수 없다. 늦으면 다음 일정에 차질을 빚기 때문에 차에 올라 자리에 앉는다.

그런데 묵직하던 아랫배에서 살살 신호가 온다. 앞에 선 가이드는 우스운 얘기를 하고 일행은 박장대소하며 박수를 친다. 앞에선 사회자는 "왜 박수를 안 치느냐."며 벌칙을 주겠다고 협박한다. 남의 속도 모르고. 괄약근에 힘을 잔뜩 주고 몸을 비비 트는 동안 등에 식은땀이 난다. 염치불고 가이드에게 하차를 선언한다. 사막 한가운데 보이는 거라곤 가끔씩 지나다니는 화물차뿐. 가이드 왈 "실크로드를 여행할 때는 아침에 반드시 화장실을 다녀와야 합니다. 가능하면 물도 적게 마시고요. 자! 내리세요. 차 안에 계시는 분들은 커튼을 닫고요. 도로를 기점으로 오른쪽은 여자, 왼쪽은 남자로 갈라져 일을 보는 겁니다. 여기는 세상에서 가장 큰 화장실입니다."

몇 시간을 다시 간다. 그 때다. 여자 한 분이 급하단다. 차내에 모든 시선이 안타까운 눈으로 쳐다본다. 남자들이야 그런대로 괜찮지만, 뒤통수에 따가운 시선을 의식하며 여자 혼자 내려 사막의 움푹 패어진 사구로 숨는다고 숨는데 그게 가능한가.

몇 번 경험을 쌓은 여자들은 꾀를 내 양산을 들고 가거나 숄로 가리고 일을 본다. 차에 올라타는 얼굴들. 약간 부끄럽지만 안도감이 돈다. 동고동락하며 한 배에 탄 운명이라 같이 웃는다.

투르판에서 쿠얼러로 가는 길가에 공중화장실이 있다. 중국 화장실에 대한 악명은 여러 번 들은지라 그래도 괜찮겠지 했는데 이건 장난이 아니다. 기름기 많고 고기를 좋아하는 사람의 변은 냄새가 더 독한 법. 코를 어디로 두어야 할지 모른다. 그 뿐이랴! 문도 없는 화장실은 못 볼 걸 다

보아야 한다. 거의 모든 사람은 용변 모습을 남에게 보이는 걸 부끄러워 한다. 여행 내내 따라 다녔던 문 없는 오픈 화장실. 조선족 가이드에게 태어난 연변에도 이렇게 화장실을 만드는가 물었다.

"어릴 적 제가 자랄 때는 화장실 앞에 거적을 둘러 쳤죠. 이렇게 오픈하지는 않았습니다. 그래도 지금은 많이 나아졌습니다. 화장실은 당연히 더러운 곳으로 알았었죠. 지금은 저도 안 되겠더라고요."

한참을 가던 차가 주유소에 기름을 넣기 위해 멈췄다. 차가 멈추면 일행이 해결해야할 첫 번째 과제는 화장실에 가서 비우는 것이다. 급하게 뛰어가던 아주머니가 "으아! 도저히 자신 없어요" 하며 뛰쳐나왔다. 다른 도

1 키질 석굴 유적이 있는 식당 옆 화장실. 좌변기는 좌변기인데 의자 위에 앉아 일을 보면 그 아래는 푸세식이다. 변형 좌변기라고나 할까

2 남자 화장실 모습이다. 소변은 괜찮다. 큰 것도 여기서 해결해야 하니. 아래는 지독한 냄새의 푸세식이고 옆 사람이 다 보인다. 맘이 편할까? 넓기도 엄청 넓어 아이들이 빠질까 겁났다

3 천산신비대협곡에 있는 화장실. 문도 있고 제법 깨끗하다. 글자 뜻은 '몸을 가볍게 한다'는 뜻이다.

4 지상 최대의 넓이인 타클라마칸 화장실에서 일을 본다. 아! 억압에서 풀린 자유여!

리가 없다. 그럼 다음 도시까지 참고 가는 수밖에.

전날 먹은 게 속이 더부룩하다. 쿠얼러 시내가 가까워져 듬성듬성 민가가 보인다. 사람이 살고 있는 곳에서 일 보기는 여의치 않다. 참아야! 해! 참아야! 끙! 어쨌든 다음 숙소까지 가야한다. 왜 그렇게 차는 못 달리는지.

중국에서는 속도제한이 있다. 아무도 없는 사막 길 가운데서 운전사 옆에 있는 벨이 울리고 아가씨가 뭐라고 얘기하면 운전사가 속도를 줄인다. 뭐 감시망이 있다나. 만약 어기면 벌금을 톡톡히 물어야 한다고.

쿠얼러에 가면 키질가하 석굴이 있다. 도저히 참을 수 없어 화장실을 찾으니 현지 가이드가 소변 볼 화장실도 없단다. 작은 것 아니고 큰 것이라는 시늉을 하자, 저쪽에 가서 해결하라는 그들. 거기가 어딘가. 유네스코문화유산에 들어있는 세계적 유적지다. 거기다 내가 또 하나의 유적을 보태라고? 야~! 나는 문명국가에서 온 문명인이다.

쿠차에 도착했다. 몇백 명을 수용할 수 있는 제법 깨끗한 식당이다. 지금 밥이 문제가 아니다. 설마 여기는 괜찮겠지! 일행이 눈치채지 않도록 조용하게 화장실로 간다. 아니! 그런데 여기도 마찬가지다. 아무리 급해도 사람들이 왔다 갔다 하는 화장실에서는 자신이 없다. 백 미터 떨어진 곳에 호텔이 있다. 프런트 아가씨가 가리키는 화장실에 갔더니 다행히 문이 열려있다.

이렇게 행복할 수 있을까? 고통에서 벗어나는 쾌감이란 말할 수 없다. 아마 독자들도 한 번 쯤은 다 겪어봤을 게다. 조금 있으려니 사람들이 들어오는 소리가 들린다. 그런데 노크도 없이 문을 벌컥 연다. 다른 칸은 몰라도 내가 이용하는 칸에 문고리가 없다. 불행은 한꺼번에 몰려온다던가! 두런두런 얘기소리에 제대로 끝장을 못 내고 나와야 했다. 야! 노크나 해라. 호텔 방에 들어가 희열을 맛봤다.

6·25때 참전한 미군 수기를 읽은 적이 있다. 한국에 도착한 첫 소감은

온통 냄새 천국이더라는 것이다. 인분을 밭에 뿌려 거름으로 사용하고 수세식 변소가 없으니 당연할 수밖에.

내 어릴 적에는 ×돼지를 키웠다. 1.2m쯤 되는 높이에서 용변을 보면 밑에 있는 돼지가 그걸 해결했었다. 올라갈 때는 당연히 막대기로 돼지를 물리치고 일을 봐야지 그렇지 않으면 커다란 낭패를 볼 수 있다. 돼지가 가끔 몸을 털 때가 있는데 피하지 못하면! 상상에 맡긴다.

오늘 밤 9시 뉴스에 중국경제력이 일본을 추월했다는 소식이다. 엄청난 속도로 경제성장을 하고 앞으로 세계 제일이 되겠다고 당찬 포부를 밝힌 중국! 세계 제일을 지향하는 나라가 아닌가. 중국은 올림픽을 개최했다. 월드컵도 유치할 계획이다. 세계 일류를 지향하고 아무리 수준 높은 행사와 멋진 건물을 짓더라도 불결한 화장실은 더러운 속옷을 들키는 격이 되어 국제 이미지가 크게 실추된다. 화장실은 그 나라의 얼굴이다.

1 주유소 옆에 있는 화장실. 화장실에 들른 여자 분이 '으아! 하며 뛰쳐 나왔다. 도저히 자신 없다고

2 수백 명이 사용하는 식당의 화장실. 제법 깨끗하지만 화장지도 없고 문은 개방 되어있다.

3 남자 화장실에 붙어있는 재미있는 글귀. "급하게 오더라도 갈 때는 물 내리고 가라'는 의미다. 일보 전진하면 문명이 크게 진보한다'는 의미다

4 쿠얼러에 있는 키질가하 석굴로 유네스코문화재로 등재 되어있는 세계문화유산이다. 소변용 화장실도 없다

한국의 문화시민운동중앙협의회는 42개 회원단체 회원들과 공동으로 아름다운 화장실 캠페인을 전개하고 있다. 99년부터 매년 전국의 아름다운 화장실을 공모하여 시상하는 '아름다운 화장실 대상'을 실시하고 있으며, 이는 우리나라의 화장실 문화를 변모시키는 데 선두역할을 해왔다.

우리나라가 이 같은 깨끗한 화장실을 갖추게 된 것은 88올림픽과 월드컵을 맞아 계몽과 지속적인 정화운동을 벌인 이후부터다. 협회에서는 관련 전문가들의 의견과 지혜를 모으는 심포지엄 및 아름다운 화장실 전국순회 사진전시회, 공중화장실 설계공모전, 개방화장실운동 등을 통해 체계적인 '화장실문화 수준높이기' 운동을 전개하고 있다.

또한 '열린 화장실 운동'을 벌이고 있으며 이미 6,700여 개 화장실이 모든 시민을 위해 문을 열어두고 있다. 전국 250여 개 청결봉사대에서는 아름다운 화장실의 유지와 확산을 위해 5만4천여 명의 자원봉사자들이 뛰고 있다. 동행했던 문화시민운동중앙협의회 김춘강 이사에게 운동초기와 그 후에 느낀 소감을 물었다.

"우리도 처음에는 홍보를 위해 지리산 세석산장까지 올라간 적도 있어요. 이 사람들이 지내온 문화지만 10년 후에는 변하지 않을까요. 화장실 문제는 누구나 공감하고 좋아하는 운동이라 보람을 느꼈습니다."

이제 화장실은 더 이상 부끄러워하거나 감추어야만 하는 공간이 아니다. 우리 생활의 중요한 공간으로 화장실을 깨끗하게, 열린 장소로, 아름답게 가꾸어 우리 사회를 더욱 밝게 만들어야 한다.

중국! 화장실도 세계 일등 국가를 꿈꿔야 하지 않을까?

(10. 08. 17)

문명파괴와 보호 노력

문화재 보호는 천년 전 이웃을 만나는 길

반달리즘(Vandalism)은 문화·예술 및 공공시설을 파괴하는 행위 또는 그러한 경향을 말한다. 5세기 초 유럽의 민족 대이동 때 아프리카에 왕국을 세운 반달족이 지중해 연안에서 로마에 이르는 지역까지 약탈과 파괴를 거듭한 일에서 유래된 프랑스 말이다.

희망제작소 실크로드 역사탐방단 67명이 7박 9일 동안 우루무치에서 카스까지 여행하는 동안 안타까운 현장이 있었다. 파괴된 유물과 폐허의 현장이다. 유물의 파괴는 크게 자연적 파괴와 인위적 파괴 둘로 나눌 수 있다.

우리가 본 유적지에는 폐허가 된 고성이 여럿 보였다. 후자의 자연적 현상은 기후변화로 인한 수자원의 급격한 감소와 풍화작용이나 지진을 들 수 있다.

하지만 투르판 베제클리크 석굴의 수난에서부터 시작되어 카스의 모르 불탑까지 맞닥뜨린 문명파괴의 현장은 인위적 문명파괴의 현장을 여실히 보여주고 있었다. 파괴자들은 '구제'니 '보존'이니, '보편적 가치'니 하는 핑계를 내세우며 약탈을 합리화하고 있다.

특히 유럽 열강들은 19세기말부터 20세기 초에 걸쳐 실크로드에 탐험대들을 앞 다투어 보내기 시작했다. 독일의 르콕, 그륀베델, 영국의 스타인, 러시아의 올덴부르그, 일본의 오오타니도 한 몫을 했다. 이어 프랑스, 스웨덴 등 7개국에서 온 전문 도굴꾼들이 가져간 유물들은 영국, 프랑스, 미국, 일본 등의 박물관에 보존되어 있다. 우리나라에도 오오타니가 제공한 수 십 점의 벽화가 있다.

당시 유럽 열강들은 지리적 공백지대나 마찬가지였던 중앙아시아 지역의 석굴 사원 벽화를 절취하고 유적이나 고분군을 무참히 파헤쳐 출토유물을 대거 유출했다. 당시의 시대적 분위기도 약탈이나 파괴에 한몫했다. 동행했던 국립중앙박물관 민병훈 박사의 설명이다.

"10세기 이래 점차 이슬람으로 개종한 이 지역에서는 문화재 약탈에 대해 관료들이나 주민 모두가 아무런 거부감을 표시하지 않았어요. 심지어 당시 석굴 사원은 감옥이나 처형장으로 사용되기도 하고 유목민들이 방목하던 양의 우리로 사용되기도 했죠. 둔황 석굴의 경우 이 지역에 망명한 러시아인들이 집단으로 거주한 탓에 취사로 인한 그을음이 석굴 전체를 뒤덮고 있습니다. 서구열강과 일본 탐험대는 이들 유적을 무참히 파괴했을 뿐만 아니라 주민들을 시켜 유적의 소재를 파악하거나 주민들이 가져온 유물을 헐값에 구입하였기 때문에, 주민들 역시 앞 다투어 유적을 파괴하고 돈 될 만한 유물을 가져와 탐험대 앞에 내놓았습니다. 심지어 불상을 가져다 밭갈이용으로 사용하기도 했죠. 오늘날 중앙아시아 최대 석굴사원으로 칭하는 키질 석굴의 경우 230여 개의 석굴사원 내부에 온전한 불두 하나 남아있지 않은 상황입니다."

실크로드 불교 문명의 쇠퇴 원인 - 물 부족과 이슬람의 전파

<실크로드의 악마들>의 저자 피터 홉커크는 실크로드의 영광스러웠던 문명이 사라지게 된 원인을 두 가지로 들고 있다. 첫째는 오아시스로 흘러

1 베제클리크 천불동의 벽화 색깔이 변하고 있다. 검은 색은 분홍물감이 산화된 것이라고

2 베제클리크 천불동의 벽화 약탈 현장

3 키질가하 봉화대 바로 옆의 강물이 완전히 말랐다. 봉화대 인근에는 인적이 없고 기후변화의 심각함을 알 수 있다

4 키질가하 석굴 밖의 모습. 무른 사암이 비에 흘러내린 흔적이 역력하다. 이대로 비가 많이오면 더 심각한 상황이 걱정된다

5 교하고성 안 불전에 있는 부처의 머리 부분이 훼손되어 있다

들어가던 빙하의 눈 섞인 물이 만들어낸 하천이 서서히 말라버리게 된 것과 자연이 허용하는 범위 이상의 인구 증가로 인한 지하수의 남용이 생태 환경을 파괴했다는 것이다.

롭 노르 근처의 누란은 4세기 초까지만 해도 여전히 물이 흐르던 콘체 강의 하류에 위치한 오아시스였다. 그러나 3세기경부터 강물이 점차 줄어들면서 사람들이 떠나기 시작했고 죽음의 모래바람이 불어와 모래 속으로 사라져 버린 도시다.

둘째는 아라비아에서 출현한 이슬람의 갑작스런 도래였다. 실크로드에서 불교 문명이 사라지게 된 궁극적인 원인은 당제국의 쇠퇴와 몰락, 그리고 서방에서 승리한 이슬람이 타클라마칸 전 지역으로 전파됐던 것이다. 이 새로운 종교는 무슬림들이 금기시했던 형상 예술 - 특히 사람의 모습을 묘사한 것에 대한 종말을 의미한다. 이 때 많은 조각과 벽화가 우상을 싫어하는 무슬림들에 의해 훼손되거나 파괴되었다.

기후변화와 문화재 보존 노력

오아시스 지역에 대한 난개발과 생태환경의 변화로 연중 비가 거의 내리지 않던 사막 오아시스에 평균치를 훨씬 초과하는 비가 내리면서 사막에 탁류가 흐르고 절단되는 자연의 대변화가 일어나고 있다.

그 결과 무른 암반을 굴착하여 조영한 석굴사원의 내부는 약간의 강우에도 빗물이 스며들어 벽화의 안료 층이 떨어지거나 스며든 빗물이 내포되어 있던 염분이 안료 밖으로 스며 나오는 염화현상이 급속히 진행되고 있다는 민박사의 얘기다.

돈황연구원의 리 쭈이슝 부원장이 전하는 바에 의하면 중국 북서부 지방에 산재하는 석굴사원이나 흙으로 빚은 건조물 약 1,200여 곳에 이르는 유적의 90%가 사막화나 빗물에 의한 침식으로 심각한 피해를 받고 있으며, 나머지 1할의 유적도 파괴가 진전될 가능성이 크기 때문에 국가 차원에서 이들 유적에 대한 긴급한 보호 대책을 서두르고 있다고 한다.

돈황에서는 만일의 사태에 대비해 국가 공인의 일급화가들이 원 그림과 같은 안료를 사용하여 벽화모사를 꾸준히 추진하고 있으며, 첨단 디지털 촬영기법에 의한 안료조사와 기록 그리고 결과를 보고서 형태나 도록으로 발간하여 인류 모두가 공유할 수 있는 자산으로 삼고 있다.

국립중앙박물관에는 일본의 탐험대가 실크로드에서 절취해 온 벽화조각 수십 점이 소장되어 있다. 박물관에서는 보다 안전하고 오랫동안 보존하기 위한 방편의 일환으로 철저한 현지조사와 세계 각국의 보존처리 기법을 참조하여 세계 최고수준의 벽화 보존처리 기술을 개발했다는 소식이다.

1년, 2년 전에 만난 사람도 반가운 법이다. 하물며 천년 이천년 전 사람의 작품이 내 앞에 서있는 모습을 보면 그 때의 상황을 그리며 흥분하게 된다. 문화유산의 보존은 천년 이천년 전의 이웃을 반갑게 만나는 길이다.

다양한 인종이 사는 인종의 용광로 '멜팅폿'(melting pot, 다인종사회). 서로에게 무관심하며 사는 것 같은 미국인들을 연결해 주는 고리는 고통을 나누려는 아름다운 마음씨가 아닐까?

(10. 08. 20)

비 오고 눈 와서 천막 하나 쳤을 뿐인데…

동서 문명의 용광로 이스탄불의 바자르

아프리카 오지의 문화는 낮고 서구 유럽의 문화는 높은가? 상투를 틀고 담뱃대를 물고 에헴! 하며 다니던 조선의 문화는 낮고 양복을 입고 우산을 들고 다녔던 영국 신사의 문화는 높은가? 문화란 높낮이가 아닌 가치의 다양성을 수용할 수 있는 폭이 요체다.

이스탄불은 인천공항에서 12시간을 날아가야 할 만큼 먼 곳에 있는 터키 제일가는 도시다. 많은 사람들은 터키가 유럽인지 아시아인지 궁금해한다. 왜냐하면 터키의 영토가 유럽과 아시아에 걸쳐 있기 때문이다. 터키 영토의 97%는 아시아 대륙의 서쪽 끝에 있는 아나톨리아 반도이고. 불과 3%만이 유럽 대륙의 끝인 발칸 반도 남쪽에 있다.

이스탄불에 살고 있는 사람들의 생김새는 서유럽 사람들의 모습과는 약간 다르다. 세계 각국에서 온 사람들이 섞여 살기 때문이기도 하지만 동양과 서양의 혈통이 만나 조화롭게 살기 때문이다. 어떨 땐 중국의 서쪽 실크로드 도시인 카스에서 만났던 사람 같기도 하고 영국이나 프랑스에서 만난 사람의 얼굴 같기도 하다.

터키 학생들은 학교에서 자신들의 조상이 몽골 초원에 살던 투르크족이며, 이들이 오랜 세월에 걸쳐 서쪽으로 이동해 세운 셀주크 제국과 오스만 제국이 자신들의 역사라고 배운다.

하지만 지금의 이스탄불은 투르크족이 이동해 오기 훨씬 전부터 수천 년 동안 유럽인들이 그리스, 로마 제국, 비잔틴 제국을 세우고 살았던 곳이다. 그 결과 그리스 로마 유적과 유물의 원형을 가장 잘 보존하고 있는 곳이기도 하다.

아시아와 유럽 대륙이 만나는 곳. 비단길을 통해 동양과 서양을 이어주는 길목. 비잔틴 제국과 오스만제국의 수도로 1500년 이상 동서양의 찬란한 문화를 보존해 주는 곳이며 동서 문명의 교차로인 터키를 가장 잘 압축해 보여주는 도시가 이스탄불이다.

고대 그리스인은 골든혼의 끝자락에 아크로폴리스를 만들고 도시국가인 비잔티움을 세웠으나 페르시아인과 로마의 침략을 받아 파괴되기도 했다. 330년 콘스탄티누스 대제에 의해 동로마 제국의 수도가 되면서 '콘스탄티노플'이라 불렸다.

이후 1453년 오스만 제국의 메흐메트 2세가 콘스탄티노플을 함락시키면서 천년의 역사를 가진 비잔틴제국은 멸망하고 콘스탄티노플은 이스탄불로 이름이 바뀌었다. 이제 터키 땅은 기독교 중심의 비잔틴 문화권에서 투르크족의 이슬람 문화권으로 자리를 넘겨줬다.

그 후 1923년 오스만 제국이 몰락하면서 터키 공화국이 수립된 후 수도의 지위를 앙카라에 넘겨주었지만 여전히 이스탄불은 1,000만 명 이상이 살고 있는 터키 제1의 도시이다.

이스탄불에 가면 과거 로마의 영화와 오스만 제국의 흥망이 교차되는 거리이자 동서양 문명의 충돌과 압축을 한눈에 볼 수 있는 아흐메트지구가 있다. 도시 중심으로는 흑해와 마르마라해, 골든혼으로 흐르는 보스포러스 해협이 있다.

세 개의 바다가 만나는 접점에 손가락처럼 길게 뻗은 천혜의 도시에는

1 유럽과 아시아를 잇는 보스포러스다리

2 비잔틴 문화의 절정을 보여주는 성소피아 성당 내부 모습

3 실크로드의 종착지였던 그랜드 바자르 모습. 5천여 개의 상점이 있다

4 톱카프 궁전에 수학여행 온 터키 초등학생들이 카메라를 보고 환영의 손을 흔들고 있다

5 이슬람문화의 절정을 보여주는 블루모스크 앞에선 일행들

6 그랜드 바자르에 있는 가게에 차이잔을 나르는 홍차 배달부

작은 분수 연못을 사이에 두고 성소피아성당과 블루모스크가 마주 보고 서 있어 기독교와 이슬람이 공존하는 기묘한 느낌을 받는다.

비잔틴 문화의 꽃, 성소피아 성당

"솔로몬이여, 우리는 당신을 이겼노라!"

5년 여에 걸친 대역사 끝에 드디어 성당이 완성되던 537년 12월 27일, 유스티니아누스 황제는 감격에 겨워 소리 높여 외쳤다. 성당 건축에는 유명한 수학자였던 안테미우스가 수석 건축기사를, 기하학자인 이시도루스가 조수를 맡았고, 목수 1,000여 명과 노동자 1만여 명이 작업에 동원되었으며 최고의 건축 자재를 썼다.

마침내 성당이 완성되자 유스티니아누스는 "예루살렘의 성전보다 더 아름다운 성당을 지었다"며 솔로몬을 이겼다고 소리쳤다. 성당은 예배에 참가한 사람들이 집중할 수 있도록 정사각형으로 몸체를 만들었다. 그 위에 하늘을 상징하는 커다란 돔 지붕을 올리고 몸체의 벽과 돔이 만나는 부분에는 아치형 창문을 만들고 색유리로 장식했다. 성당 내부의 벽면은 화려한 모자이크화로 장식했다.

성소피아성당은 이후 이슬람교의 모스크로, 그리고 지금은 아야소피아 박물관으로 변했지만 로마의 대성당 못지않은 아름다움을 간직하고 있다.

푸른빛이 환상적인 블루모스크

메흐메트 2세가 1453년 콘스탄티노플을 정복하고 이스탄불로 명칭을 바꾼 지 150년이 지난 1609년의 어느 날이다. 술탄 아흐메트 1세는 어느 날 토프카프 궁전에서 말을 타고 나오다가 웅장한 자태로 멋지게 서 있는 성소피아성당을 보고, 당시 가장 유명한 건축가인 메흐메트 아가를 불러

성소피아성당보다 멋진 모스크를 지어 자신의 이름을 붙이라고 명했다.

이후 8년에 걸쳐 완성된 '술탄 아흐메트 모스크'는 전통적인 오스만 건축 양식으로 지어졌다. 중앙의 큰 돔은 4개의 작은 돔이 받치고 있어 안정감을 준다. 중앙 돔의 지름과 높이는 각각 23.5미터, 43미터이며, 채광과 온도 조절을 위해 설치한 창문도 260개나 되었다. 내부는 아라베스크 무늬가 새겨진 푸른색 타일과 오색찬란한 스테인드글라스로 장식되었다.

260개의 창을 통해 들어오는 햇빛이 스테인드글라스, 타일과 어우러져 시시각각 변하는 모습은 환상적이었다. 푸른빛이 너무나 아름다워 '블루 모스크'라고 불린다.

터키에서는 시장을 '바자르'라고 한다. 바자르는 고대 페르시아어로 식량을 의미하는 '아바'와 장소를 뜻하는 '자르'가 합쳐진 말이다. 원래는 길거리에서 식품을 펼쳐 놓고 사고 팔았던 곳으로 눈비를 피하기 위해 천막을 쳤고 오늘날의 바자르가 되었다.

실크로드의 종착지, 그랜드 바자르

시장은 양탄자, 모피, 도자기, 금은 세공품, 보석, 금은 실로 테두리를 장식한 벨벳이나 비단 등의 화려한 직물로 넘쳐났다. 그랜드 바자르에는 65개의 골목길이 있고 길 양쪽으로 5,000여 개의 가게가 있다.

터키는 귀금속 공예가 발달했다. 특히 오스만 제국의 술탄들은 귀금속을 박아 넣은 보석함을 좋아해 박물관에서 그들이 소장했던 보석들을 보면 눈이 부시다.

서양식 생활을 하는데 필수품인 카펫의 발생지는 유럽도 페르시아도 아닌 터키다. 투르크족은 원래 유목민족으로 초원에 이동식 천막을 치고 카펫을 바닥에 깔거나 벽에 걸고 살았다. 그러다 이슬람교를 믿으면서 모스크에 들어갈 땐 신발을 벗고 무릎을 꿇은 채 이마를 바닥에 대고 절을 했기 때문에 바닥에 카펫을 깔아 놓았다. 바자르에는 아름다운 카펫이 널려있다.

동서양 수많은 물건이 넘쳐나는 곳이자 상인들의 호객 행위와 흥정 소리로 유명한 그랜드 바자르에서 터키 명물 차이 잔을 배달하는 모습을 바라보는 것도 여행이 주는 즐거움의 하나다.

동서양 문명을 아우르는 이스탄불에서 상대방 문화를 수용할 줄 아는 터키인들의 폭넓은 가슴을 느껴본다.

(11. 04. 15)

최대 5만 명이 살았다는 지하도시

요정의 나라 카파도키아…
자연의 불가사의와 지하도시를 만든 신앙의 힘

인간의 상상력이나 창조력으로 경이를 맛볼 수 있을까. 현대 과학의 힘으로 못할 게 없을 것 같은 교만함도 자연의 힘이나 위대한 모습 앞에 옷자락이 여며진다.

고대 그리스어 아나톨리코스(아나톨레)에서 유래된 아나톨리아는 해가 뜨는 곳, 곧 동쪽이라는 뜻이다. 유럽 대륙의 동쪽에 있기 때문이다. 라틴어의 오리엔트나 이탈리아어의 레반트와 같이 동방을 뜻한다. 터키의 대부분을 차지하는 아나톨리아 지역의 중앙엔 신이 빚은 지역 카파도키아가 있다.

난쟁이 스머프가 살 법한 버섯나라 카파도키아

일설에 의하면 숲 속 깊은 곳 버섯 집에 모여 사는 파란 난쟁이 스머프들의 이야기에 영감을 준 곳이라는 이야기도 있다. 밑이 하얗고 머리가 뭉툭한 모습은 영락없는 새송이 버섯이다. 한두 개도 아니고 수백 개 버섯 모양의 바위 속에 집이 있거나 교회가 있어 가히 버섯골이라고나 할까.

수백만 년 전, 카파도키아의 에르지예스, 하산다아, 귤뤼다아 등 3개의 활화산은 신석기 시대까지 화산활동을 지속했다. 그 시기는 동굴에서 발견된 선사시대 그림의 흔적으로 알 수 있다.

화산 폭발은 최소한 7천만 년 전인 후기 중신세에 시작된 것으로 보인다. 화산에서 분출된 용암은 신제3기 호수 밑으로 가라앉았다. 주 화산에서 분출된 성분으로 형성된 응회암 평원은 활동적이지 않은 화산들에 의해 끊임없이 변화했다.

이 응회암 층은 선신세 이후 빗물이나 인근 호수와 강물에 의해 침식돼 오늘날의 모습을 갖추게 됐다. 계곡으로 흘러들어온 물은 강한 바람과 함께 연약한 용암덩어리를 단단한 지형으로 변화시켜 현재의 원뿔형, 송

1 버섯 모양의 기암괴석 위 열기구가 운치를 더한다

2 스머프가 사는 집처럼 생긴 버섯 모양의 바위

3 산 전체가 벌집처럼 생긴 우치히사르

곳형, 원통형, 버섯머리형, 모자 쓴 형 등으로 만들었다. '요정의 나라'가 된 셈이다.

선사시대부터 사람이 살았던 카파도키아는 매우 중요한 전략적 요충지이기도 했다. 실크로드 등 중요한 무역로가 사방에서 이곳을 지나갔다. 카파도키아의 교역품과 자원은 좋은 전리품이 됐기 때문에 이곳은 잦은 침공을 받아 수시로 점령당하거나 약탈당했다.

이곳 사람들은 약탈에서 스스로를 보호하기 위해 동굴 속으로 들어가 생활하면서 침략자들이 알아 챌 수 없도록 동굴 입구를 잘 숨겨 놓았다. 지하생활이 장기화되면서 지하도시가 생겨났다. 지하도시에는 샘이나 음식 보관창고, 양조장, 교회 등이 있었는데 기독교시대 이전 것도 있다.

초기 기독교시대인 1세기 초 박해를 피해 로마를 빠져 나온 일부 기독교도들은 피난처를 찾아 쉽게 접근할 수 없는 카파도키아의 황야로 도망쳤다. 네로 황제가 재임하던 AD 64년에 발생한 대(大)화재 사건은 기독교 역사에 잊을 수 없는 분기점이 되었다. 네로 황제는 로마 화재의 원인을 기독교인들에게 돌린 후 극심하게 박해하기 시작했다.

오늘날 카파도키아의 중심지는 네브쉐히르이다. 인구가 6만 명밖에 안되는 이 도시는 해발 1,260미터에 위치하고 있다. 비잔틴제국 시대에는 '니사'라고 불렸다. 네브쉐히르에서 동쪽으로 10㎞ 가면 우치히사르가 나온다. 산 전체가 온통 터널과 집으로 벌집처럼 연결된 천혜의 요새다. 이곳은 히타이트 제국 때부터 성으로 쓰였고, 비잔틴 제국 때는 이슬람의 침입에 대항하기 위한 중요한 요새였다.

괴레메에서 북쪽으로 2㎞쯤 가면 파샤바가 있다. 이곳은 기기묘묘한 버섯 모양의 바위들이 있어 마치 스머프 마을에 온 것 같은 착각이 든다. 하지만 계곡 구석구석까지 들어선 기념품점과 호객행위는 눈살을 찌푸리게 한다.

저녁을 일찍 먹고 호텔 인근의 카파도키아 동굴과 버섯 모양의 바위들을 손으로 만져봤다. 손쉽게 부스러지는 것은 기본이요, 심한 것은 파낸 동굴 집이 완전히 반쪽으로 갈라지기도 했다. 이렇게 가공이 수월한 상태여서 동굴을 파냈지, 우리나라 화강암 같으면 어림없는 얘기다.

종교 박해와 외적을 피해 숨어 살던 지하도시 데린쿠유

카파도키아에서 빼놓을 수 없는 곳이 지하도시다. 학자들은 이곳에 200개에 달하는 지하도시가 있었을 것이라고 추측하고 있다. 놀라운 점은 지하 도시들이 지하터널로 연결되어 있다는 것이다. 지하도시 가운데 가장 규모가 크고 일반인들에게 공개된 도시는 데린쿠유다.

데린쿠유는 네브쉐히르에서 29㎞쯤 떨어져 있다. 총 11층으로 이루어져 있는 이 지하도시는 지하 85m에 이른다. 이곳에서 히타이트 제국의 유물과 사자상이 발견되기는 했지만, 실제로 지하도시가 들어선 것은 기원전 7~8세기인 프리기아 왕국 때로 추정된다. 로마시대에는 기독교도들이 박해를 피하기 위해 이곳을 피난처로 삼았다.

페르시아와 이슬람의 침입이 잦던 5세기부터 10세기까지 데린쿠유가 크게 확장되었는데 오늘날 우리가 보는 지하도시의 모습은 이때 만들어진 것이다. 사람들은 평소 지상에서 생활하다가 외적의 침입을 받으면 최대 5만 명까지 수용할 수 있었다는 지하도시로 피신했다.

비상시에 쓰였던 무게가 200~500kg에 달하는 커다란 돌 비상문도 있다. 이 지하도시에는 수량이 풍부한 깊이 30m의 우물이 있어 장기체류가 가능했다. 동굴의 환기는 여러 개의 수직갱을 통해 이루어졌다.

이런 모든 조치에도 적군이 지하 도시로 들어올 경우에는 터널을 통해 다른 지하 도시로 도망칠 수도 있었다. 데린쿠유에는 교회와 주거를 위한

1 낙타바위

2 동굴 내부에 교회를 만들고 예수의 초상을 그렸다

3 미로와 같은 지하통로로 연결되어 잘못하면 길을 잃기도 한다

4 데린쿠유 지하동굴 내에 있는 우물. 장기체류가 가능하다

5 동굴 집으로 올라가는 계단의 모습. 날카로운 연장으로 내부에서 계단을 만들어 올라갔다

6 데린쿠유에 있는 지하도시 교회

7 적이 지하도시에 침입할 경우에 사용하는 봉쇄용 돌

8 데린쿠유 지하동굴 내에 있는 광장

방, 외양간, 부엌, 식품저장고, 포도주저장고와 휴식공간처럼 일상생활에 필요한 온갖 편의시설을 갖추고 있었다.

신이 만든 자연에 경의를 표하며 믿음을 위해 지하에 엄청난 도시를 건설한 기독교인들의 상상력이 놀랍기만 하다.

(11. 04. 19)

클레오파트라가 목욕했다는 '성스러운 샘'

지진의 위력 보여주는 폐허의 도시 히에라폴리스

신의 섭리를 보면 조금은 불공평하다는 생각이 든다. 어떤 곳은 사람들이 살기에 풍족한 자연환경을 주고 어떤 곳은 풀 한 포기 자랄 수 없는 자연환경을 주었기 때문이다.

터키의 파묵칼레는 10㎞쯤 떨어진 곳에서도 금방 알 수 있다. 독특한 모습으로 터키를 찾는 외국 관광객들에게는 빠뜨릴 수 없는 곳이다. 관광객이 주는 수입은 엄청날 듯. 하지만 지진이 주는 경고는 인간의 오만에 대한 경고일까? 천년 전 도시의 흔적이라고는 상상할 수 없는 잔해들이 남아있다.

지상에 드러난 하얀 색은 14,000년 동안 칼슘이 풍부한 온천수가 흘러내리면서 석회석이 녹아내려 생긴 웅덩이들이다. 따뜻한 온천수는 위에서부터 흘러 웅덩이를 만들고, 이 웅덩이에 물이 흘러넘치면 다시 그 아래에 또 다른 물웅덩이를 만들었다.

'파묵'은 터키말로 '목화'를 뜻하고, '칼레'는 '성'을 의미한다. 따라서 파묵칼레는 목화의 성이라는 뜻이다. 하얀 석회석 웅덩이가 위에서부터 아래로 뭉실뭉실 모여 있는 모습이 목화송이 같다. 기실은 이 지역이 목화를 많이 재배해 질 좋은 면과 실크의 주산지이기도 하다.

이곳은 색다름과 온천을 즐기기 위해 예로부터 수많은 관광객이 찾았다. 인근 호텔로 가는 도로는 관광버스로 넘쳐나고 호텔객실은 장터처럼 사람이 많다. 해마다 고대도시의 잔해와 석회석으로 둘러싸인 온천을 보기 위해 세계 각국으로부터 수많은 관광객이 찾아온다.

파묵칼레의 온천수는 사람의 체온과 비슷해 목욕하기에 좋고, 신경통과 피부병을 비롯한 각종 질병을 치유하는 데 효과가 있다고 알려져 고대로부터 수많은 사람들이 이곳을 찾았다. 폐허로 들어서는 입구에는 6세기에 지어진 비잔틴 바실리카 교회의 잔해와 로마 목욕탕이 있다. 이 목욕탕은 예전에 '성스러운 샘'이라고 불렸는데 클레오파트라가 목욕을 한

1 온통 눈 덮인 것처럼 하얀 노천 온천장. 석회석이 녹아내려 생긴 곳이다

2 족욕하는 아가씨들이 카메라를 보고 사진 찍어 달라고 재촉한다

3 족욕하러 온 아가씨가 카메라를 들이대자 싫지는 않은 듯

1 클레오파트라가 목욕했다는 온천

2 지진으로 폐허가 된 도시들. 번창할 때는 10만 명이나 살았다

3 터키에서 유명한 배꼽춤을 추는 벨리댄서. 자태가 유연하다

4 지진으로 파괴된 옛 체육관에 기둥만 남았다. 황혼에 싸인 도시의 흔적이 스러져간 영화를 말하는 듯하다

5 원형극장. 저 아래 반원형 경기장에서는 검투사들이 목숨을 걸고 싸우거나 맹수와 싸웠다

6 대리석 사이로 양귀비꽃과 이름 모를 풀꽃들

곳이라 한다.

예전 관광객들은 온천욕을 즐겼다지만 지금은 발만 담그는 족욕을 즐긴다. 카메라를 들고 족욕을 즐기는 현장을 찍자 너도나도 사진을 찍어 달란다.

세 번에 걸친 대지진으로 폐허가 된 도시 히에라폴리스

이 지역에 언제부터 도시가 들어섰는지는 분명하지 않다. 그리스의 역사가 헤로도투스는 이곳과 가까운 곳에 있는 키드라라는 도시에 대해 언급하고 있다. 그는 프리기아와 리디아의 국경에 위치한 이 도시에 리디아의 마지막 왕인 크로이소스가 국경을 확정하기 위해 세운 비석이 있었다고 전한다.

로마시대에 이 근처에는 '히드렐라'라는 또 다른 도시가 있었다. '히드렐라'라는 말은 '물이 많은'이라는 뜻이므로 온천과 관련이 있는 게 틀림없다. 기원 후 6세기에 지리학 사전을 편찬한 비잔틴의 '스테파노스'는 이 도시에 유난히 신전이 많아 '히에라폴리스' 즉, '성스러운 도시'라 불렸다고 기록하고 있다.

터키 가이드 엔델에게 "왜 이렇게 화려했던 도시가 폐허가 됐는가?"라고 물었다. 그는 대학에서 고고학을 전공해 유적에 관한 한 풍부한 지식을 가져 동행하는 동안 그의 설명을 들으며 유익한 시간을 보냈다.

터키에는 지금도 크고 작은 지진이 발생한다. 특히 기원 전 17년과 기원 후 60년에 큰 지진이 있었는데 네로 황제 시기의 지진은 끔찍했다. 도시 전체가 파괴되어 황제는 자금을 지원하여 도시를 완전히 새로 세워야 했다.

관광객들이 보고 있는 폐허는 모두 이 시대의 잔재들이다. 1334년 커다란 지진이 또 다시 이곳을 초토화하자 주민들이 모두 떠나고 10만 명이 살았다는 도시는 폐허가 됐다.

플루토니온 신전은 기원 후 3세기에 지어진 것으로 보인다. 신전 건축에 쓰인 자재들은 그 이전의 건물 잔해를 재활용한 것들이 많다. 히에라폴리스에서는 아폴론과 하데스 외에도 키벨레와 포세이돈, 그리고 아폴론의 어머니 레토와 같은 신들을 섬겼다.

히에라폴리스에서 가장 볼 만한 것은 원형극장이다. 셉티미우스 세메루스 황제 때 만들어진 이 극장은 보존상태가 좋아 지금도 여름 축제나 연극공연 및 음악회를 위한 공간으로 쓰이고 있다. 최대 12,000명을 수용할 수 있는 객석 중간에는 반원형의 귀빈석이 있고 높이 1.8미터의 벽으로 분리되어 있다.

엔델의 설명에 의하면 검투사들의 경기나 맹수와 검투사가 싸울 때 관객을 보호하기 위해서였다. 오케스트라 뒤쪽에는 3.66미터의 무대 건물이 있는데 추수에 대해 감사드리거나 신께 감사드리기도 한다.

이 산자락에 도시를 세운 수많은 노예들의 피와 땀. 번성했던 당시의 도시인들은 가고 없다. 다만 천년 이상을 땅바닥에 누워있는 대리석 사이로 양귀비꽃과 이름 모를 풀꽃들만 아름답게 피어 보는 이를 쓸쓸하게 한다.

(11. 04. 21)

로마 칸막이 없는 화장실

고대 7대 불가사의로 유명한 아르테미스 신전이 있는 에페소스

에페소스는 기원전 5,000년경부터 신석기 시대의 주거지가 있었던 곳이다. 히타이트인들은 이 도시를 '대지 어머니 여신의 도시'라는 뜻을 지닌 아파샤라고 불렀다. 이 지역은 소아시아의 '대지 어머니 여신 키벨레' 신앙의 중심지였다. 이 지역의 키벨레 신앙은 아르테미스 신앙으로 발전했고, 성모 마리아 신앙으로 이어진다. 에페소스란 도시 이름은 히타이트 시대의 지명 '아파샤'에서 온 것으로 추정된다.

전설에 의하면 아테네 왕 코드루스의 아들 안드로클루스는 신탁이 예언해 준 생선과 야생 곰이 안내한 지역인 카이스테(작은 멘데레스 강)가 바다로 유입되는 해안가에 두 번째로 에페소스를 건설했다. 안드로클루스가 이오니아인들을 이끌고 와서 에페소스를 세운 것은 기원전 1,200년쯤으로 추정된다.

페르시아의 지배를 받던 에페소스는 기원전 334년 알렉산더 대왕의 지배를 받으면서 평화와 안정의 시대를 누렸다. 알렉산더 대왕의 열두 장군 중 한 명인 리시마쿠스는 알렉산더가 사망한 후 이 지역의 통치자가 되었고, 도시를 남서쪽으로 2.5㎞ 옮긴 후 새로운 항구를 건설하고 파나이으르와 뷸뷸산의 경사로에 성벽을 지었다. B·C 281년 도시는 에페소스라는 옛 이름으로 재건되었고 지중해에서 가장 중요한 상업 항구가 되었다.

B·C 129년 페리가몬 왕인 아탈로스가 그의 전 왕국을 로마제국에 귀속시킨다는 유언에 따라 이 일대의 전 지역이 로마의 아시아 지방이 되었다. 자료에 의하면 당시 이 도시의 인구는 20만 명에 이르렀다. B.C 1세기에 로마제국이 과중한 세금을 부담하자 에페소스인들은 미트리다테스를 받아들였고 B.C 88년에 로마에 대항해 일으킨 폭동 때 그를 지지하였다.

이 폭동으로 도시에서 라틴어를 사용하는 모든 사람들에 대한 대학살이 있었고 술라 장군의 지휘아래 로마군대가 물밀듯이 들어와 도시를 약탈했다. 현재의 건물들은 이 후 아우구스투스 통치 때 세워진 것들이다.

다양한 종족 구성과 다신교 전통은 기독교 번성의 토대를 제공해

이 도시는 AD 17년에 있었던 지진 때 커다란 피해를 입었고, 그 후 무역과 상업의 중심지가 되었다. 역사학자 아리스토스는 에페소스가 그 당시 아시아 지역에서 가장 중요한 무역중심지라고 묘사했다.

에페소스는 1세기 이후에 유일신을 믿는 예수의 제자들이 그리스도교를 전파하기 위해 이곳을 방문하였으며, 후에는 로마로부터 박해를 피해서 그리스도인들이 오기도 하였다. 고도로 진보된 생활 방식과 높은 생활수준, 다양한 종족 구성, 그리고 뿌리 깊은 다신교 전통 등이 만연한 이 도시는 그리스도교 전파에 매우 이상적인 지역이었다.

기록에 의하면 사도 바오로가 65년부터 68년까지 이 지역에 머물며 설교해 설교를 들은 사람들을 모두 개종시켰다. 그는 “하느님은 인간의 손으로 만든 집이 필요하지 않으며, 하느님은 항상 모든 곳에 존재한다.”고 가르쳤다. 이것은 금과 은 등으로 아르테미스 신상을 만들어 부를 축적한 수공업자들의 분노를 일으켰다. 사람들은 두 제자를 비난하고 돌을 던졌고 그의 제자들은 간신히 도망쳤다.

사도 요한은 성모마리아를 에페소스로 데리고 왔다고 한다. 마리아와의 동행은 논란의 여지가 있지만 사도 요한이 기원후 69년에 이곳에 정착해 요한복음과 요한계시록을 쓰고 사후에 묻힌 곳도 이곳이다.

대리석을 떡 주무르듯 가공했던 건축술

고대 7대 불가사의 가운데 하나인 아르테미스 신전이 있었고 로마의 소아시아 지방 수도로 인구가 20만 명에 달했던 대도시 에페소스 유적지의 규모는 엄청나다. 발굴이 시작된 지 150년이 넘었지만 지금까지 전 유적의 15%만 겨우 발굴되었을 뿐이다.

1 켈수스 도서관. 12,000권의 도서를 소장했다고 하니 당시의 사회상을 짐작할 수 있다

2 헤라클레스의 문

3 대리석으로 깔린 쿠레테스의 길

4 프리타네이온. 아르테미스 여신에게 봉헌된 프리타네이온은 아우구스투스 황제 때 세워져 3세기에 복구되었다가 4세기 말에 파괴되었다

지진에 쓰러져 땅바닥에 뒹굴거나 서 있는 기둥들의 잔해를 보면 유명한 조각가가 칼로 목공예를 하듯 정교하다. 2천 년 전의 건축술로 어떻게 저렇게 장엄한 건축물을 세울 수 있었는지가 의심스럽다. 지금의 세공 기술로도 엄청난 경비와 인적 물적 부담을 들일 만큼 쉽지 않은 대역사였을 것 같다.

많은 관광객들은 에페소스의 위쪽 출입문에서 아래로 방향을 잡아 구경하기 시작한다. 이유는 힘이 덜 들기 때문이다. 지진으로 폐허가 된 국립아고라 오른쪽으로는 의회와 음악당으로 쓰였던 원형극장 형태의 오데이온이 있다. 이곳은 도시의 의원들이 함께 모여 정치 논쟁을 펼치고 법안을 의결하던 장소였으며, 시낭송이나 음악연주회, 강연 등이 열렸다.

국립아고라에서 오데이온을 거쳐 프리타네이온에 이르기까지 쭉 나있는 넓은 길은 아르테미스 종교축제 때 아르테미스 신상을 모시고 나아가던 '신성한 길'이다. 양옆에는 이오니아식 기둥이 장관을 이루고 있다.

상수도시설이 가장 훌륭했던 도시로 목욕 문화가 발달해

에페소스는 로마 제국에서 가장 훌륭한 상수도 시설을 갖춘 곳으로 유명하다. 네 개의 저수조 외에도 시내 곳곳에 저수조가 있었다. 하드리아누스 황제 신전의 뒤쪽에 붙어 있는 건물은 스콜라스티키아 목욕탕이다. 1세기에 지어진 원래의 목욕탕이 2세기에 지진으로 파괴된 것을 4세기에 스콜라스티키아라는 돈 많은 여인이 다시 세운 것이다.

이 목욕탕은 남녀 공용으로 쓰였는데 남자와 여자의 목욕시간이 달랐다. 당시 에페소스 시민들은 탈의실과 온탕, 냉탕, 열탕, 증기탕으로 구분해 건설했다. 이 목욕탕에서 흥미로운 것은 공중화장실이다. 화장실 안에는 벽을 따라 가운데 구멍이 난 좌변기가 있고 그 밑 도랑으로 물이 흘러가면서 오물을 처리했다.

1 로마의 공중목욕탕

2 도미티안 신전. 플라비안 왕조의 후손이었던 도미티안은 81년에 황제가 되었다. 초기에는 정직한 행정관이었으나 후에는 자신을 '군주이자 신'이라 부르며 독재자가 되었다

3 세계 최초의 길거리 광고로 불리는 대리석 광고판. 그림보다 발이 작은 남자 출입불가(미성년자 출입불가). 여왕처럼 예쁜 여자(왕관 쓴 여자) 있음. 어음(사각형)으로도 결제 가능함

4 하드리아누스 황제 신전. 터키의 20리라짜리 화폐에 인쇄되어 있다 ·

5 로마의 노천 좌변기. 칸막이가 없고 밑으로 도랑물이 흘러 오물을 처리했다. 겨울철에는 노예들이 귀족들을 위해 미리 덥혀 주기도 했다

6 25,000명을 수용할 수 있는 터키 최대의 원형극장. 가이드가 '들장미'와 '아리랑'을 불러 관광객들로부터 갈채를 받았다

당시 사람들은 '키톤'이라는 긴 옷을 입고 다녀 용변을 보면서도 몸을 가릴 수 있었기 때문에 변기 사이에 칸막이가 없었다. 변기가 차가운 겨울에는 노예가 먼저 변기에 앉아서 돌을 덥혀줬다는 일화가 전해진다.

로마가 자멸했다는 설을 주장하는 한 학자는 "로마가 멸망한 이유 중 하나가 거대한 대중목욕탕에 쓸 나무를 산에서 잘라 (하루 70톤) 산이 황폐해졌고, 홍수에 토사가 밀려와 강이 기능을 상실해 도시가 쇠퇴했다." 고 주장하기도 한다.

대리석길인 '쿠레테스'를 따라 내려가면 멋진 건물인 켈수스 도서관이 나온다. 이 도서관은 106년부터 107년까지 소아시아의 집정관이었던 '가이우스 율리우스 아퀼라'가 자신의 아버지 '가이우스 율리우스 켈수스 폴레마이아누스'를 기념하기 위해 지었다.

아홉 개의 계단위에 세워진 건물 전면은 2층으로 지어졌다. 아래층의 좁은 공간에는 켈수스가 지녔던 네 개의 미덕인 지혜, 덕, 판단력, 학문을 의인화한 네 명의 여인상이 있다. 도서관 내부는 2층인 바깥과 달리 높이 15.2미터에 3층의 서고가 둘러싼 열람실로 되어 있다. 이 도서관에 소장된 도서가 1만 2,000권에 이르렀다고 하니 당시의 사회상을 엿볼 수 있다.

도서관에서 원형극장으로 가는 길은 흔히 대리석 길이라 부른다. '네로의 홀'에서 가까운 인도 위에는 왼발 발자국과 왕관을 쓴 여인이 보이고, 그 여인 밑에는 사각형 하나가 그려진 재미있는 그림이 그려진 대리석 판이 있다. 이것은 흔히 세계 최초의 길거리 광고판으로 알려져 있다. 이 대리석 그림은 근처에 있는 유곽의 광고로 그 내용은 이렇다.

"여왕처럼 예쁘고 우아한 여자(왕관 쓴 여인)가 있습니다. 이곳을 출입하려면 발의 크기가 그림보다 커야 하며 (미성년자 출입불가), 어음(사각형)으로도 결제가 됩니다."

대리석 길의 끝에는 터키최대의 원형극장이 있다. 기원전 100년경에 지어진 것으로 기원 후 1세기에 증축했다. 2만 5,000명 이상의 관객을 수용할 수 있는 이 극장은 객석이 상하 2단으로 이루어져 있는데 위로 올라갈수록 가파르다.

객석에는 통로로 이용되는 11칸의 계단이 있고, 객석 위에는 천막을 드리워서 강한 햇빛을 막아 주었다. 객석 아래 곳곳에 청동관과 토관을 묻어 공명 장치로 활용했다. 20년째 이스탄불에 살며 교육학 박사학위를 준비 중인 가이드 최정숙 씨는 노래를 좋아한다. 매일 아침 차에 타 성악을 부르고 일행을 안내한 그녀가 갑자기 “저 광장에서 노래 한곡 할까요?” 하며 각국에서 온 관광객 사이에 서서 노래를 부르기 시작했다.

한국어로 부른 ‘들장미’지만 알아들은 관광객들이 박수를 치며 “브라보”를 외쳤다. 앵콜송은 “아리랑”이었다. 마침 원형극장의 꼭대기에서 사진을 촬영하던 나는 왜 원형극장인가를 몸으로 체험했다. 가장 위 객석에서 듣기에도 부족함이 없었다. 고대 로마 원형극장에서 듣는 아리랑은 가슴을 뭉클하게 했다.

(11. 04. 25)

서양의 역사와 문학이 시작된 트로이

어린이들의 꿈을 키워줘야

서양의 역사는 트로이 전쟁에서부터 시작된다. 서양의 모든 나라는 자신의 역사 첫머리에 그리스 역사를 놓는다. 사실 유럽 각국은 9세기까지 자신들의 역사라고 내세울 만한 게 별로 없다. 그래서 그들은 그리스 로마 역사를 자신들의 고대사로 받아들인다.

뿐만 아니라 서양의 문학도 트로이 전쟁에서 시작한다. 서양 최초의 문학작품이 트로이 전쟁을 노래한 호메로스의 '일리아스'이기 때문이다. 트로이 전쟁에 대해 알지 못하면 서양의 역사나 문학에 대해 문외한이라고 볼 수 있다.

역사적 의미로 보면 트로이 전쟁은 큰 의미를 지닌다. 단순히 그리스문명과 소아시아의 트로이문명간의 에게해 패권 전쟁이라고 볼 수 있지만, 크게 보면 크레타섬을 중심으로 동·서양이 나눠져 있는 상태에서 동양과 서양간의 최초의 충돌이라고 볼 수 있다.

트로이는 에게해와 흑해를 잇는 헬레스폰투스(다르다넬스 해협)의 입구에 해당하는 중요한 위치에 있어 번영을 누려왔다. 이러한 트로이의 번창은 좁은 에게해를 배경으로 하는 그리스로서는 눈엣 가시였다.

트로이 전쟁은 동지중해의 패권을 둘러싼 그리스 반도의 국가들과 트로이를 중심으로 하는 이오니아 지방 국가들 사이의 분쟁이었다고 볼 수 있다. 그 당시 지중해의 패권은 지금의 시리아, 레바논 등 당시 이오니아로 일컬어지는 지역에 있던 국가들이 소유하고 있었다. 결국 아테네 등을 중심으로 하는 그리스 국가들이 승리를 했다.

트로이 전쟁의 원인은 신화까지 거슬러 올라간다. 바다의 여신 테티스와 펠레우스의 결혼식에 초대받지 못한 불화의 여신 에리스가 남긴 황금사과를 두고 헤라와 아프로디테, 아테나가 서로 다투다가 트로이 왕자 파리스가 심판을 내려 아프로디테가 주인이 되었다.

그 대가로 파리스에게 세상에서 가장 아름다운 여인을 아내로 맞게 해주겠다고 약속한 아프로디테는 스파르타의 왕비 헬레네의 사랑을 얻게 해 주었다. 아내를 빼앗긴 메넬라오스는 형 아가멤논과 함께 트로이 원정길에 나서 전쟁이 시작되었다.

그리스군의 아킬레우스와 오디세우스, 트로이군의 헥토르와 아이네이아스 등 숱한 영웅들과 신들이 얽혀 10년 동안이나 계속된 이 전쟁은 오디세우스의 계책으로 그리스군의 승리로 끝났다.

그리스군은 거대한 목마를 남기고 철수하는 위장 전술을 폈는데, 여기에 속아 넘어간 트로이군은 목마를 성 안으로 들여 놓고 승리의 기쁨에 취하였다. 새벽이 되어 목마 안에 숨어 있던 오디세우스 등이 빠져 나와 성문을 열어 주었고 그리스군이 쳐들어와 트로이성은 함락되었다.

트로이전쟁이 실제로 존재했을까?

에게해에서 마르마라를 거쳐 흑해로 들어가는 길목인 다르다넬스 해협은 예로부터 전략적 요충지로 수많은 전투가 벌어진 곳이다. 그리스를 침략하러 가던 페르시아 대왕 크세르크세스도, 아시아를 정복하려던 알렉산드로스 대왕도 바로 이곳을 지나갔고, 제1차 세계대전 때도 이곳에서 격렬한 전투가 벌어졌다.

비교적 안전하고 잔잔한 에게해에 비해 다르다넬스 해협에서 마르마라 바다와 보스포러스 해협을 거쳐 흑해로 가는 물길은 비바람이 치거나 안개가 끼고 바람과 물살이 거세기로 유명하다. 흑해 역시 예로부터 거친 바다로 유명했다.

다르다넬스 해협은 예로부터 해적이 나타날 확률이 높아서 선원들에게는 공포의 뱃길이었고, 바다에 둥둥 떠다니는 두 개의 바위가 지나가는 배를 산산조각 낸다는 신화는 선원들의 두려움을 자아내는 이야기들이다. 이런 신화가 바로 <일리어스>와 <오디세이아>의 배경이 됐다.

트로이를 보려면 유적지 입구에 조그만 박물관이 있다. 박물관에는 트로이의 아홉 개 층의 도시를 그린 도표와 설명이 나온다. 트로이성의 배경

1 트로이목마의 모습

2 성문을 열고 목마를 끌고 갔을 걸로 추정하는 길

3 로마시대에 모임과 시낭송, 음악 연주에 활용된 오데이온. 일종의 원형극장이다

4 트로이성의 상상도

인 히사를르크 언덕에는 기원전 3600년부터 기원 후 1500년까지 5100년 동안의 흔적을 고스란히 간직한 아홉 개의 도시가 차곡차곡 쌓여있는 사진이 있다.

트로이는 처음부터 요새화된 도시였다. 역사가들은 초기 청동기 시대의 이주민이 건설한 제1트로이부터 기원 후 400년까지를 제9트로이 시대로 보고 있다. 그동안 여러 차례의 지진이 발생해 트로이에 피해를 입혔고 수차례의 전쟁이 있었지만, 그 전쟁이 10년 동안 계속되었었는지, 전쟁의 양상이 호메로스가 그려낸 대로 전개되었는지, 그리고 일리아스에 나오는 등장인물들이 실재했는지는 모른다.

호메로스가 남긴 서사시는 문학이지 역사가 아니다. 아마도 그는 당시의 트로이를 둘러보고 장소에 얽힌 모든 이야기와 인물들에 대해 상상력

5

7

6

8

5 유적층이 겹겹이 쌓인 발굴 현장

6 길거리에 배짱 좋게 누워 자는 개천국. 개판이다. 터키의 개들은 예방주사만 맞으면 된다

7 트로이에서 발굴된 유물들

8 아홉 개 도시의 트로이 복원도. 트로이 박물관에 비치돼 있다

을 발휘해 멋있는 서사시로 만들었을 것이다.

호메로스의 작품으로 전해지는 서사시 <일리아스>와 <오디세이아>는 서양 문학의 최초이자 최고의 걸작으로 손꼽힌다. 기원전 8세기경에 구전으로 성립되고, 기원전 6세기경에 문자로 기록되었다고 추정되므로 지금으로부터 무려 수천 년 전의 작품이지만, 이 작품들이 지닌 감동은 아무리 세월이 흘러도 줄어들지 않는다.

물론 단순히 오래 되었다는 사실 하나에만 경탄이 집중되는 것은 아니다. 오히려 그토록 오래 된 작품이 그토록 짜임새 있는 구조와 풍부한 내용을 담고 있다는 사실이 더욱 경탄을 자아내는 것이다. 이 시는 사고하는 방식에 있어 신의 눈이 아닌 인간의 눈으로 세상을 보기 시작함으로써 인간주의적 접근을 시도한 최초의 작품이며, 냉혹한 사실주의적 표현으로 유럽 서사시의 모범으로서 라틴 문학을 거쳐 유럽 문학에 큰 영향을 끼쳤다.

한 아이의 꿈이 신화를 역사 속 현실로 바꾸어

어릴 적 꿈을 실현시켜 신화를 역사적 현실로 바꾼 하인리히 슐리만

하인리히 슐리만은 일곱 살 때 가난한 목사였던 아버지가 사 준 책에서 불타는 트로이 성의 그림을 보고 언젠가는 그 성을 찾겠다는 꿈을 꾸었다. 14세에 아버지가 교회 헌금을 유용했다는 혐의로 교회에서 쫓겨나 학업을 중단한 그는 사환, 선원, 회사원, 은행가를 거쳐 36세에 백만장자가 된다.

이때부터 슐리만은 고고학자로서 새로운 인생을 살기 시작한다. 그리스어를 배운 그는 1864년 마흔둘의 나이에 트로이 땅을 처음 방문해 히사를르크 언덕을 트로이라고 믿는 영국인 고고학자 프랭크 캘버트를 만났다.

이때 슐리만은 이곳이 옛 트로이 자리라고 확신하고 발굴하기로 마음먹었다. 히사를르크는 터키어로 '요새가 있는 곳'이란 뜻이었고 주변 경관이 호메로스가 노래했던 트로이성과 너무도 흡사했기 때문이다.

남편 직장의 연차를 얻어 패키지여행을 왔다는 수필가 김양희 씨. 보스포러스해협에서 고대 그리스 여류 서정시인인 사포에 연민을 느끼고 히에라폴리스에서는 로마 병사의 함성과 원형극장에서 공연을 준비 중인 무희들의 웅성거림을 들을 수 있었다고. 내가 만난 한국 관광객 중 가장 열심히 메모를 한 분이기도 하다. 이스탄불 유람선에서 부부가 창밖 모습을 구경하고 있다

1873년 5월 31일, 슐리만은 석조건물 아래층에서 무엇인가가 반짝이는 것을 보았다. 발굴에 참여한 인부들의 도굴을 우려한 그는 인부들을 집으로 돌려보내고 혼자서 보물들을 파냈다.

'프리아모스 왕의 보물'이라 생각하며 그가 파낸 보물은 금관, 금 귀걸이 등 8,750개의 금 구슬과 금단추, 은제 꽃병, 금으로 만든 두 개의 황금잔 등이었다. 마침내 신화가 현실로 드러난 셈이다.

그는 트로이 발굴 당시 비과학적 방법으로 발굴해 '리시마코스' 시대에 세워진 아름다운 성벽 일부가 영원히 사라지게도 했고, 자신도 모르게 트로이의 일부를 없애 버리기도 했다. 슐리만을 둘러싸고 칭찬과 비난이 수없이 엇갈렸지만, 일곱 살 때의 꿈을 잊지 않고 평생을 바쳐 아무도 믿지 않았던 트로이 전쟁이 엄연한 역사적 사실임을 밝혀낸 슐리만의 공적은 누구도 부인할 수 없다.

곧 어린이날이 온다. 자식을 키우는 부모와 교사는 어린이들의 꿈과 상상력을 키워나가도록 도와줘 꿈이 이뤄지도록 해야 한다.

(11. 04. 27)

손으로 음식 먹는 것 자체가 싫어요

50일간의 인도 네팔 여행 첫 날

1월 6일. 생명누리 공동체가 운영하는 제8기 인디고 여행학교 학생 40명과 교사 8명이 인도에 첫발을 디뎠다. 인천, 홍콩, 방콕을 거쳐 세 번의 비행기와 세 시간에 걸친 버스여행은 아이들을 지치게 만들었다.

각각 24명씩 생명(A팀)과 누리(B팀)로 나뉜 일행은 벵갈로공항과 첸나이공항에 도착해 50일간의 긴 여정을 시작했다. 내가 속한 팀은 누리팀. 피곤한 일정 때문에 아침을 건너뛰고 점심을 먹은 후부터 하루를 시작하기로 계획한 이들. 외국여행으로 마음이 설렌 아이들은 잠을 자지 않고 길거리 구경에 나섰다.

잠자는 아이들도 있지만 예민한 아이들을 깨운 것은 까마귀들의 까악까악 소리와 방물장수들의 외침소리. 까마귀들의 외침소리가 낯선 곳에 왔다는 걸 실감케 한다. 더욱 반갑지 않은 손님은 모기떼. 인도 남부지역이라 한국 초여름 날씨를 보여 모기가 극성이다.

폴(Paul)목사가 운영하는 벨로르 고아원 문을 열고나서니 한국 냄새와 사뭇 다르다. 포장 안 된 골목길과 주변 하수구에서 풍기는 냄새가 역겹다. 그러나 냄새를 느낄 겨를도 없이 내 눈길을 끄는 것이 있었다.

이른 바 '꼴람'. 마을 사람들 거의 모든 집 앞에 그려진 별 모양의 문양들이다. 마을 주민들은 아침 일찍 일어나 대문 앞을 깨끗이 쓸고 아름다운 문양을 그린다. 복을 부르는 의미를 지닌 꼴람은 옛날에는 쌀가루로, 지금은 염료를 사용해 그린다.

학생들이 자전거를 타거나 아빠의 오토바이를 타고 등교하느라 분주하다. 까무잡잡한 얼굴이지만 대부분 이목구비가 뚜렷해 남학생들은 귀엽고 여학생들은 예쁘다. "하이~"하고 인사를 하자 반갑게 대답한다.

길거리는 소 두 마리가 끄는 우마차와 자동차, 세 바퀴 달린 오토릭샤와 행인이 섞여 무질서하다. 그 사이를 자전거 타고 골목길을 돌아다니며 바나나를 파는 과일장수와 바구니를 들고 다니는 행상들이 섞여 한국의 60년대를 생각게 한다.

골목길을 걷다 이상한 모습에 깜짝 놀랐다. 시멘트 지붕 위에 허수아비로 인형을 만들어 건물에 묶어 놨다. 누가 죽었을까? 아니면 누구 저주야? 방금한 상상은 한국인으로 내린 상상력이 아닌가? 여긴 인도다.

우리와 다른 모습과 전통이 뿌리박고 있는 곳. 대문간에는 자기가 모시는 신을 나타내는 문양을 표시하고 있다. 코끼리 형상을 한 긴 코를 한 가네샤 신. 예수 상.

때마침 학교에 등교하는 여학생에게 물었다. 18살의 엘 아네스(L Ahness). 벨로르 전문학교(한국의 고등학교와 시스템이 비슷)에 다니는 그녀

인도인들은 매일 아침 대문앞을 깨끗이 쓸고 '꼴람'이라고 불리는 그림을 그린다. 가정에 복을 부르는 의미다

인도인 부부와 아들

의 집안은 기독교를 믿는다. 집안을 살펴보니 크리스마스 때 만들어 놨던 트리와 아기 예수상을 집안에 모셔 놨다.

"인도 농경사회에서 볼 수 있는 전통으로 불행과 악귀로부터 집안을 보호하는 풍습의 하나입니다. 언제부터 유래했는지는 모르겠어요."

벨로르 고아원생들에게 방과후 교육을 실시하기로 한 학생들은 1·2조는 남학생들에게 지점토 공예를, 3·4조는 여학생들에게 종이 접기 교육을 실시했다. 15살 먹은 가네산(Ganesan)은 학생들이 준비해간 지점토를 설명해준 대로 열심히 만들더니 채색을 시작했다. 그에게 녹색 물감을 이용해 채색하는 지에 대해 물었다.

"녹색은 나무와 사과를 상징해요."

서투른 영어로 땀을 흘리며 학생들을 가르치던 임동아(중3) 학생은 "재미있고요. 학생들이 저를 배려해주는 것 같아요. 학생이 초록색을 집었는데 제가 노란색을 좋아한다고 했더니 노란색으로 칠했어요"라고 말했다.

기획 단계부터 모든 걸 주도했던 3,4조의 리더 엄하정(고1) 양의 방과후 학교 소감이다.

"내가 직접 영어로 가르쳐서 아이들이 종이접기를 하는 걸 보니 아주 뿌듯했어요. 제대로 설명하지도 못했는데 아이들이 스스로 알아서 척척 해내니 영리한 것 같고 예뻤어요."

저녁에는 전통 인도 음식인 '도사이(Dosai)'를 맛보기로 했다. 야자나무 잎 위에 한국의 전과 같은 걸 놓고 인도 쌀에 '고비 만츄리안, 삼바, 쿠루마'를 비벼 오른 손가락으로 뭉쳐 먹는다. 뜨거운 음식에 깜짝 놀라기도 하지만 그런대로 맛있었다. 문제는 숟가락이 아닌 손으로 먹어야 하는 곤혹이다. 끈적거리기도 하고 어색한 아이들은 빨리 손을 닦고 싶다.

이영인(중1) 학생은 "손으로 먹는 자체가 싫어요"라고, 또 다른 학생은 "신기해요"라고 말했지만 나름 손으로 음식을 먹는 것을 즐기는 학생도 있었다.

한길(중2) 학생은 “처음에는 음식문화가 틀려서 좀 그랬는데 숟가락보다 편했어요. 맛도 좋고요.”라고 말했다.

로마에 가서는 로마법을 따르는 법. 우리에게는 손으로 먹는 것이 불결하게만 느껴지지만 이들은 여러 사람이 돌아가면서 사용하는 숟가락 문화가 불결하다고 느낀다. 서로 다른 문화를 이해하려는 자세가 중요하다.

(12. 01. 13)

인도에 가면 '왼똥오밥'을 기억하세요

생명누리 공동체가 주관하는 인디고 여행학교

'왼똥오밥' 묘한 언어에 고개가 갸웃거려진다. 왼손으로 똥을 닦고 오른손으로 밥을 먹는다는 인도 풍습의 요약본이다. 결벽증에 걸린 사람은 일을 보고 난 후 몇 장의 휴지를 사용하고도 맘이 안 놓이는데 손으로 뒤처리를 한다. 인도로 여행을 떠나는 사람이 가장 고민하는 일 중 하나는 화장실 가는 일과 오른손으로 밥 먹는 것. 인도의 고급 호텔이야 다르겠지만 평범한 사람들이 사용하는 인도 화장실은 물 내리는 구멍이 작아 화장지를 넣으면 막혀서 뜯어야 한다. 게다가 아예 화장지를 보관할 상자나 통이 없다. 굳이 화장지를 사용하려면 비닐봉지에 싸서 밖에 나와 태워야 한다.

그러니 일을 보고 난 후 손으로 뒤처리를 하고 비데처럼 물로 씻어야 한다. 씻고 난 후 물기를 못 닦고 옷을 입어야 하는 찜찜함은 감수해야 한다. 물이라도 내릴 수 있는 장소에서는 괜찮지만 티피파캄 마을에서 공동체 생활을 하는 인디고 여행학교 학생들에게 화장실 가는 것은 가장 곤욕스러운 일이다. 궁여지책으로 생각해낸 게 적게 먹는 것.

오후 9시가 넘어 화장실을 가겠다고 하니 홈스테이 하는 집 아이가 화장실을 알려준다. 손전등을 켜고 집에서 500m 쯤 떨어진 들판으로 가는 길에는 소와 개, 염소들이 진을 치고 있다.

"왼손으로 밥 먹으면 안 돼요"

이들을 조심스럽게 비켜서 들판으로 가는 길에는 동물들이 싼 배설물들이 지뢰처럼 널려 발밑이 무섭다. 하긴 뭐 소똥을 벽에 발랐다가 마른 후 연료로 사용한다면 똥은 요긴한 존재다. 거름과 연료, 소와 염소의 우유와 고기가 이들에게 유용한 존재라면 길바닥에 널려 있는 똥에 초연해야 하지 않을까.

인도 남부 첸나이에서 한 시간 쯤 떨어진 티피파캄에서 홈스테이 하는 경훈이는 왼손잡이다. 원주민 집에서 차려준 음식을 왼손으로 집으려 하

1 방과후 교육으로 원주민 아이들과 함께 네일아트를 하는 학생들. 어른들까지 합세했다

2 흙으로 만든 기와집 벽에 소똥을 발라 말리고 있다. 말려서 연료로 사용한다.

3 방과후 교육으로 실시한 손도장 찍기에 아이들이 찍은 손

4 아이들과 비눗방울 만들기 놀이를 같이 하는 학생들.

자 초등학교에 다니는 아이가 왼손을 잡고 “노(No)”하며 오른손으로 음식을 들라고 가르쳐 줬다.

수천 년을 이렇게 살아온 이들이야 상관없겠지만 이런 풍습이 낯설고 꺼림칙한 한국인들은 어디 그런가. 마음 편히 화장실에 갈 수 있는 처지가 못 돼 희미하게 동이 트는 새벽에 야외 화장실을 찾았다. 그것도 화장지 한 장을 들고. 현지화하려고 했지만 처음부터 맨손으로 뒤처리를 하는 용기가 나지 않는다. 새벽시간에 화장실을 가는 건 내 라이프스타일을 깬 것이다.

아침을 먹어야 일을 보는 한국에서의 습관을 빈속에 그것도 새벽에서라야. 괜한 힘만 쓰고 날은 밝아오는데 마을에서 사람들의 두런거리는 소

1 원주민이 사는 집. 코코넛 잎으로 덮은 지붕이 이채롭지만 우리나라의 평범한 사람들이 사는 집처럼 좋은 집을 가진 사람도 있다

2 학생들이 방과후 교육을 준비하기 위해 원주민 아이들을 못 들어오게 하자 창틀을 통해 교회 내부를 들여다보는 아이들

3 이빨이 다 빠진 할머니가 맨발로 걷고 있다.

4 미끄럼틀 위에서 사탕수수를 먹는 아이. 마을에는 사탕수수, 코코넛, 파인애플 농장이 널려 있다.

리가 들린다. 뱃속에서 소식이 오는데 하필이면 이때 사람들이 나타나는가. 개운치 않게 뒤처리를 하고 손에 흙을 묻히고 급히 일어섰다. 손에 합장을 하고 전통 인사인 "와나캄"을 외치자, 그 중 한 사람이 "Here is Dung, no problem. (여기서 똥 싸는 건 문제가 안 됩니다)."

"노 프러블럼, 여기에서 볼일 봐도 괜찮아요"

집으로 돌아가는 길이다. 개똥, 소똥, 염소똥이 널려 있다. 똥이란 자연의 순리이고 배설 못하는 고통만큼 큰 것도 없다. 엊저녁 한밤중에 일어난 일이다. 화장실이 만만치 않으니 자기 전에 미리 화장실을 갔다 오라는 내 말을 무시한 성현이가 새벽에 일어나 나를 깨웠다.

"선생님 화장실이 급해요. 같이 가요. 무섭고 어디인지 모르니 알려줘요." 밖으로 나갔다. 하늘에는 휘영청 달이 밝았지만 집 주변에 소들이 진을 치고 있었고 소똥도 널려 있었다. "선생님 저 참을래요. 소가 무서워서 못가겠어요." 결국 성현이는 가까운 밭에다 소변만 보고 날을 샜다. 그러나 그 고통이 만만치 않았으리라.

인도인들은 화장지를 사용하는 사람들이 불결하다고 생각한다. 손으로 닦아내고 비누로 깨끗이 씻는 자신들의 용변법이 더 깨끗하다고 생각한다. 어쩌면 물이 부족하고 위생시설이 발달하지 않은 인도인들에게 이런 용변법이 더 유리할지도 모른다. 자연도 보존하고 경비를 줄일 수 있으니.

인도, 특히 티피파캄 마을에는 소똥, 개똥, 염소똥, 닭똥 천지다. 처음에는 경악스럽고 발밑만 쳐다보던 아이들도 물기가 있는 것만 아니면 용서가 된단다. 사방천지가 똥이다. 거기다 들로 나가면 사람의 것도…. 어쩌랴 모든 게 자연이고 여기가 인도인 것을.

(12. 01. 20)

누가 이 아이들을 '손만 대도 불결해진다' 했나

인도 여성의 80% 이상이 중매결혼

인도는 유럽 전체를 합친 것만큼 넓다. 따라서 한겨울이라지만 남부에서는 추위를 못 느낀다. 남부에서는 해수욕을 하고 모기에 시달리는데, TV 뉴스를 보면 히말라야에 가까운 북쪽에서는 폭설이 내려 차가 움직이지 못한다는 소식을 전한다.

인도 남부 티피파캄의 불가촉천민 마을에서 민박을 한 생명누리 학생과 교사 일행은 후텁지근한 날씨와 모기 때문에 밤새 잠을 못 이뤘다. 도시 인근에 사는 불가촉천민들은 집도 없어 길바닥에서 모포 같은 천을 덮고 자는 불쌍한 신세지만 농사를 짓고 사는 이 마을 사람들은 그래도 괜찮은 편이다.

1960~1970년대 시골 초가집 같은 움막도 있지만 내가 민박한 집은 6평쯤 되는 시멘트 블록집이다. 방이라야 두 평쯤 되는 방 두 개에 1m쯤 되는 통로 바닥에서 천을 깔고 잠을 잔다. 후덥지근한 날씨지만 한국에서 손님이 왔다고 안방을 내준 이들은 천장에 달린 대형 선풍기를 틀어준다. 선풍기는 온도조절뿐만 아니라 모기퇴치의 두 가지 기능을 동시에 한다.

옆자리의 성현이와 나는 감기에 걸리지 않기 위해 침낭 속에 들어가 잠을 잤다. 침낭은 보온과 모기 퇴치의 두 가지 기능을 동시에 수행한 셈이다. 주먹이 숭숭 들어갈 정도의 틈이 보이는 창살에는 엉성한 천으로 대충 대놓기만 해놨다. 우리나라에서 몇 천 원 정도면 살 수 있는 모기장이 없다.

선풍기가 계속 돌기만 하면 그래도 괜찮은데 매일 밤 계속되는 정전에 모기까지 극성을 부리면 잠은 다 잤다고 봐야 한다. 잠 못 이룬 이튿날 새벽 마을 구경이나 할까 하고 방문을 여니 문틈에 모기가 한 움큼 붙어 있었다.

날이 새고 어두컴컴한 새벽. 화장실이 없는 집 사람들은 집에서 500여 미터 떨어진 밭에서 용변을 보고 돌아온다. 젖을 짜기 위해 소를 키우는 집에서는 소똥을 모아 말린다. 소똥은 말려서 연료가 된다. 널빤지나 도구를 이용하는 사람도 있지만 손으로 긁어모으는 사람도 있었다.

잠에서 깨어나 집 밖으로 나가니 홈스테이 하는 집 딸 '사란냐'가 맷돌에 마늘, 양파, 토마토, 향신료, 생강, 마샬라를 넣고 돌끝을 잡고 한 방향으로 돌리자 묽은 죽 같은 식재료가 탄생했다. 멀리 한국에서 귀한 손님이 왔다고 소고기까지 넣어 전통 음식인 '쿠루마'를 정성껏 만들어줬다.

"왜 한국 학생들은 검정 옷을 입어요?"

옆집 아가씨가 새벽안개 자욱한 꽃밭에서 꽃을 딴다. 학교 갈 때 뒷머리에 장식하기 위해서다. 여학생 뒷머리에 꽂은 생화 장식은 정말 아름답다. 조화나 플라스틱 재료가 아니기 때문에 더더욱 아름답다. 맨발로 길거리에 널린 똥 사이를 피해가며 학교에 가지만 때 묻지 않은 아이들의 꽃 장식이 더욱 빛난다. 잡초 속에서 피어난 사람 꽃과 자연의 꽃이 하늘거리며 길을 간다. 누가 이들을 손만 대도 불결해진다는 불가촉천민이라 이름 지었는가.

생명누리 인디고 여행학교 학생들은 흰색과 검정의 반팔티를 단체로

1 하루의 일을 마치고 돌아오는 동네 사람들

2 학교를 찾아 방과후 수업을 마친 민경훈 군과 같이 노는 아이들

3 인도 여성의 80% 이상은 부모가 정해준 대로 시집간다고 한다. 가운데 서서 웃는 이가 '페니날'이다

4 하루 종일 풀을 뜯은 소에서 젖을 짜는 동네 사람들. 주 수입원 중 하나이다

5 인도 전통 가옥. 야자수로 덮인 지붕이 우리나라의 초가집 모습이다.

6 아침 일찍 일어나 집 앞 꽃밭에서 꽃을 따는 여학생들. 뒷머리를 장식하기 위해서다

7 우물가에서 설거지하는 아낙네

8 여학생들 머리에는 아침에 딴 생화를 엮어 올린 모습이 예쁘다. 이마에는 가족이 믿는 힌두교의 점이 선명하다

맞춰 입고 있었다. 불가촉천민 마을로 가던 중 생필품을 사기 위해 차를 세웠다. 때마침 조수석에 앉아 있던 인도인이 질문을 했다.

"왜, 한국 학생들이 검정 옷을 입어요? 무슨 이유라도 있나요?"

"아니요. 그냥 단체복이에요."

"아! 그래요? 인도에서는 검정 옷을 입은 사람은 천민으로 여깁니다."

그랬다. 그 사람은 한국 사람들이 검정 옷 입은 이유를 조심스럽게 물었다. 우리도 천민으로 여기지는 않았을까?

홈스테이 했던 이웃집에는 티피파캄 대학 농생물학과에 다니는 페니날(Pennial)이 산다. 학교 다녀와 밤이면 밖으로 나와 마루에서 공부를 하는 그녀에게 인도 여성들의 결혼관을 들어봤다. 농사를 짓는 그녀 부모는 독실한 크리스천이다. 불가촉천민들 중에는 인도의 카스트 제도가 싫어 불교나 기독교로 개종하는 사례가 빈번하다.

대부분의 인도 처녀들은 부모가 권하는 남자와 결혼

"저는 부모가 정해준 대로 결혼할 거예요. 소수의 여성들이 자신이 선택한 남자를 배우자로 택하지만 80% 이상의 인도 여성들은 부모의 선택에 따릅니다."

"맘에 안 들면 어떡할 거냐?"고 묻자 웃기만 하던 그녀를 보면서, 아버지에게 "사위는 어떤 남자를 원하는지." 묻자 "술 담배를 안 하고 착한 남자면 무슨 직업이든지 상관없어요."라고 말한다. 이때 갑자기 옆에서 듣고만 있던 어머니가 대화에 끼어들었다.

"돈은 그렇게 중요하지 않아요. 다만 좋은 습관을 가진 사람이 좋아요. 어쨌든 신이 선택해주실 거예요."

비록 연애결혼이 증가하고 있지만 대부분의 힌두교 결혼은 중매결혼이 주를 이룬다. 자신이 속한 공동체 내에서 배우자를 찾는 게 이들의 전통.

자신의 카스트보다 낮은 배우자를 고르게 되면 자신이 속했던 카스트에서 축출을 당해야 하기 때문에 사랑보다 앞서는 게 카스트제도라는 게 인도의 결혼관습이다.

저녁 무렵이 되자 소 두 마리가 끄는 우마차가 하루의 일을 끝내고 돌아온다. 쩔렁쩔렁 소리를 내며 고개를 좌우로 흔드는 폼이 하루 일과가 힘들었음을 짐작케 한다. 낡은 사리를 입고 머리에는 저녁에 쓸 땔감을 이고 돌아오는 아낙네 뒤에는 소와 염소 떼가 시끄러운 소리를 내며 따라온다.

밥 짓는 연기로 자욱한 마을에는 이제부터 바빠지는 곳도 있다. 하루 종일 풀을 뜯고 새끼에게 줄 젖이 불은 소와 염소 고삐를 매고 젖을 짜는 농부들. 우유 통을 들고 와 중개상에게 얼마쯤 되는지 계산한 후 집으로 돌아가는 이들. 마당 한편에 있는 화덕에서는 나무와 장작이 타고 위에서는 주식인 파루타, 이들리, 짜파티가 익는다. 낯선 음식이라 먹기 힘들 줄 알았는데 그런대로 괜찮다.

언제 올지 모른다는 인도의 차량을 기다리다 지친 아이들이 배고플까 봐 바나나 잎에 밥을 해가지고 교회로 찾아온 아주머니들의 친절함에 감동하는 한국 학생들. 하지만 3박 4일간의 홈스테이 후 정이 든 아이들을 짜증나게 하는 것도 있다.

"깁트(gift), 깁트(gift)"라고 말하며 선물을 요구하는 동네 아이들. 행복은 물질에 있는 건 아니라지만 며칠간 묵고 가는 한국 아이들이 아주 부잣집 아이들로 여겨졌을까 걱정이다. 몇 년 전까지만 해도 평균 수입이 12만 원이라고 했으니 당연할 수밖에 없다. 하긴 우리도 한국전쟁이 끝난 후 외국인만 보면 "껌, 초콜릿"을 외쳤으니 어쩌랴.

공해 없는 마을 인도 밤하늘에 별이 천지다. 티피파캄의 밤은 깊어가고 마을 사람들은 차별 없는 세상을 꿈꾸며 잠자리에 든다. (12. 02. 29)

혼수 적게 해가면 구박, 심지어 맞아 죽기도

네팔 처녀 '어누구룽'의 꿈

"제 꿈이요. 먼저 다친 발을 고치고 공부도 많이 한 후 취직해 어머니를 도와드리고 좋은 사람 만나 시집가는 것입니다. 그런데 지금 제 형편에는 수술할 꿈도 못 꿔요."

알킬의 이웃집 처녀인 '어누구룽(20살)'이 한 말이다. 알킬은 네팔의 치트완 출신으로 여수에서 수산업에 종사하는 이주민 노동자이다. 그는 내가 생명누리공동체 인디고여행학교 학생들과 인도를 거쳐 네팔을 여행하는 기간에 때맞춰 휴가차 네팔에 들어왔다.

내가 알킬을 알게 된 것은 2년 전 여수 외국인 이주민 노동자 센터에서다. 다른 사람들은 휴일이면 이주민센터에 놀러와 쉬거나 쇼핑을 한다. 하지만 알킬은 배고픈 이주민 노동자들을 위해 밥과 반찬을 만들어주고 어려운 이주민들을 위해 봉사하고 있었다. 번 돈을 지독하게 아껴 고국에 송금하거나 적금을 넣는 것도 그의 장점이다. 포카라에서 만난 알킬이 내게 한 말이다.

"2년 반 만에 처음으로 네팔에 돌아오는 것이라 선물에 대한 부담이 컸어요. 아버지 형제 다섯 어머니 형제 다섯이라 챙겨야 할 선물이 백만 원도 넘을 것 같아 선물을 하나도 안 사고 빈손으로 왔어요. 제가 한국에 가기 전 집안이 어려웠을 때 어머니가 이웃집에 돈 빌리러 갔다 빈손으로 돌아오며 울고 왔는데 지금은 제가 돈을 벌어 송금한 뒤로는 이웃집 사람들이 어머니한테 돈을 빌리러 온대요."

이주민센터 박용환 소장은 "알킬은 여수에 있는 외국인 이주민들 중에서 가장 신뢰할 수 있는 사람."이라고 소개를 한다. 현재 여수 돌산에 위치한 수산회사에 근무하고 있는 알킬은 포카라대학교 영문학과 재학 중 한국에 들어왔다. 다재다능한 그는 영어와 한국어, 힌디어, 벵골어, 네팔어까지 5개 국어를 말할 수 있다. 네팔에서 나를 안내하는 중에도 한국에 계신 사장님으로부터 하루빨리 돌아오라는 독촉 전화를 받고 있었다.

그는 치트완에 계시는 어머니와 두 동생 뒷바라지를 위해 송금하고도 2년 반만에 포카라 외곽지역에 땅을 샀다. 알킬은 앞으로 돈을 더 많이 모아 사업을 할 계획이라는 야무진 꿈을 키워 나가고 있다. 이웃집 처녀인 어누구룽의 소식을 듣고 네팔 여인들의 집안에서의 위치에 대해 들었다.

"네팔 여인들은 옛날에 남편을 신처럼 모셨어요. 심지어 아침에 일어나 남편이 자고 있어도 남편을 위해 기도했어요. 발을 씻어주는 세족식은 남편을 신처럼 모시겠다는 의미입니다. 지금은 많이 약해졌지요.

하지만 장애를 가지고 있거나 가난한 집안의 처녀들은 시집가기 힘들어요. 여자가 시집갈 때는 시댁식구들을 위해 금붙이 등의 선물을 준비하고 TV와 냉장고도 준비해야 합니다. 결혼식이 있으면 온 동네사람들이 참석하는데 음식물을 모두 여자 쪽에서 부담하니 딸 결혼시키면 큰 빚을 지기도 합니다.

만약 혼수를 적게 해가면 남편과 시어머니한테 구박을 당하거나 심지어 맞아 죽기도 했어요. 그러니 어누구룽의 어머니는 딸이 결혼도, 취직도 못할까봐 걱정이 큽니다."

5살 때 교통사고로 발을 다쳐

알킬에게서 어누구룽에 관한 자세한 내막을 들었다. 알킬의 아버지는 인도에서 군인이었는데 알킬 나이 12살 때 병으로 돌아가셨다. 이웃에 살던 어누구룽의 아버지는 쿠웨이트에 돈벌러 갔다 직업병을 얻어 귀국 후 한 달 만에 돌아가셨다. 그녀의 나이 6살 때였다. 어누구룽은 5살 때 교통사고로 엄지와 2째, 3째 마디에 부상을 입어 수도인 카트만두에 후송을 했으나 치료하지 못하고 사진과 같이 장애를 입어 걷는 게 불완전하다.

다리가 불편한 그녀는 창피해서 사람을 피하고 공부만 해서 우리의 고등학교(First Division)에 해당하는 학교 다닐 동안 줄곧 1등을 해 치트

1 왼쪽부터 어누구룽의 할아버지, 어누구룽, 알킬

2 카트만두의 박타푸르 사원 앞에 선 알킬

3 포카라에서 우연히 마주친 어느 결혼식 모습. 굉장히 화려한 결혼식으로 잘 사는 사람들의 결혼식 같았다

해발 2천 미터 이상의 히말라야를 등정하다 만난 고산족의 결혼식. 마을 사람들이 다 모인 것 같았다

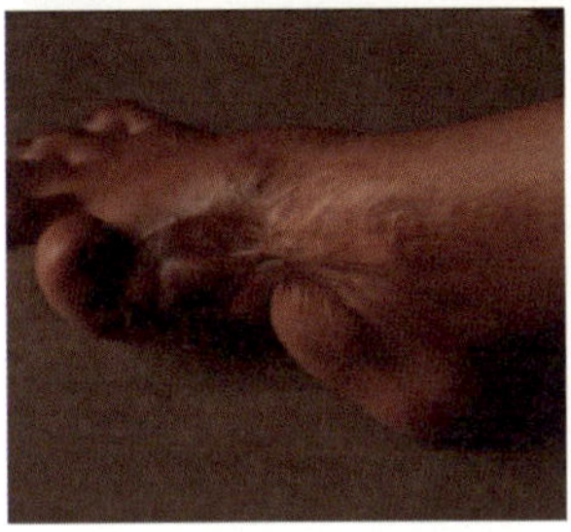

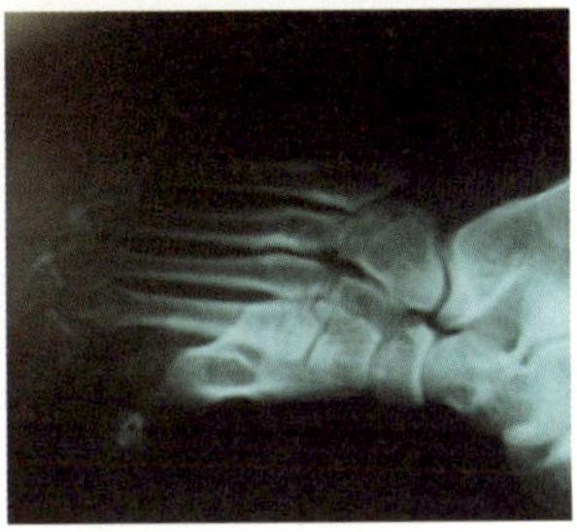

5살 때 교통사고를 당해 장애를 입은 어누구룽의 발. 양해를 구하고 사진을 찍었다. 15년 전의 카트만두 의술로서는 교정이 불가능해 현재의 모습으로 고착됐다. 수술로 교정이 불가능할까?

완대학교 영문학과(1년)에 다니고 있다. 다행히 국립대학교라 학비 부담이 없고 장학금까지 받아 한시름 놓았지만 졸업해도 걱정이다. 취직이 안 되면 가난한 형편에 장애를 가지고 있는 그녀는 시집도 못가기 때문이다. 그녀에게 "왜 다쳤을 때 교정수술을 못했는가"를 물었다.

"당시(15년 전) 카트만두 병원의 의사들 실력으로는 고칠 수 없다는 소리를 들었어요. 지금이라도 고칠 수만 있다면 외국에서 실력 있는 의사들에게서 교정수술을 받고 싶어요. 그런데 돈이 없어 슬퍼요."

알킬 어머니와 어누구룽의 어머니는 둘 다 남편을 잃어서 쿠웨이트에 돈 벌러 가기도 한 각별한 사이다. 대학을 나와도 직업을 구할 수 없는 네팔의 처지와 식당에서 한 달 일해도 월급 10만 원 받는 네팔의 처지에서는 외국에 나가 수술을 받는다는 것은 꿈같은 얘기다. 다행히 어느 독지가가 한국행 왕복 비행기 티켓 값은 주겠다는 약속은 받았다. 그녀의 다친 발을 무료로 수술해줄 병원은 없을까? (12. 03. 12)

돈 없애는 마을... 여기서 살고 싶습니다

생명누리 오로빌 공동체

인도 티피파캄에서 10km 떨어진 거리. 세계 각국의 사람들이 정치와 종교, 국적을 초월해 평화와 조화 속에서 살 수 있는 마을을 꿈꾸는 오로빌공동체가 있다. 오로빌의 목표는 인류의 일체성을 실현하는 것. 오로빌의 창시자 '마더'는 기공식(1968년 2월 28일)에서 아래와 같은 '오로빌헌장'을 발표했다.

"오로빌은 어떤 특정인의 것이 아니라 온 인류의 것으로, 지속적인 교육의 장이며, 과거와 미래를 잇는 가교가 되고자 하는 곳이다. 오로빌은 안팎에서 얻어지는 모든 발견을 선용하여 미래를 실현시키기 위해 대담하게 나갈 것이다. 또한 인류의 일체성을 실질적으로 구현하는 본보기를 만들기 위한 물적, 영적 연구의 장이 될 것이다."

40년 넘게 계속 짓고 있는 마을 '오로빌'

당시 거행된 기공식에는 세계 124개국에서 온 사절과 5,000여 명의 내빈이 모였다고 한다. 인류의 일체성을 상징하는 하나의 몸짓으로 각자 한 줌의 흙을 마을 부지 한 가운데 위치한 연꽃 봉오리 모양의 항아리 속에 담았다.

현재 이 마을은 아직도 건설 중이며 헐벗은 대지였던 오로빌에는 40여 국가에서 온 1,800여 명의 주민들로 이루어진 공동체가 있다. 마을 한 가운데는 1971년 2월에 착공한 마트리만디르(명상 센터)가 있다. '마더'는 이곳을 '오로빌의 영혼'이라고 불렀다.

마을은 문화, 국제, 산업, 주거 구역 등 네 개의 구역으로 나뉘어 설계됐다. 은하계의 팔처럼 외부로 뻗어나가는 각 구역은 마을의 네 가지 기능에 초점을 맞추고 있다. 각 구역 안에는 공원과 녹색 회랑이 포함될 예정이고, 마을 전체는 녹지대와 농장, 자연보호 구역으로 둘러싸여 있다.

현재 오로빌은 100여 개의 다양한 규모의 동네로 이뤄져 있고, 도로, 자전거길, 수도, 전기, 전화선 등 도시 형성을 대비한 기본적인 기간 시설망이 각 동네를 연결하고 있다.

생명누리공동체 인디고 여행학교 학생들과 오로빌공동체를 방문할 당시 세계생태공동체순례팀 일행을 만났다. 성인 6명과 학생 5명으로 구성된 팀은 20일 동안 인도를 여행하고 있었다.

그 중 청계 자유발도로프 학교 10학년인 임병찬(16) 학생으로부터 인도 여행에 대해 들었다. 임병찬 학생은 4대강 파괴를 반대하는 글귀가 선명하게 새겨진 티셔츠를 입고 있었다. 환경에 대한 이야기를 나눴다.

"인도만 20일 정도 여행하고 있는데 저도 50일짜리로 바꾸고 싶어요. 저는 인도 음식도 맛있고 더 많은 곳을 둘러보고 싶거든요. 가슴에 새겨진 환경에 관한 글귀요? 교사인 아빠가 환경운동가이기 때문에 아빠의 영향이 크죠."

마침 옆에 서있는 임병찬 학생의 아버지 임덕연 씨와 인사를 나누고 교육자로서 오로빌공동체와 환경을 바라보는 시각에 대해 들어봤다. 알고 보니 그는 초등학교 교사이자 동화작가이며 환경운동가였다.

"요즘 아이들은 성적 지상주의로 메말라 있어요. 생명과 평화에 대한

1 마티르 만디르 원형광장. 오로빌의 영혼이라고 부르며 마음을 고요히 가다듬는 명상의 장소다

2 오로빌공동체를 찾는 관광객들을 위한 상가

3 임덕연 교사(왼쪽)와 아들 임병찬 학생. 임 교사는 동화작가이자 환경운동가다

4 마티르 만디르 원형광장을 바라보며 명상에 잠겨있는 사람들

5 인도를 상징하는 반얀나무. 나무줄기에서 뿌리가 내려와 부모나무를 돌본다는 전설이 있다. 뿌리가 40개도 넘었고 둘레는 50여 미터쯤 돼 보였다

6 FO학교라 불리는 오로빌공동체 학교. 담당자의 말에 의하면 각 교실 천정은 자체 통풍구와 자연채광이 가능한 구조로 학생들은 여기서 무상교육을 받는다

가르침을 주지 않으면 미래에는 가치관의 혼란이 생길 것입니다."

화폐 교환이 없는 이곳, 가능할까

오로빌은 발전의 초기 단계에 있으며 아직도 실험을 계속하고 있다. 하지만 일곱 가지 분야에서는 발전을 이뤄냈다.

▲교육 : 아이들이 영혼과 교감을 잃지 않고 온전히 성장하고 발달할 수 있는 길을 제공한다.

▲환경 : 황무지에 여러 해에 걸쳐 200만 그루의 나무를 심었고, 총 연장 수백 킬로미터의 흙둔덕을 쌓았다. 저지댐을 만들어 빗물이 계곡을 따라 바로 흘러 내려가지 않고 지하수 층으로 침투해 흡수되게 했다.

▲공공서비스 : 오로빌 인구는 한 마을의 규모이지만 일개 소도시로서의 기능을 대부분 갖추고 있다.

▲사업체 : 공동체를 재정적으로 지탱하기 위한 산업과 상업을 구비한다.

▲인근 마을의 발전 : 지역주민과의 유대를 위해 인근 마을 주민들에게 4,000~5,000개의 일자리를 제공한다.

▲유연한 내부조직 : 공동체의 주요한 의사결정은 18세 이상의 모든 공동체 구성원이 참여하는 주민의회를 통해 결정한다.

▲재정 : 무상으로 제공되는 교육, 보건, 운동, 오락 서비스 외에도 최종 목표는 오로빌 안에서 모든 화폐 교환을 없애는 것이다.

오로빌에서 살고 싶다면...

오로빌에 대해 관심을 가진 사람은 오로빌에서 경영하는 게스트하우스에서 머물 수 있다. 하지만 12월에서 3월, 8월에서 9월의 성수기에는 방이 모자라므로, 이 기간에 머물려면 3~4개월 전에 미리 예약을 해두는 것이 좋다. 게스트하우스에 머무는 손님은 오로빌에서 열리는 각종 행사와 워크숍에 참석할 수 있다.

오로빌에 합류해 살기를 희망하는 사람은 사전에 오로빌을 방문해 게스트하우스에 머물며 마을을 탐사하고, 주민들을 만나 공동체가 어떻게 운영되는지, 조건이 자신과 맞는지 충분히 검토한 뒤 결정해야 한다.

종교와 이데올로기 때문에 분쟁이 생기는 지역이 많다. 빈부격차와 이념논쟁, 헤게모니 싸움으로 갈라져 서로를 적대시하며 하루에도 수십 명씩 죽어가는 곳도 있다. 한국도 남북과 지역갈등, 정파 간의 논쟁으로 서로를 멀리하고 경시하고 있다. 다양성 속에서 하나가 되는 일체성을 주장하는 오로빌이 주장하는 점은 시사하는 바가 크다고 할 수 있다.

(12. 03. 13)

간디 살았던 곳... 천정 허술해 별빛 보인다

세바그람의 간디 아쉬람에서

하이데라바드를 떠난 일행의 다음 목적지는 간디가 농촌재건 운동을 하며 독립운동을 했던 세바그람이다. 세바그람은 지도로 보면 인도의 정중앙에 있는 자그마한 농촌으로 간디와 비노바바베 같은 성인이 없었더라면 잘 알려지지도 않았을 정도의 평범한 마을이다. 일행이 먼저 찾은 곳은 간디가 사회개혁 운동에 앞장섰던 간디아쉬람. 아쉬람은 일종의 수도원 같은 의미를 지닌다.

20세기 위인 중 한 사람인 마하트마 간디는 인도 중서부의 구자라트 주 뽀르반디에서 태어났다. 런던에서 공부한 간디는 남아프리카에서 변호사로 활동했다. 그곳에서 인도인으로서의 자신이 당한 차별에 항거하게 됐고, 인도인 공동체의 대변인이 되어 모든 사람에 대한 평등을 지지했다. 1915년에는 인도로 돌아와 아힘사(비폭력) 원칙을 내세워 소박하고 검소한 삶을 살았다. 1년 후에는 착취와 탄압받는 농민들을 옹호하며, 정치적으로 승리했다. 이때부터 그는 마하트마(위대한 영혼)라는 존칭을 얻었다.

1920년경 간디는 국민회의파의 주요한 인물로 떠올랐으며, 전국적인 사띠야그라하(진리에의 헌신과 소극적 저항) 운동을 조직했다. 몇 차례의 투옥과 독립운동으로 인도인들로부터 추앙을 받은 간디는 1936년에 세바그람으로 들어와 간디 아쉬람을 세웠다. 세바그람은 힌디어로 '봉사의 마을'이라는 뜻이며 간디가 명명했다.

간디 명명, 세바그람... 힌디어로 '봉사의 마을'이라는 뜻

섬김의 마을, 봉사하는 마을이라는 뜻의 간디 아쉬람을 세운 것은 그의 나이 69세(1936년)였다. 그는 도시가 아닌 최하층민의 민중이 토대를 이룬 농촌 재건에서 인도의 미래를 내다보았던 것이다. 이 점이 바로 자와할랄 네루를 비롯한 다른 정치지도자들과 달랐다.

간디 스스로 자신의 최고 업적이라고 평가한 '아쉬람 운동'은 그의 사상과 실천철학인 비폭력 무저항주의, 사띠야그라하 등이다. 간디아쉬람 정문을 들어서면 커다란 대리석에 새겨진 글귀가 하나 보인다. "모든 면에서 우리에게 고상한 생각이 들게 하소서(Let noble thoughts come to us from all sides)."라는 글귀가 새겨져 있다.

아쉬람 곳곳에는 60년대의 우리네 기와집 같은 형태의 가옥들이 10여 동 보인다. 허름한 집 둘레는 서툰 대패질로 만든 판자로 집 주위를 막은 군대식 막사 같은 것이 보인다. 엉성한 판자 틈으로는 모기가 들어오고, 학생들이 먹다 버린 과자 부스러기를 먹기 위해 쥐도 들어왔다가 짓궂은 학생들에게 체포됐다. 집안에 들어가면 잠잘 수 있도록 깔아놓은 매트리스 외에는 아무것도 없다. 그야말로 소박함 자체다.

식당으로 가는 길에 서 있는 허름한 건물에는 간디가 주재하는 동안 만국평화회의가 열렸다는 내용이 씌어 있었다. 의자 하나 없고 짚으로 만든 매트리스만 있는 곳에서…. 숙연한 마음이 든다.

간디가 강의했다는 나무 밑동에는 시멘트로 만든 조그마한 의자가 있다. 간디는 거기서 진리와 비폭력을 전하며 거대 세력 영국에 대해 싸울 것을 촉구했다. 천식으로 시달리기도 했지만, 새벽 4시면 추종자들과 함

1 간디가 간디아쉬람에서 그의 추종자들에게 강의하는 모습이 담긴 그림

2 간디가 거주하던 집

3 간디 기념관

4 간디 기념관에 있는 세 원숭이 모습. 간디가 말한 '사악한 것은 보지도 듣지도 말하지도 말라"는 뜻이 담긴 원숭이 인형이다

5 간디가 최초로 거주한 방

6 간디아쉬람 담당자가 사용하는 타자기. 간디가 살아 있을 때부터 사용하던 것이라고 한다

7 간디가 자신의 생각을 강의하던 나무. 나무 밑둥 바로 아래 시멘트로 만든 자그마한 의자 하나가 있고 모래밭에 앉아 그의 강연을 경청했다. 새벽 4시에는 기도하는 장소이다

께 기도하면서 인도의 독립과 사회개혁에의 의지를 다지기도 했다.

간디 기념관, 시대상과 주장했던 사상에 대한 설명이 대다수

간디는 매일 코란과 성경, 라마야나(힌두교 경전)를 읽었다. 간디가 말한 명문장 중 하나를 보면 그가 말한 진리가 후세를 사는 사람들에게 여전히 커다란 교훈이 되는 것을 알 수 있다. 다음은 그의 아쉬람에 적힌 강연 내용 중 하나다.

"오늘날 사람들은 자신의 욕구를 충족시키기 위해 계속 질주하고 있다. 또한, 자신의 중요성과 지식을 함양시키기 위해 미친 질주를 계속하고 있다. 그러나 '우리가 지금 무엇을 계속하고 있는가?' 하고 외치는 날이 다가올 것이다. 사람들은 점점 번창하고 인간의 발전과 번영에도 나는 묻고 싶다. 이 모든 것의 끝은 무엇인가? 여러 가지의 발견과 지난 50년 동안의 발명에도 인간의 도덕적 높이는 1인치도 높아지지 않았다. 톨스토이가 말하길 예수, 부처, 무하마드도 모두 똑같은 말을 했다."

<학교 없는 사회>, <성장을 멈춰라>, <행복은 자전거를 타고 온다>, <병원이 병을 만든다> 등 많은 대중 계몽 서적을 쓴 이반 일리치는 1978년에 이곳을 방문해 강연 서두에서 다음과 같은 말로 간디에 대해 설명했다.

"오늘 아침 나는 마하트마 간디가 살았던 오두막에서 그의 정신세계와 그가 전하고자 하는 메시지를 받아들이려 노력하고 있습니다. 한 가지는 그의 정신적인 면이고 또 다른 하나는 어메니티(쾌적함)입니다. 나는 그의 검소함과 아름다움을 좋아합니다. 그의 오두막은 만인에 대한 사랑과 평등 원칙을 보여주고 있습니다."

우리의 독립기념관이나 역대 대통령을 기념하는 곳은 휘황찬란한 치장으로 심하면 우상화한다는 느낌이 든다. 하지만 그의 기념관에는 그가 살았던 시대상과 그가 주장했던 사상에 대한 설명이 대다수다.

독립운동 과정에서 직접 실을 감았던 물레며, 입었던 옷, 저서들이 전시돼 있다. 거대 제국주의 세력으로부터 한 나라를 지키며 독립운동을 이끌던 지도자의 유적지치고는 너무나 소박한 모습에 인도를 다시 보게 됐다.

간디아쉬람에 도착한 이튿날 새벽에 일찍 일어나니 천정에 별들이 보였다. 반딧불인 줄 알았는데, 지붕이 허술해서 기와 사이로 별이 보인 것이다. 새벽 4시에 일어나 간디가 기도했던 곳에서 명상한 후 숙소로 돌아오니 물을 데우는 장작불이 타닥거리고 타고 있었다. 진정한 간디정신을 보았다. 타던 나무는 이내 재가 되어 남는다.

간디아쉬람, 나를 되돌아보는 경건함으로 몰입

소박한 생활을 요구하는 이곳에서는 샤워 시설도 온수도 없다. 장작불로 드럼통에 물을 데워 머리를 감고 간혹 샤워도 한다. 불에 들어가 있는 나무에 대해 곰곰 생각해 본다. 나무가 새싹을 틔워 푸름을 보여줄 때는 사람들에게 희망과 기쁨을, 더운 여름날에는 그늘을, 베어 화목이 되었을 때는 온기를 제공하고, 썩어 자신의 몸을 내줄 때는 생물들에게 거름이 된다. 이곳 간디 아쉬람에서는 식사 후 세제로 타고 남은 재를 사용한다. 나도 나무 그루터기가 될 수 있을까? 간디아쉬람은 나를 되돌아보는 경건함 속으로 몰입하게 했다.

(12. 03. 26)

땅은 누구의 소유도 아냐... 소박한 생활할 것

비노바바베 아쉬람 방문기

브라마 비드야 만디르(Brahma Vidya Mandir)는 중부 인도에 있는 와다르 동쪽 9km, 간디 세바그람에서는 6km 떨어진 담(Dham) 강변에 있다. 이곳은 간디의 수제자인 비노바바베가 세운 아쉬람이다. 아쉬람은 수도원 같은 의미를 지닌다.

우리는 간디는 알고 비노바바베는 잘 모르지만 비노바바베는 인도에서 간디보다 더 유명한 존재이다. 그는 카스트제도의 최고 상위에 속하는 브라만 태생이었지만 스스로 시카(머리타래)를 자르고 영적 진리와 실천적 행동을 위해 길을 떠난다. 그러다 위대한 스승 간디를 만나 비폭력 저항운동에 동참했다.

간디는 자신의 다음 최고 지도자로 비노바바베를 꼽았다. 브라만 출신인데도 사제의 길을 벗어나 간디의 제자로 들어갔지만 간디는 제자가 아닌 동반자로 여겼다. 비노바바베와 간디의 관계를 나타내는 비노바바베의 말이다.

"내게로부터 나온 모든 좋은 것은 간디로부터 나왔고, 내게서 나온 모든 잘못은 모두 나로부터 나왔다."

비노바바베는 여러 가지 영적 사회적 실험을 하기 위해 브라마 비드야

만디르를 방문했다(1938년). 그의 이상은 '돈과 관련된 경제생활로부터의 자유(Kanchan-mukti)' '검소하고 값싼 노동으로 얻은 살림(Rishi-Kheti)'이었다. 평등과 비폭력을 원칙으로 삼은 그는 소나 고용 노동자들의 도움 없이 자신의 노동을 통해 자급자족하는 것을 원칙으로 삼았다.

영국으로부터 350년 만에 독립한 인도가 카스트제도의 불평등과 가난으로 신음하는 것을 본 그는 토지헌납운동을 시작했다. 그는 길도 없는 인도 곳곳을 13년 동안 걸으며 지주들에게 말했다.

1 챠트라파티 쉬바지(Chhatrapati Shivaji) 하이스쿨 학생들이 간디아쉬람을 방문해 우리 일행과 기념촬영을 했다

2 간디아쉬람에서는 그릇을 씻을 때 세제를 사용하지 않고 타고 남은 재를 사용한다. 환경과 소박함을 그대로 간직한 모습이다. 5~60년대 세제가 없을 때 한국에서도 재를 세제로 사용했다

3 챠트라파티 쉬바지(Chhatrapati Shrivaji) 하이스쿨에 다니는 람군. 담임 선생님과 주위 사람들은 신이 환생했다고 믿는다. 신이 환생했다고 해서 특별한 대우를 받지 않는다. 그 학생을 불러 소개해 줬다

1 비노바바베 아쉬람. 아쉬람에서 공부하는 수행자들은 하루에 6시간씩 육체노동을 한다. 현재 여러 나라에서 온 28명의 여성들이 살고 있다.

2 칼랜디(80세). 비노바바베와 12년간 함께 살았고 그의 전기를 썼다. 일행에게 비노바바베의 삶에 대해 설명해줬다

3 비노바바베 아쉬람에서 간디아쉬람으로 돌아오는 길에 만난 노인과 양떼들

4 담(Dham)강 중앙에 간디와 비노바바베의 무덤이 있다. 두 성인을 화장하고 강 중앙에 무덤을 만들었다. 비노바바베 아쉬람에서 촬영

5 비노바바베 아쉬람 담당자와 독일 드레스덴에서 온 안나. "독일에서 여러번 인도를 방문했고 여기 오면 내 자신을 발견하고 영감을 얻어요."라는 안나

6 비노바바베 아쉬람에서 6킬로미터를 걸어 간디아쉬람으로 돌아오는 도중에 만난 홈리스들. 밭에 간단한 천막을 치고 살고 있었다. 조심스럽게 '사진을 찍어도 되겠느냐?'고 묻자 기꺼이 응해준 아주머니. 그러나 외국인을 처음 본 아기는 …

비노바바베 모습

"땅은 하느님의 것이다. 땅은 그 어느 누구의 것도 아니다, 누가 소유를 주장할 수 있단 말인가? 공기, 물, 햇빛, 숲, 산, 강, 그리고 땅은 지구의 유산이다. 어떤 집단이나 개인도 그것을 소유하거나 망치거나 오염시키거나 파괴할 권리가 없다. 우리는 땅의 열매들을 하느님에게서 선물 받았으며 우리에게 필요하지 않은 것은 다시 하느님에게 바쳐야 한다."

이때 지주들에게서 헌납 받은 땅은 400만 에이커로 스코틀랜드만한 땅덩어리였으며 가난한 이들에게 나눠줬다고 한다. 그의 행동은 많은 추종자들을 낳았으며 여성의 힘이 미래에 있어 중요하다고 생각해 여성 공동체를 세웠다. 그것이 바로 비노바바베 아쉬람이다.

만디르(Mandir)는 완전무결함(Brahma) 속에서 지혜와 경험(Vidya)을 찾는 성전이다. 여성들이 영적 속박에서 벗어나 해방을 의미하는 이 아쉬람에는 현재 28명의 여성들이 살고 있다. 인도뿐만 아니라 일본에서도 온 이들은 카스트제도와 신념, 종교, 언어, 국적의 차별 없이 함께 생을 영위하고 있다.

아쉬람 멤버들은 자아실현의 영적추구를 집합적으로 수행하고 있다. 진리와 비폭력에 바탕을 둔 커뮤니티의 영적 생활은 5가지 원칙이 있다. 금욕, 집단적 자아실현, 육체노동, 학문과 헌신의 5개 원칙이다. 아쉬람의 가장 큰 특징은 행정가나 매니저가 없이 그룹이 토론을 통해 논의한 결정에 따르는 것이다.

생산적인 육체노동은 아쉬람의 필수이며 각자는 하루에 6시간의 육체노동을 해야 한다. 구성원들은 유기농업으로 땅을 가꾸고 옷을 만들기 위해 실을 잣기도 한다. 아쉬람 멤버들이 육체노동과 학문을 강조하는 데는 다 이유가 있다. 육체노동은 땅과 밀접한 삶의 기쁨을 제공하고, 면학은 내면에 숨어있는 자아를 깊이 들여다 볼 수 있는 기회를 제공한다는 것이 아쉬람의 주장이다.

비노바바베 아쉬람에서 간디아쉬람으로 돌아오는 길은 6km 쯤 떨어져 있다. 2차선인 농촌 길을 걸으며 영적 위인들을 만나고, 인도의 흙냄새와 농부들의 친절한 인사를 받으며 돌아오는 길은 내내 행복했다.

(12 .03 .27)

2분에 223루피!... 누굴 촌놈으로 아나

한순간 방심으로 바보가 됐다

인도에서 한국으로 전화하려면 노란 간판에 PCO, STD, ISO를 써놓고 영업하는 전화가게를 이용해야 한다. 남인도 일부 도시들을 제외하고는 공중전화가 없기 때문이다. 그러고 보면 한국의 통신망과 인터넷이 얼마나 발달했는지를 실감할 수 있다.

이런 가게들은 일반 전화망 또는 인터넷 IP전화망을 사용한다. 음질은 일반 망이 낫고, 요금은 인터넷 망이 저렴하다. 인터넷 전화 가게들은 관광객들에게 관광기념품을 팔거나 인터넷 카페를 겸한다. 관광기념품을 파는 한쪽에 전화 한 두 대를 설치한 곳도 있지만 대개 한 두 평 정도의 칸막이를 사용해 전화를 사용하도록 한다.

가게에는 분당 몇 루피, 또는 최저가라는 문구를 걸어놓고 손님을 끌어들인다. 전화이용법은 두 가지다. 한 가지는 한국까지 분당 얼마를 확인하고 타이머에 계산되는 대로 요금을 낸다.

또 다른 하나는 전화기 위 또는 혹은 주변에 타이머가 달려있다. 이 기계는 사용자가 거는 지역번호를 인식해 초당 요금을 계산해 준다. 이때 주의할 것은 가게 주인이 타이머를 조작해 초를 빨리 가게 하는 경우가 있다는 것. 따라서 전화를 사용할 때 자신의 시계로 시간을 체크해야 요금시비에 휘말리지 않는다. 나머지는 국제전화를 사용하는 방법과 같다.

인도사람 중에는 나쁜 사람도 있지만 대부분 순박하고 친절하다. 하루하루를 연명하기 힘든 극빈층을 제외하고는 외부인에게 가진 것을 내놓고 극진히 대접한다. 그러고 보면 가난과 사람의 친절함은 무관하다는 생각이 든다. 오히려 많이 가질수록 이기적이지 않을까 생각도 해봤다.

불가촉천민의 아버지로 유명한 낙푸르 방문을 마치고 다음 목적지인 아그라로 가기 위해 낙푸르 역에 도착했다. 아그라행 열차는 밤 11시쯤에 출발하니 아직 네 시간이나 여유가 있다. 마말라푸람에서 한국에 있는 아내에게 전화를 했으니 남편이 어떻게 지낼까 궁금해 할 것은 당연지사.

인도 열차역 어디나 마찬가지지만 사람들이 인산인해다. 국제전화 부스가 어디 있나 확인해보니 대합실 바로 앞이다. 때마침 이용자가 없어 국제전화를 하겠다니 사용하라고 한다. 한 평이나 됨직한 전화 부스에는 한 남자가 앉아 있고 사용하라며 선선히 응한다. 약 2분 정도 아내에게 “집에 별일 없냐? 나와 일행은 무사히 일정대로 움직이고 있으니 걱정하지 말라.”고 하며 전화를 끊었다. 이제 전화 요금을 치를 차례.

아뿔사! 큰일이다. 전화요금을 223루피나 내란다. 전화기 위에 있는 타이머에 223이라는 글자가 선명하게 적혀있었기 때문이다. 아차! 싶었다. 보름동안 인도에서 지내며 가난하지만 친절한 사람들을 만나 경계심을 놓아버린 것이다. 전화걸기 전에 한국까지 분당 얼마며, 시간체크는 어떻게 하는지를 확인하지 않고 전화를 건 것이 실수였다. 내 시계로 체크를 했어야 하는 것이었는데 …

화가 난 나는 “내가 전화를 사용한 시간이 2분이다. 마말라푸람에서는 1분에 20루피로 40루피 줬다. 그렇게 많은 요금은 낼 수 없다”며 강경하게 맞섰다. 해외여행을 많이 해본 나를 완전 촌놈으로 보다니… 자존심에 상처를 받아 그냥 물러날 수는 없다.

주인은 옆에 친구까지 데려와 분위기가 험악해졌다. 똥개도 자기 집에서는 큰소리친다는데 여기는 한국이 아닌 인도. 일행은 밥을 먹기 위해 식당으로 이동했고 주위에는 한국 사람이 아무도 없다. 약간 위압감을 느꼈다. 할 수 없이 요구하는 돈을 내며 사진을 찍었다. 다행인 것은 대합실에 수많은 사람들이 있다는 것.

나는 큰소리로 외치며 영수증을 달라고 했다. 영수증이 없다는 주인. 순간 방심이 나를 바보로 만들었다. 그래도 여기서 물러설 수는 없다. 다시는 한국인들을 봉으로 못 보게 만들어야겠다는 오기가 발동했다. 나는 큰소리로 외치며 주인의 부당함에 대해 따졌다. 이럴 때 증거확보는 필수.

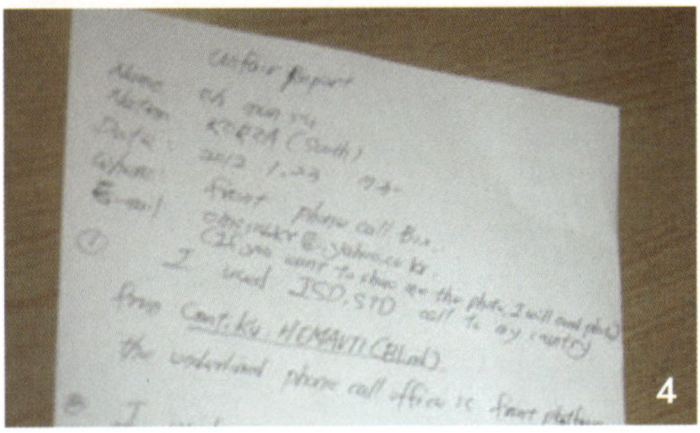

1 낙푸르역사

2 전화요금이 부당하다며 한국 언론에 알리겠다고 하자 당황한 주인이 얼른 자리를 피해 얼굴이 선명하지 않다. 낙푸르역 대합실에 있는 전화부스에서

3 한국으로 전화했던 전화기. 223이라는 숫자가 적혀 있는 타이머. 내 카메라에 증거가 잡혀 있었으니…

4 낙푸르역에서 담당자에게 써낸 불만 보고서. 어처구니 없는 일을 당하지 않으려면 증거확보가 필수다.

카메라로 전화 부스와 타이머를 촬영하고 주위의 인도 사람들에게 부당함을 설명했다.

"내가 한국에 있는 아내에게 전화를 사용한 것은 2분밖에 안 됩니다. 그런데 타이머에는 223초 즉 3분 7초쯤으로 찍혀있네요. 그런데 주인은 223루피를 내라고 하니 부당합니다. 마말라푸람에서는 1분에 20루피를 냈습니다. 나는 한국 언론에 이런 사실을 고발하겠습니다. 이래가지고 외국인이 인도를 방문하겠습니까?"

주위사람들이 그 주인을 바라보며 인도말로 뭐라고 나무라며 손가락질을 하기 시작했다. 나는 역무원실로 들어가 역장을 불러달라고 말했다. 역장은 밤이라 퇴근했다며 민원담당 역무원이 나와 "무슨 일이냐"고 물었다. 난 자세한 내막을 말하며 도저히 참을 수 없다고 말했다. 민원담당은 민원용지를 주며 자세한 사항을 적어주면 내일 역장에게 보고하겠다고 한다.

날짜와 인적사항, 부당한 사실을 기록하고 있는데 정복을 입은 또 다른 사람이 나한테 와서 전화 부스로 같이 가잔다. 자세한 사항과 기록내용을 훑어본 그 사람은 전화가게 주인에게 호통을 쳤다. 옆에 있는 사람들이 몰려와 가게 주인에게 초당 요금이 얼마인지를 묻자 3초에 1루피란다.

나는 마말라푸람의 요금체계를 설명하고 말도 안 된다고 화를 냈다. 사람들이 우르르 몰려와 주인을 추궁하자 주인은 얼굴이 빨갛게 변했다. 사람들은 내게 얼마를 돌려주면 되겠냐고 물었다. "3초당 1루피면 74루피를 내겠다. 나머지 부당요금을 돌려달라."고 하자 정복 입은 담당자는 주인에게서 나머지 149루피를 받아 나에게 돌려줬다. 주위사람들과 담당자에게 감사하다는 인사를 하고 일행에게로 돌아왔지만 지금도 한순간 방심으로 바보가 됐다는 생각이다. 외국 여행 시 방심은 금물이다.

(12. 03. 30)

눈 감으면 코 베간다? 이곳에선 다반사

해외 여행 시 방심은 금물

'호시탐탐'이란 뜻을 사전에서 살펴보면 범이 눈을 부릅뜨고 먹이를 노려본다는 뜻으로, 남의 것을 빼앗기 위하여 기회를 노리고, 형세를 살피는 모양을 비유적으로 이르는 말이라고 한다. 또한 '도둑 한 놈에 지키는 사람 열이 못 당한다'라는 말이 있다. 인도 아그라포트 역에서 카메라를 도난당한 사건을 두고 꼭 이런 비유를 들고 싶었다.

일행이 인도에 온 지 20일이 지났으니, 이제 인도에 웬만큼 적응이 됐다. 긴장이 풀릴 때도 됐지만 20명 학생을 인솔하고, 안전을 책임지는 입장은 다르다. 계속 잔소리를 하고 "물건 잃어버리지 않도록 주의하라. 앞사람과 떨어지지 않도록 조심하라. 차 조심하라."는 잔소리를 해야 했다. 아그라에서 타지마할 관광을 마친 일행은 아그라성이 있는 아그라포트 역에서 다음 목적지인 자이푸르행 오후 7시 반 열차를 탈 예정이었다. 인도 열차는 언제 올지 언제 떠날지가 정확하지 않기 때문에 적어도 두 시간 전에는 역에 도착해 수속을 마치고 기다려야 한다.

오후 5시에 아그라포트 역에 도착한 일행은 대합실에 배낭을 두고 1, 2조가 먼저 간단한 저녁 식사를 하고 돌아오면 3, 4조가 교대해 식사를 하기로 했다. 1조인 5명 학생들이 역 인근 포장마차에서 간단한 식사를 마치고 가까운 시장으로 가서 과일을 사들고 대합실로 돌아와 2조와 합류하고, 3, 4조는 식사를 하러 대합실을 떠났다.

출발 예정시간이 다 됐는데, 차가 들어오지 않는다. 알아보니 10시쯤이면 출발이 가능하단다. 학생들은 잡담을 하거나 책을 보기도 하고, 피곤한 학생은 의자에 앉아 잠에 곯아 떨어졌다. 반대쪽 의자에서는 사홍이가 카메라를 들여다보며 그동안 찍은 자신의 사진을 감상하고 있었다.

카메라, 잠깐 의자에 내려놓는 순간 훔쳐가 버렸다

나는 도난사건이 일어날지도 몰라서, 한쪽 구석에 배낭을 모아놓고 책을 읽고 있었다. 때마침 형선이가 영어 소설을 가지고와 해석이 안 된다고 설명해 달란다. 둘이 한참 얘기를 하고 있었다. 우리가 머물고 있는 웨이팅 룸에는 1, 2조 학생과 10여 명의 인도인 속에 서양인 여행자도 있었다. 그때, 갑자기 사홍이가 후다닥 달린다. 덩달아 인도사람과 학생들이 철로 쪽을 향해 달리며 소리치기 시작했다. 뭔가 사건이 일어났다고 생각한 나는 반사적으로 책을 던지고 뒤를 쫓았다. 아이들을 만나서 "무슨 일이냐? 왜 그래?"하며 물었다. 사홍이가 다급하게 말했다.

"카… 카메라를, 내 카메라를 훔쳐 갔어요."

"뭐라고? 그러면 잡아야지 왜 그러고 있어."

"저! 강도가 카메라를 들고 달리는 열차 사이로 뛰어 넘어 가 버렸어요. 어떻게 쫓아가요?"

혈기왕성한 중·고등학생들은 씩씩대며 잡지 못한 것을 분해했다.

"우리와 인도사람들이 거의 다 잡았는데, 철로로 내려가 달리는 열차 사이로 도망 가버렸어요."

마침 웨이팅 룸 옆 열차 선에는 시멘트를 실은 듯한 화물차가 천천히 움직이고 있었고, 바로 옆 차선에는 승객을 실은 여객열차가 달리고 있었다. 카메라 하나 때문에 목숨을 걸 수는 없다. 화물 열차는 칸과 칸을 연결하는 부분이 있어 사람이 건너 갈 공간이 있었다. 우리는 화물열차가 지나가기를 기다리고 있었다. 바로 옆 차선의 여객열차는 제법 속도를 내고 있었고, 객차와 객차 사이를 연결하는 통로가 막혔기 때문에 절대 못 넘어 갔든지 아니면 차에 치여 죽었을 거라는 상상을 했다. 열차 두 대가 모두 지나갔다. 아무도 없었다.

달리는 열차 사이를 건너 도망가 버려

기가 막혔다. 아니 제법 많은 사람이 웨이팅 룸에 있었고, 나도 학생들도 잡담하거나 놀고 있었는데 카메라를 훔쳐가다니…. 사홍이한테 자초지종을 물었다. "시간이 있어 20일 동안 찍은 사진을 감상하다가 잠깐 의자에 카메라를 놓는 순간, 앞에 있던 20대로 보이는 인도인이 훔쳐 달아났다"는 것이다. 한국에 돌아가 엄마한테 혼날까 걱정하는 사홍이한테 "괜찮다. 카메라 한 대가 목숨보다 소중하냐? 내가 네 엄마한테 말씀드릴게."라고 말했다.

분했다. 사무실에 알아보니 철도 경찰 사무실 위치를 알려준다. 열차는 연착해 12시가 되어서야 들어온다는 설명도 곁들였다. 반대편에 있는 철도 경찰 사무실로 가서 자초지종을 말하고 분실증명서를 쓰겠으니, 용지를 달라고 요청했다. 담당 경찰은 "인도에 온 손님인데 안 좋은 일이 벌어져 미안하다."는 말을 하며 사홍이를 데리고 오라고 했다.

도둑놈이 훔쳐갔는데, 분실이라고 쓰라니…

다시 사홍이를 데리고 와 분실증명서를 쓰기 시작했다. 그런데 문제가 생겼다. 여권번호와 인적사항, 날짜, 아그라포트역 등 세부 사항을 적었는데, 거기에 "missed(분실)"로 쓰라는 것이다.

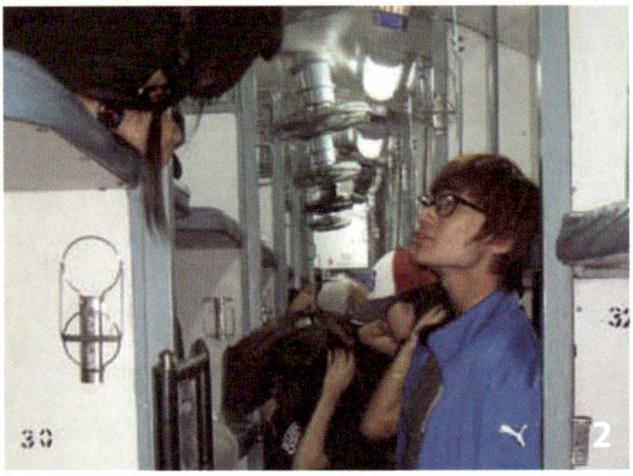

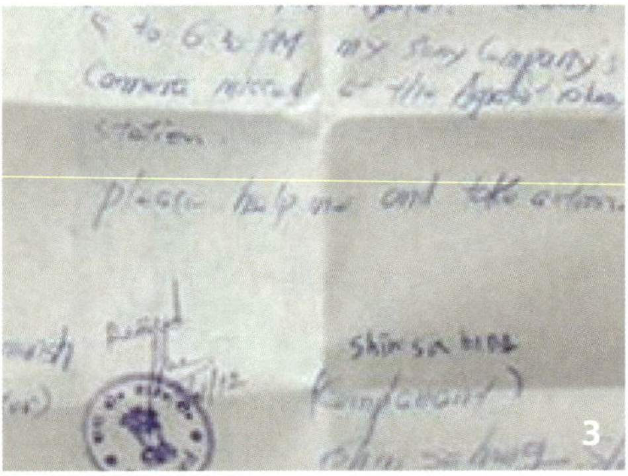

1 아그라포트 역 모습

2 야간에 철도를 이용하는 사람들을 위한 침대열차. 3층으로 되어있다. 일행은 분실을 방지하기 위해 자전거용 열쇠를 준비해 배낭을 철제 다리에 꼭 묶어 두고 잠을 잤다

3 아그라포트 역 철도경찰 사무실에서 작성한 카메라 분실보고서. 귀국해 여행자보험증과 분실보고서를 제출해 보험회사에서 20만 원을 보상 받았다

4 웨이팅 룸의 모습. 일종의 대합실이지만 열차표가 없으면 웨이팅 룸에 들어갈 수 없다

5 사람들이 걸어가는 쪽으로는 화물차가, 그 다음 선로는 여객열차가 달리고 있었다. 화물차 연결 부분을 뛰어 넘어 속도를 내고 있던 객차 쪽으로 사라졌다

6 리쉬케시- 바라나시야간열차에서 만난 인도 아가씨들. 마드후리나(Madhurina)로 왼쪽은 친한 친구다. 옆 침대에서 잠을 자던 친구는 고급 카메라와 지갑을 도난당했다. 울상이었는데 사진을 찍느라고 미소를 지어주어 마음이 아팠다

나는 "분실이 아니고, 'stolen(도난)'이다. 학생이 잘못한 것은 하나도 없다. 도둑놈이 훔쳐 갔는데, 왜 학생이 잘못한 것처럼 분실로 쓰느냐?"며 10분여 실랑이를 했다. 기사를 쓰면서 어휘 하나 차이가 어떠한 결과를 낳는가를 보아왔기 때문이다.

자신의 책임 문제가 발생할 소지가 있기 때문이라는 걸 알았지만 담당 경찰은 굽히지 않는다. 도난이라면 모델명과 구입증명서를 보여 달라는 것이다. 마지못해 'missed(분실)'로 적었지만 여기가 한국이 아닌 걸 어쩌랴. 사건이 나자 경찰들은 2명씩 경찰봉을 들고 와서 우리가 있는 웨이팅룸을 돌며 수상한 인도인들을 쫓아 버렸다.

여행을 마치고 한국에 돌아온 나는 사홍이 엄마에게 자초지종을 말하고, 여행자보험 증명서와 아그라역 철도경찰소장의 직인이 찍힌 분실증명서를 보험회사에 제출하도록 했다. 며칠 전 사홍이 엄마에게서 문자 메시지가 왔다. "선생님 덕분에 보험회사에서 20만 원을 보내왔어요. 고마워요."라고 문자가 왔다.

리쉬케시에서 바라나시로 가는 야간열차에서도 바로 옆자리 인도 아가씨가 몇 백만 원 하는 DSLR 고급 카메라를 도난당하는 걸 목격했다. 그 아가씨는 결혼식 행사에 사진을 전문으로 찍는 아가씨였는데, 밤에 침대칸에서 잠자는 사이 카메라와 지갑을 잃어버렸다. 물론 옆에는 가족들까지 있었는데도. 나는 아그라에서 일어난 일을 설명하며 경찰서에 가서 자세한 내용을 설명하고, 경찰서장의 직인을 받아 보험회사에 제출하라고 설명해줬다.

해외 여행 시에는 도난을 조심해야 한다. 일행은 야간열차를 타고 이동할 때마다 자전거용 열쇠로 배낭들을 함께 묶어 철제 침대 다리에 묶고 잠을 잤다. 특히 주의할 것은 사고가 났을 때 증거가 될 수 있는 자료를 철저히 준비해야 한다. (12. 04. 04)

인도 타지마할, 누구의 무덤인가 했더니...

화려함 속의 빛과 그림자

인도 명물 타지마할이 있는 아그라는 인도 마지막 봉건왕조였던 무굴제국의 수도이다. 약 2백년간 인도대륙을 호령하던 고도이자 세계에서 가장 아름다운 건축물 중 하나가 있기 때문에 인도를 방문하는 사람들에게는 필수 코스 중 하나이다. 인도를 상징하는 가장 대표적인 유적지 중 하나인 타지마할은 무굴 제국의 5대 황제였던 샤 자한(Shah Jahan)의 아내 뭄따즈마할의 무덤이다.

지혜와 총명함으로 사랑을 받던 부인이 출산 도중 세상을 떠나자 황제는 사상 유례가 없는 화려한 무덤을 건설해 그녀에게 바치겠다는 계획을 세웠다. 1632년에 시작된 공사는 22년 만에 완공됐다. 총 공사비만 4백만 루피(약 720억 원). 동원된 연인원은 20만 명에 1,000마리의 코끼리가 동원됐다.

야무나 강변에 세워진 타지마할은 동서 300m, 남북 560m의 넓은 대지 위에 세워져 있다. 건물 앞에는 짜르 박(Char Bagh)형식의 이슬람 정원이 있다. 이 정원은 이슬람의 낙원사상을 담고 있다. 타지마할은 뭄따즈의 무덤이기도 하지만 동시에 신의 심판이후 그녀가 다시 돌아와 누릴 낙원이기도 하다는 의미다.

학창시절 책에서 타지마할의 모습을 본 사람들은 중앙연못에 건물 그림자가 비치는 그림 같은 모습에 반한다. 아! 어떻게 저렇게 예쁜 건물을 지을 수 있을까? 도대체 죽은 황후는 어떤 사람이었기에 이렇게도 아름다운 무덤에 묻힐 수 있을까? 궁금해 하며 한 번쯤 가보겠다는 꿈을 꿨을지도 모른다. 그래서일까. 세계 각국에서 엄청난 관광객이 이곳을 찾는다. 한국인도 예외는 아니다. 시내 곳곳에 맛있는 김치와 라면을 판다는 한글 안내판이 붙어있다.

찾는 관광객이 너무 많아서일까. 간신히 게스트하우스를 잡았지만 시설은 엉망이다. 변기에 앉아서 일을 볼 좌대도 없고 창문도 바람이 슝슝 들어오는데 카운터에 얘기하니 싫으면 다른 게스트하우스로 가란다.

스무 명이 넘는 일행을 데리고 어디로 가란 말인가. 이것도 감지덕지지. 잠잘 곳이나 있어서 다행이다. 나중에 안 일이지만 아그라를 찾은 한국 학생 두 명은 잠잘 곳이 없어서 아그라역 대합실에서 잠자고 있었다. 부산대학교 3학년에 다닌다는 두 학생은 군대를 갔다 와 복학하기 전에 아르바이트로 여행경비를 마련해 40일간의 인도여행을 나섰다고 한다.

정용 학생은 "처음 델리에 도착했을 때 이런 곳에서 사람들이 어떻게 사나. 개고생 하겠다는 생각 밖에 안 들었지만, 델리와 바라나시를 거치면서 생각이 바뀌었어요. 복잡함 속에서도 그들만의 규칙으로 살아가고 있는 모습에 마음이 편해졌고 금방 적응되었습니다."고 말했다. 동행한 김형규 학생의 얘기다.

"인도를 방문하게 된 계기는 우리나라와 다른 세상 사람들은 어떤 삶을 사는지 알아보고, 다양한 경험을 쌓기 위해서였습니다. 40일을 돌아본 소감은 다양한 삶의 모습과, 종교, 문화 등을 체험하였고, 그 다양성은 한 나라에서 볼 수 있다고 믿기 어려울 정도였습니다. 또한 엄청난 빈부격차와 환경오염의 정도는 지금까지 한국에서 전혀 느끼지 못한 것이

1 타지마할 모습. 관광객이 수천 명은 넘을 것 같은데 그럴만한 가치가 있다

2 타지마할 중앙돔 입구 벽에 붙어있는 대리석 모습이다. 대리석에 이렇게 아름다운 꽃무늬를 새겼다

3 관광객을 태우기 위해 거리에 나선 낙타모습

4 타지마할 뒤편에 흐르는 야무나 강 모습이 보인다

5 아그라역에서 만난 부산대학교 학생들. 아그라에는 숙소가 없어 그날 밤 대합실에서 잠을 자고 다음날 타지마할을 방문할 계획이다. 왼쪽부터 김형규, 정용

6 거리를 활보하는 물소들. 인도에서는 소들이 사람과 같이 산다는 느낌이다다

었어요. 귀국할 때가 되어 가는 지금 평소에는 생각할 수 없었던 사소한 것에 감사함을 느끼게 되었으며, 돌아가면 나태해진 나의 삶을 바로잡아 더 열심히 살아야겠다는 생각을 하게 되었습니다."

가는 날이 장날이라더니! 타지마할을 방문하기로 계획한 날에 하필이면 태국에서 높은 분이 방문했다고 하며 모든 관광객과 일반인 출입을 금지시켰다. 하는 수 없다 내일 방문하는 수밖에.

학생들과 아그라 시내 구경을 하기로 했다. 골목길을 따라 시장 구경을 하며 돌아다니니 소들과 떠돌이 개들 천지다. 게다가 하수구는 정비되지 않고 길옆 도랑으로 흐르는 하수구에서는 역한 냄새가 난다. 학생들은 코를 막기도 한다. 거지들은 수시로 손을 내밀며 구걸한다. 방문 당시가 겨울이라 그렇지 뜨거운 여름이면 수인성 전염병이 돌지 않을까 걱정되기도 했다.

감탄사를 발하게 한 타지마할

드디어 타지마할을 방문하는 날이다. 입장권을 판매하는 매표소 앞은 그야말로 인산인해다. 뱀처럼 구불구불하게 여러 줄로 서있는 줄을 비집고 들어가니 외국인은 별도로 줄을 서 빨리 들어간다. 알고 보니 외국인들은 인도인들에 비해 몇 배나 되는 요금을 부담했다.

입구에는 기관총을 장착한 군인들이 경비를 서고 몸수색이 엄중하다. 중앙돔이 보이는 문을 들어서니 정말 사진에서만 보았던 우아한 중앙 돔이 나온다. 본당 건물의 높이는 약 65m, 거대한 중앙 돔을 사이에 두고 4개의 작은 돔이 있고 기단의 네 끝에는 각각 미나레트라고 부르는 첨탑이 자리하고 있다. 가까이서 본 미나레트만봐도 예술작품이니 본당이야 말할 필요도 없다.

타지마할의 핵심은 완벽한 대칭, 돔과 아치가 보여주는 곡선미, 그리고 대리석 장식인 피에트라 두라를 꼽을 수 있다. 피에트라 두라는 대리석에 꽃 등의 문양을 판 뒤, 그 홈에 각각 다른 색의 돌이나 준보석을 박아 넣는 기법이다. 타지마할 내·외벽을 싸고 있는 대부분의 문양들은 식물과 꽃이다. 이슬람교 특성상 움직이는 동물이나 신상들은 모두 우상으로 취급되어 금지되기 때문이다.

화려함 속의 빛과 그림자

로마에 가면 로마법을 따라야 한다지만 실내도 아닌 실외에서도 맨발로 가든지 아니면 덧신을 신고 구경하도록 하는 곳은 이곳이 처음이다. 외국인에게 엄청나게 비싼 입장료와 덧신 사용료. 이렇게 많은 외국인들이 온다면 건설비로 들어간 본전은 뽑지 않았을까?

중앙 돔을 나와 뒤로 돌아가니 야무나 강이 흐른다. 강에서 배를 타고 타지마할을 바라보는 것도 아름답다는데 그럴 여유가 없다. 돌아 나오는 길. 관광객들이 기념사진을 찍느라 자리 쟁탈전을 벌이고 있었다.

정원 가운데 우뚝 솟은 네모난 대리석 기단 위는 서로 먼저 사진을 찍으려는 사람들로 신경전을 벌이기까지 한다. 알고 보니 영국의 다이애나 왕세자비가 타지마할을 방문했을 때 사진을 찍었기 때문이라고 한다.

타지마할 구경을 끝내고 숙소로 나오는 길. 예의 지저분하고 정말 못사는 사람들과 거지들이 구걸을 한다. 온 세상 사람들이 한 번쯤 구경하고 싶어 하는 화려한 빛 뒤에는 이렇게 어두운 그림자가 있었다.

(12. 04. 02)

인도 한복판에서 생리대 찾은 남자... 왜?

인도의 수도 델리

인구가 1,300백만 명에 달하는 델리는 인도의 수도다. 그러나 거대한 나라의 수도치고는 그리 세련돼 보이지는 않는다. 고대의 향기와 전근대적 혼란, 그리고 세련된 현대적 모습들이 한데 어우러져 있다.

델리는 지리적으로 갠지스강의 지류인 야무나강 서쪽 기슭에 있다. 이 도시는 펀잡 지방과 갠지스강 유역의 교통의 중심지여서 고대부터 이 지방의 정치·경제·문화의 중심지가 됐다.

영국이 만든 계획도시로 알려져 있는 델리는 뉴델리의 중심 구역일 뿐 인구의 대부분은 올드델리와 뉴델리에 있다. 인도인들에게 델리는 까마득한 옛날부터 존재했던 도시다.

과거 오늘날의 델리 자리에 있었던 수도급 도시만 해도 7개가 있었다고 한다. 그중 가장 오래된 도시는 3000년 전에 존재했던 '인드라프라스'로 인도 대서사시 <마하바라타>에 등장하기도 했다. 인드라프라스는 17~18세기에 이슬람교 무굴제국의 수도로서 특히 번영했으며, 1912년에 영국령 인도 전체의 수도로 정해져 더욱 발전했다. 1931년에는 남쪽 교외에 새로운 도시 뉴델리가 건설돼 정식 수도가 됐다. 델리는 크게 올드델리와 뉴델리로 나뉜다. 올드델리가 무굴제국 시절의 사연을 품고 있는 중세풍의 도시라면 뉴델리는 신도시의 매력을 품고 있다. 올드델리의 나선형 도로망과 뉴델리의 대각선 도로망이 두 곳의 확연한 차이를 느낄 수 있다.

슬픈 역사를 간직한 '붉은 성'

우리 일행은 시간이 넉넉하지 않은 관계로 올드델리 지역만 둘러보고 다음 목적지로 떠나기로 했다. 올드델리에서 관광객들이 찾는 필수코스 중 하나는 붉은 성(Red Fort)이다.

무굴의 황제이자 건축광인 샤 자한이 17세기 중반에 10년 동안 공들여 지은 이 성은 성벽이 2km에 달한다. 이 건물은 샤 자한의 마지막 건축물으로 알려져 있다. 안타깝게도 그의 아들이자 무굴제국의 마지막 황제였던 아우랑제브가 반란을 일으켜 늙은 아버지를 폐위시킨 뒤 아그라 성에 가둬버렸기 때문이다.

무굴 최고의 전성기에 지어진 붉은 성은 1857년에 발발한 세포이 항쟁으로 대부분 파괴됐다. 세포이 항쟁은 인도가 영국에 대항해 독립전쟁을 벌였던 전투다. 당시 영국군은 무굴의 모든 상징을 없애려는 듯 엄청난 포격을 가했다고 한다.

번화가 찬드니 촉… 엇갈리는 평가

붉은 성과 마주보고 있는 대로인 찬드니 촉은 샤 자하나바드 시절에 가장 번화했던 거리다. 일행 중 한 학생(경훈)이 치아에 문제가 생겨 치료를 받아야 하기 때문에 나와 경훈이는 붉은 성 관광 도중 일행과 떨어져 찬드니 촉에 있는 치과를 찾았다. 통역을 해야 하기 때문이다.

올드델리에서 가장 큰 재래시장 중 하나인 이 일대는 구역에 따라 금은 장신구 골목, 결혼 예물 및 결혼용품 골목으로 나뉜다. 사람들과 호객꾼, 릭샤, 트럭에서 물건을 나르는 짐꾼과 자동차들이 가득하다. 그 사이로

차들이 어떻게 다닐 수 있는지 어안이 벙벙할 정도.

인도에서 한 달 가량을 지내 적응이 돼서 그렇지 만약 인도를 처음 방문하는 사람이 델리를, 그것도 찬드니 촉부터 방문했으면 기절초풍하지 않았을까. 아그라에서 만난 한국 대학생은 인도의 첫 방문지로 델리를 선택했는데, '이런 곳에서 사람들이 어떻게 사나'라며 기겁했다고 말했다.

수많은 차와 사람들이 오가는 도로의 중앙분리대에서 낮잠을 자는 사람, 차가 막혀 오가지 못해도 화를 내지 않고 그저 기다려 주는 사람들, 도저히 화장실이라고 부를 수 없는 화장실에서도 사용료를 받는 사람들, 세상에 나온 모든 물건들은 다 모여 있는 듯한 상가들….

1 붉은 성 모습. 경비가 삼엄하다

2 델리의 유명한 거리인 찬드니 촉. 그래도 차가 지나가는 걸 보고 있노라면 입이 쩍 벌어진다

3 붉은 성내 입구의 상가

4 찬드니 촉의 거리에는 너무 혼잡해 차를 멀리 주차하고 배달꾼들이 가게까지 배달한다. 머리와 양팔에 최대한 많은 물건을 들고 배달하는 사람의 모습

인도여행을 떠나기 전 반드시 지켜야할 사항은 '물은 꼭 사먹어라'이다. 일전에 '길거리에서 파는 음료수는 절대로 사먹지 말라, 꼭 먹고 싶으면 가게에 들어가 포장된 음료수를 사먹어라'는 말을 들은 적이 있다. 그래서 우리 일행은 식당에 들어가면서도 물을 사먹었다. 물갈이를 해서인지, 불량 음료인지 모르지만 25명의 일행 중 한 번쯤 설사나 감기로 고생 안 한 이는 단 두 명뿐이었다.

터진 배탈… 난생 처음 여성용품을 사용했다

자이살메르에서 델리까지는 10시간 야간열차 여행이라 끼니를 두 끼나 놓쳤다. 기차에서 먹거리를 팔지만 선뜻 손이 가지 않았다. 위생 상태를 잘 알기 때문이다. 굶은데 많이 먹어서일까. '학생들이 설사로 고생을 해도 나는 괜찮겠지'라고 했던 내가 배탈이 났다. 약을 먹어도 소용이 없다. 수

1 자마 마스지드. 이슬람 사원으로 오후 5시가 넘으면 이슬람교도라야 입장이 가능하다. 신발도 벗어야 한다

2 자마 마스지드 성 앞의 장사꾼들

3 거리의 장사꾼. 들고가는 삼발이 의자 위에 머리에 이고 가는 물건들을 얹기만 하면 가게가 된다

시로 나오는 생리 욕구를 막을 방도가 없어 다섯 끼를 굶었다.

인솔 책임을 지고 있는 내가 게스트하우스에서 일행이 돌아오기만 기다리기에는 불안했다. 하는 수 없다. 여학생한테 사정을 말하고 생리대를 하나 빌려 달라고 말했다. 한 번도 착용해본 적도, 사용법도 모르니 일단 뜯어보고 궁리를 시작했다. '출구'를 막으려면 팬티가 꼭 달라붙어야 하는데 남자 팬티가 어디 그런가. 트렁크 팬티만 가져갔으니 헐렁하고 몸에 붙지 않는다. 하는 수 없다. 팬티에 꼭꼭 붙여서 엉덩이에 밀착하는 수밖에.

다섯 끼를 굶었으니 나올 게 별로 없을 줄 알았는데…. 웬수같은 '출구'가 수시로 괴롭힌다. 붉은 성 화장실은 시설도 엉망이고, 앉는 자리에 좌대도 없는데 5루피나 달란다. 다른 곳은 1루피나 2루피면 되는데 말이다. 급하고 선택의 여지가 없으니 환장할 수밖에 없었다.

한국 화장실이 이렇게 그리울 줄이야

찬드니 촉에서 경훈이의 치아를 치료하고 둘이 자마 마스지드를 방문하니 오후 5시가 넘었다. 관계자는 "오후 5시가 입장 마감"이라며 "이슬람교도가 아니면 입장할 수 없다"고 한다. 하는 수없이 되돌아 나오는데 또 급하다. 입구 옆에 있는 화장실을 찾아가니 20루피를 내란다. 가만히 살펴보니 인도인들은 무료인 것 같다. 화가 나 경찰을 부르겠다고 하니 10루피만 내란다.

때마침 저만치서 경찰이 오기에 나는 "화장실 사용료로 20루피를 요구한다. 부당하지 않나"라고 말했다. 관리인과 이야기를 나눈 경찰은 "10루피만 달라고 했다는데"라며 능글맞게 웃는다. "여기가 싫으면 바로 옆에 10루피 받는 다른 화장실로 가라."고 말하는 화장실 관리인들. 오기가 생겨 그 쪽 화장실에 갔다. 깨끗하긴 했으나 물이 나오지 않는다. 아…. 깨끗하고 돈도 안 받는 한국 화장실이 그리웠다. (12. 04. 13)

삶과 죽음이 공존하는 바라나시

바라나시는 모든 것을 포용하는 블랙홀

"람람 사떼헤, 람람 사떼헤."

'람람 사떼헤'는 인도어로 '신은 진실하다'라는 의미다. 바라나시에서는 어디를 가도 하루에 몇 번씩 시체를 둘러메고 가는 사람들이 내는 이 소리를 들을 수 있다. 한국에서라면 죽은 사람의 시체를 보는 것 자체를 꺼림칙하게 여기지만 바라나시에서는 아니다. 이곳 갠지스 강가에서 화장을 하면 윤회의 사슬이 끊어지고 더 좋은 생으로 환생한다고 하니 좋을 수밖에.

인도 제일의 성지 바라나시는?

3000년의 역사를 가진 바라나시. 누군가는 "바라나시를 보지 않았다면 인도를 본 것이 아니다. 바라나시를 보았다면 인도를 모두 본 것이다"고 말했다. 미국 작가 마크 트웨인은 "역사보다, 전통보다, 전설보다 오래된 도시"라는 말로 바라나시를 압축해 표현했다. 내가 인도여행에 나선 것도 '바라나시를 보고 싶다'는 것이 이유 중 하나였다.

바라나시는 여행자들이면 꼭 봐야 할 베스트 코스가 없다. 강가 어디를 가거나, 도시 어디를 가도 볼거리가 널려 있다. 그렇다 보니 세계 각국에서 온 여행자들과 인도 각처에서 온 순례자들에 밀려 아예 인파에 떠밀려 간다고나 할까.

좁은 골목에는 사람, 소, 개들이 몰려 혼잡하고 시체 태우는 냄새와 인분, 소똥과 썩은 하수구물에서 나오는 온갖 역한 냄새들로 힘들다. 자동차와 오토릭샤, 시장 상인들의 외침소리가 상승작용을 하는데 사람들 얼굴은 평안하고 이 모든 것을 빨아들인다. 하루에도 200~300구의 시체를 태우는데 까짓것 애증과 미추, 빈부 차이쯤은 죽음 앞에서 문제가 안 된다. 바라나시는 이 모든 것을 빨아들이는 블랙홀이다.

1 성스런 갠지스 강에서 목욕하는 인도인 순례자들

2 바라나시 거리 모습. 사람들이 붐빌 때는 인파에 거의 떠밀려 갈 정도로 사람이 많다

3 인도 3대 라씨 집 중 하나라는 '블루 라씨' 가게에는 외국 관광객 행렬이 줄지어서 차례를 기다린다

1 강변에 자리잡은 가트.

2 강변에 자리잡은 가트. 많은 사람이 목욕하기 쉽도록 계단으로 만들었다

3 배를 타고 강에서 아르디 뿌자 행사를 보는 관광객들

4 제사를 지내는 제사장들이 아르띠 뿌자를 집전하기 위해 제단에 서있다

5 제사장들이 향불을 들어 올리며 제사를 지내고

6 죽은 이를 태우는 화장장 모습.

가트와 아르띠 뿌자

'가트'란 강가에 맞닿아 있는 계단이나 비탈진 면을 말하는 것으로 바라나시에는 100여 개의 가트가 조성되어 있다. 가트가 조성된 목적은 종교적 이유에서다. 사람들은 강가에 만들어진 가트에서 목욕을 하면서 자신의 죄업을 씻는다. 계단처럼 생긴 가트는 더 많은 사람들이 손쉽게 강가로 내려와 목욕할 수 있게 만들었다.

가트 주변에는 사원처럼 생긴 웅장한 건물이 몇 채 있는데 명망가의 가문에서 지은 것들이다. 사람들은 가트 주변에서 경건한 자세로 몸을 씻는다. 힌두교 교리에 따라 다르지만 몸을 씻으면 전생, 현생, 내생 등의 죄업이 씻어지고, 강가에서 화장을 하면 윤회의 사슬이 끊어진다고 믿는다.

우리가 보는 기준으로는 강물이 더럽다. 타다 남은 시체를 강물에 버리기도 하는데 신성시 여겨 목욕하는 동안 감격해 하는 인도 순례객을 보면 조금 의아하다. 하지만 문화란 차이를 인정하는 것.

여자는 원피스를 입고, 남자는 치마만 입고 온몸을 씻은 후 수건으로 온몸을 닦는다. 그런 다음 치마를 들춰 팬티를 입고 물에 젖은 겉옷을 벗어버리면 탈의와 옷 입는 모든 과정이 끝난다.

해질녘 강가 여신에게 바치는 제사의식인 '아르띠 뿌자'는 굉장한 볼거리다. 힌두교 전통 의식에 따라 제사장들이 고둥을 소리 내어 분다. 왼손에는 작은 종을 들고 종소리를 내며 오른손에는 향불을 들고 성호를 그리며 주문을 왼다.

향불과 연기가 짙어지며 예식이 진행되는 주변에는 사람들이 구름처럼 몰려든다. 강에는 배를 타고 의식을 보려는 사람들이 몰려들고 호객꾼들은 한 시간에 200루피를 요구한다.

다샤스와메드 가트는 바라나시는 물론 인도에서 가장 중요한 가트 중 하나다. 전설에 의하면 창조의 신 브라마가 10마리의 말을 바치는 희생제를 치른 곳이라고 한다. 사람들은 나뭇잎을 실로 꿰어 물에 뜨게 만든 '디아'에 작은 초를 얹어 자신의 소원을 빌며 강물에 띄워 보낸다.

죽음을 성스럽게 하는 화장절차

가트를 따라가면 화장터가 나온다. 한 사람이 다가와 절대로 사진을 찍지 말라고 당부하며 화장절차에 대해 상세히 설명한다. 사람이 죽으면 먼저 집에서 씻는다. 버터, 꿀, 산드루우드 오일에 장미 기름, 자스민 오일, 연꽃 오일을 믹스한 오일 마사지를 한다.

마사지를 한 다음 '람람'하고 주문을 외면서 강가까지 온다. 이때 늙은 노인은 금색, 빨간색은 결혼한 여인, 젊은이들은 하얀색 천으로 시체를 덮어 천만 봐도 어떤 연령층이 죽었는지 알 수 있다.

사람들은 시체 주위에서 다섯 바퀴를 돈다. 다섯 바퀴는 물, 불, 땅, 공기, 하늘의 우주 만물을 상징한다. 시체는 성스런 갠지스 강물에 담가 성스럽게 한 후 30분에서 1시간 후 나무를 사서 쉬바불로 인화한다. 시체 1구가 타는 시간은 보통 3시간. 타다 남은 부분은 강에 버린다. 남자는 가슴 부분이, 여자는 히프 부분이 남아 강에 버린다.

수행으로 높은 도를 쌓은 사두는 거룩한 사람이기 때문에 태우지 않고 돌을 달아 강에 버린다. 12살 이하 어린이와 임산부 및 시바신의 화신인 코브라, 동물도 태우지 않는다. 가트 상단에 있는 쉬바 신전에는 3000년 동안 꺼지지 않는 불이 있다. 망자의 가족들은 이 불과 나무를 사서 화장을 한다.

강에서는 사람들이 체로 바닥을 긁어모아 잔류물을 걸러낸다. 알고 보니 금니 같은 장신구를 건진다고 한다. 이걸 건질 수 있는 자격은 화장터에서 일하는 사람들로 일하는 사람들의 월급을 대신한다고 한다.

장례식 때 아버지가 죽으면 장남이, 어머니가 죽으면 막내아들이, 부인이 죽으면 남편이 머리와 수염을 깎는다. 1구를 태우는 데 보통 2kg의 나무를 사용하며 가족은 이 나무를 사야 한다.

가족은 강물을 떠서 뒤로 돌아 어깨 너머로 강물을 버린다. 그러면 가족과의 관계가 끊어지고 영혼이 하늘로 올라간다. 나무를 살 돈이 부족한 사람은 덜 탄 시체째 강에 버려야 한다. 죽어서도 빈부격차를 경험한다니 씁쓸하다. 죽음을 목도한 사람들이 고개를 숙이고 경건한 자세로 걸으며 제각기 갈 길을 떠난다. 삶이란 뭘까?

(12. 04. 19)

전통 요가의 본고장, 리쉬케쉬

세계적 음악가 비틀즈가 머물던 곳

델리를 떠난 일행이 야간열차를 타고 하리드왈에 도착한 것은 새벽이다. 하리드왈은 목적지인 리쉬케쉬에서 약 40km쯤 떨어진 곳이다. 차창 밖으로 보이는 하리드왈 풍경은 여태껏 보았던 인도의 모습과는 확연히 다르다. 맑은 강물이 흐르고 시가지의 모습도 깨끗할 뿐만 아니라 녹색 나무와 풀들이 여행자의 마음을 편안하게 해준다.

오토릭샤를 타고 리쉬케쉬의 언덕에서 아래를 내려다보니 정말 멋진 경치가 펼쳐진다. 해발 356m에 자리 잡은 리쉬케쉬는 히말라야의 관문이자 힌두교 성지다. 구불구불한 강이며 강 건너편 예쁜 집들이 동화 속 마을에 도착한 느낌이 들어 마음이 설렌다.

비틀즈가 머물렀던 곳

리쉬케쉬가 명성을 얻은 것은 1960년대 말부터다. 당시 서구 젊은이들 사이에서는 반전, 민권 운동이 실패로 돌아가고 허무의식에 사로잡혀 있었다. 짙은 좌절감 속에서 인간의 내면탐구에 눈을 돌리던 이들에게 인도와 리쉬케쉬는 마음의 평화를 주는 오아시스와 같은 곳이었다.

특히 당시 젊은이들의 우상이었던 영국 출신 팝가수 비틀즈가 1년 동안 머물렀다는 사실이 알려지며 명소가 됐다. 실제로 게스트하우스가 있는 람줄라에서 락시만 줄라까지 가는 도로 위에는 세계 각국에서 온 여행자들이 뭔가 골똘하게 생각하며 걷고 있다. 행여 명상을 방해할까 인사하기가 조심스럽다. 마을 중심을 흐르는 '강가'에 내려 모래밭을 걸을 때도 커다란 바위 밑에서 책을 읽거나 조용히 가부좌를 한 채 명상하는 외국인들이 보인다.

갠지스 강의 상류로 깨끗함에 감탄해

갠지스 강은 하류로 흘러가 바라나시를 통과한다. 바라나시를 먼저 본 외국 여행자들은 갠지스 강의 더러움에 고개를 돌리겠지만 리쉬케쉬에서 갠지스강을 본 사람들은 같은 강 지류라는 데 깜짝 놀랄 것이다. 강 이름도 우리말과 똑같은 '강가'라서 혹시 강이라는 말이 여기서 유래하지 않았을까 생각해 봤다. 리쉬케쉬는 히말라야의 발 뿌리에 해당하는 지점으로 산 아래 인도 평야와 만나는 첫 번째 도시다.

넓이 2~3m, 높이 50m 길이 약 5백m 정도 되는 현수교를 건널 때 산 위에서 불어오는 바람은 너무나 상쾌하다. 피로를 싹 날려 버린다. 리쉬케쉬는 유명세에 비해 유서 깊은 사원이나 유적지가 없지만 주황색 옷을 입은 인도인 수행자인 '사두'를 자주 만난다.

전통 요가는 신과의 합일

요가의 본고장은 인도다. 인도 전설에 따르면 요가의 창시자는 쉬바신으로 쉬바는 인간에게 신으로 가는 길을 알려주기 위해 요가를 창시했다고 한다. 이러한 이유에서 인도에서 요가란 '인간이 신에게 다가가는 과정'을 뜻한다. 호흡법, 명상법, 신에 대한 절대적인 사랑, 체위법을 모두 종합한 것으로 궁극적으로는 인간이 느끼지 못하는 내면의 신성을 찾는

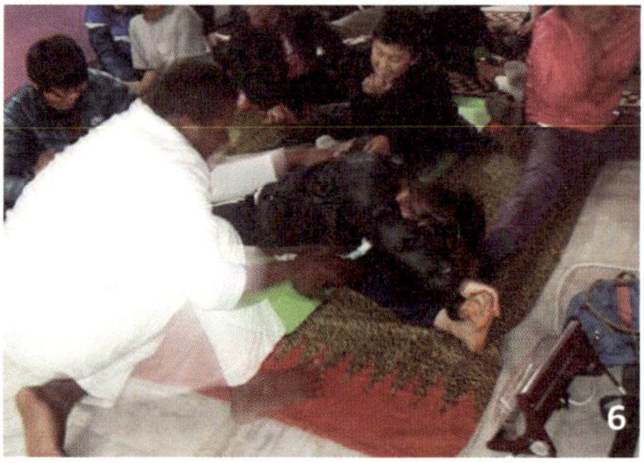

1 마을 양쪽을 이어주는 현수교.

2 '강가' 강 주변에는 여행자들이 명상에 잠겨 있거나 자연을 관조하는 모습을 흔히 볼 수 있다

3 산비탈과 골목길은 좁아서 차가 들어갈 수 없다. 노새는 최적의 운반 수단이다

4 비틀즈가 일 년간 머물러 유명해진 요가 아쉬람이 '강가' 강변에 있다. 명상하기에 최적의 장소이다다

5 원숭이가 많아 먹을 걸 들고 다닐 땐 조심해야 한다. 잘못 건드리면 큰 곤욕을 치른다고

6 요가 체험교실. 안 쓰던 근육을 쓰려니 '에구구' 소리가 절로 나온다

과정이다.

현재 리쉬케쉬에는 100여 개의 요가 아쉬람이 있고 요가 체험 교실도 곳곳에 있어 여행자들이 들른다. 요가 초고수들은 인간으로서는 도저히 할 수 없을 것 같은 자세로 수행을 하고 있다. 요가체험에 나선 학생들은 한 번도 해보지 않은 자세를 취하느라 “에구구” 소리가 절로 나왔다.

리쉬케쉬는 힌두교 성지라 육식은 물론 음주도 금지돼 있다. 단순히 관광하기 위해 리쉬케쉬를 들른 여행자들에게는 음식 문제로 불편할 수도 있다. 심지어 계란이나 마늘, 양파까지도 금기시하는 식당도 있지만 잘만 찾으면 정말 맛있는 음식점도 있다.

힌두교 종교의식 아르띠 뿌자

아르띠 뿌자는 람줄라의 강가 여신에게 바치는 힌두교 종교의식이다. 해질녘이 되면 아쉬람에는 아르띠 뿌자를 준비하는 악기 소리가 요란하게 울린다. 주황색 옷을 입은 사두가 주문을 외면 하얀색 옷을 사람들이 종을 흔들고, 코브라 모양 향로에 향과 등불을 태워 그 연기를 강가에 날린다.

진한 향냄새와 연기가 강물에 비치면서 의식을 집행하는 사람들의 춤은 계속된다. 하지만 세계 각국에서 온 수백 명의 구경꾼 앞에서 진행되는 바라나시의 아르띠 뿌자와 달리 소박하다.

깨끗하고 아름다운 리쉬케쉬의 풍광을 바라보며 인도의 다양성에 다시금 감탄한 일행은, 명상 속에서 자신을 돌아보는 성찰의 시간을 가졌다.

(12. 04. 16)

여신 추앙받지만, '남자 잡는 여자'라고…

네팔 왕국 여신 쿠마리

과학이 발전하면서, 신의 존재를 부정하는 시대가 됐다. 신화 속에서나 존재하든가 아니면 상징적 존재였던 신. 네팔에는 살아있는 여신인 쿠마리를 모시는 쿠마리 사원이 있다. 여기서는 신상이 아닌 살아 있는 여자아이를 여신으로 숭배하고 있다.

비운의 '살아있는 여신' 쿠마리

네팔에서 살아있는 여신으로 추앙받는 쿠마리는 네와르족 사키아 계급의 여자아이들 중에서 선택된다. 선택된 쿠마리는 신화 속 탈레주 여신의 현신으로 숭배를 받게 된다. 쿠마리를 뽑기 위한 전형위원회는 승려, 왕실의 점성가, 브라만 등의 원로로 구성되어 있고 만장일치로 선택하게 된다.

힌두신인 쿠마리는 반드시 불교도만 갖는 직업인 금 세공업자의 딸 중에서 선발한다. 4~5세 사이의 여자아이들 중에서 간택한다. 건강하고, 천연두 자국이 없으며, 피부에 흠이 없어야 한다. 또, 까만 눈동자와 까만 머리카락을 가진 아이로 몸에서 냄새가 나지 않아야 하며, 이가 가지런하고 온전해야 한다. 그리고 침착하고 겁이 없어야 한다.

쿠마리를 가려내는 마지막 심사는 달라이 라마의 환생지를 찾는 것과 거의 흡사한 과정을 거친다. 전임 쿠마리가 쓰던 소지품을 골라내야 하기 때문이다. 선발된 쿠마리는 가족과 함께 초경을 치르기 전까지 쿠마리 사원에서 거주하며 신으로 추앙받는다.

왕정 시대에는 국왕도 쿠마리 앞에서 경의를 표했으니, 네팔에서 가장 높은 지위인 셈이다. 이렇게 추앙받는 쿠마리도 초경을 치르면 신성을 잃은 것으로 간주돼 사원을 떠나야 한다. 쿠마리는 사원에 격리돼 살다가, 매년 10월에 열리는 힌두 최대의 연례 축제인 '다사인'에 모습을 드러낸다.

쿠마리는 상처로 피가 나도 여신의 자격을 박탈당하게 되는데, 권좌에서 물러나면 나라에서 주는 연금으로 생활하게 된다. 하지만 쿠마리였던

1

1 성스러운 '강가' 강변에서 힌두교 종교의식인 아르띠 뿌자를 집전하고 있다

2 아유르베다 오일 치료. 자연에서 추출한 약초로 만든 오일을 머리에 흘린다. 두통, 수면장애, 아토피에 좋다고 한다

3 길을 걷다 보면 수행자인 사두들이 보인다.

4 쿠마리 사원

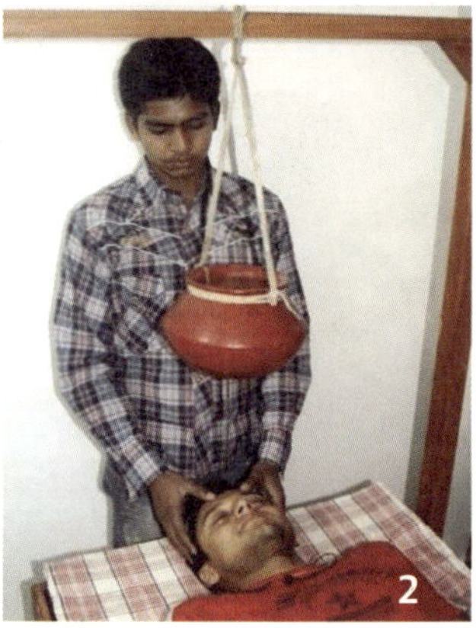

2

3

4

1 보다나트 사원. 중앙돔 위에 부처의 눈이 보인다. 티베트 불교 양식 사원이다

2 관광객들이 커다란 종을 돌리며 티베트인들의 의식을 따라하고 있다

3 쿠마리로 분장한 아이들이 가두행렬에 앞서 마지막 손질을 하고 있다

4 아이들이 양끝에서 줄을 잡고 아가씨가 돈을 줄 때까지 길을 막고 있다

5 보다나트 사원 주변에서 참선하는 사람들이 보인다

6 쉬바신의 탄신 기념일을 맞아 가두행렬하는 네팔인들

7 골목길에서 양쪽 줄 끝을 잡고 자동차를 못 지나가게 막는 아이들. 운전사가 돈을 주자 풀어줬다

여인과 결혼하는 남자는 비명횡사한다는 믿음 때문에 대부분은 결혼하지 못하고, 쓸쓸하게 노년을 맞이한다.

줄 양 끝을 잡고, 자동차와 아가씨를 못 가게 하는 아이들

2월 21일은 쉬바신의 탄신기념일이다. 카트만두 시내가 축제다. 군악대와 밴드부가 팡파르를 울리며 거리를 행진한다. 가장행렬에는 쿠마리 복장을 한 아이들을 차에 태우고, 거리를 행진한다. 주변에는 수많은 사람이 나와 이들을 환영한다. 그런데 이상한 장면이 눈에 들어왔다.

긴 노끈을 양쪽 끝에서 맞잡은 아이들이 골목을 막고 서 있다. 자동차와 아가씨들을 못 가게 길을 막는다. 아이들에게 돈을 쥐어 주면 길을 열어 준다. 재미가 있어, 한참을 지켜봤다. 아이들은 인심 좋은 자동차 운전수가 주는 돈을 한주먹 쥐고 신나게 다닌다. 남자 어른들은 돈을 안 주고 혼내거나 그냥 지나치기 일쑤인데 아가씨들은 꼼짝 못 하고 돈을 주고 풀려난다. 나중에 보니 모인 돈을 세어 서로 나눠 가진다.

내가 사는 여수에도 비슷한 풍습이 있었다. 음력 정월 대보름이면, 아이들이 새끼줄을 양쪽에서 잡고 상가를 찾아가거나 아가씨들을 둘러싼다. 상가에 들어가 "이 집에는 복도 많네"라고 선창하면 아이들이 후창으로 "어~얼싸 덜이덜렁"하면서 흥을 돋운다. 대개 상가 주인이 500원짜리 동전을 던져준다. 여수에서는 상가나 아가씨들이 표적인데, 네팔에서는 자동차와 오토바이, 자전거까지도 표적이 되는 것을 보고 웃다가 '굽타 샨다리'라는 사람한테서 유래를 들었다.

"오늘 밤에 쉬바신의 탄신을 기념하기 위해 많은 사람이 모입니다. 그런데 아직 날씨가 추워요. 그래서 많은 사람이 불을 피웁니다. 그런데 아이들은 나무를 살 돈이 없어서, 양 끝에 줄을 잡고 자동차나 사람이 다니는 길을 막아 구걸을 합니다. 그런 풍습도 요새는 변질 됐죠. 실제로는 아이들 용돈입니다.”

네팔 티베트 불교의 총본산 보다나트

카트만두에는 네팔 티베트 불교의 총본산이자 네팔에서 가장 큰 규모의 불탑인 보다나트 사원이 있다. 스와얌부나트와 함께 카트만두를 상징하는 랜드마크로 유명하다. 보다나트의 지붕에는 ‘부다의 눈’이 그려져 있어, 그 눈을 쳐다보는 사람에게 부처가 “나는 네가 한 일을 알고 있다”고 말하는 것처럼 느껴진다고 한다. 그래서 그런가, 마음이 찔리기도 하고 기묘한 분위기가 난다.

카트만두에서 판매하는 기념품 대부분에 그려진 눈 모양은 보다나트 스투파(불탑)에 새겨진 ‘부처의 눈’을 옮긴 것이다. 스투파 주변에는 수만 명의 티베트 난민이 모여 사는 지역으로 그 지역 분위기가 물씬 난다. 스투파에서는 탑을 따라 도는 코라(탑돌이)를 하거나 오체투지를 하는 티베트인을 볼 수 있다. (12. 04. 30)

이곳에서 생명 키우는 이들에게 경의를 표한다

외국에서 선교활동 하는 목회자들

2011년 극장가는 이태석 신드롬이었다. 1년에 한 번 극장을 찾을까 말까 한 사람들도 '울지마 톤즈' 영화를 보기 위해 극장을 찾았다. 그는 말기 암 판정을 받으면서도 수단에서 진행 중이던 우물파기를 걱정했다. 사람이 사람에게 아름다운 꽃이 될 수 있음을 보여준 이태석 신부는 많은 사람들의 가슴을 저미게 했다.

자신을 희생하며 불모지에 생명을 꽃피우는 사람은 이태석 신부만 있는 줄 알았다. 아니! 우리가 모르는 훌륭한 분들도 먼 나라 어딘가에 있겠지 하는 추측만 했다. 그러나 인도 네팔을 50일 동안 여행하며 몇 명의 목회자들을 만났다. 처음 그곳을 방문했을 때 "아니! 이런 곳에서도 봉사활동을 하며 생명을 꽃 피울 수가 있을까" 하고 의심스러웠다. 그리고 고개가 숙여졌다.

인디고여행학교 학생들과 50일간의 인도 네팔여행도 마지막이 가까워졌다. 교사들은 학생들이 자신들보다 못한 삶을 보면서 깨우치도록 하자는 의미에서 빈민촌 봉사활동을 하기로 했다.

카트만두의 마느하르 강변에는 최일도 목사가 세운 네팔다일공동체가 있다. 말이 강이지 개울 정도 밖에 안 되는 강에는 시내와 빈민촌에서 나오는 배설물과 가축 분뇨가 섞여 역겨운 냄새가 진동한다. 열악한 환경 속에서도 생계를 위해 돼지, 닭, 오리들을 키우고 있어 위생문제가 더욱 심각하다.

네팔 다일공동체, 하루 십만 원이면 300명 어린이가 아침 먹을 수 있어

2008년부터 시작한 네팔다일공동체에는 직원이 5명 있다. 한국에서 5년 동안 일하며 다일공동체와 인연을 맺은 후 현지 부원장으로 근무하는

1 카트만두 마노하르 강변을 지나는 다리에서도 한글 간판이 크게 보이는 네팔다일공동체 건물 모습. 바로 뒤는 빈민촌이다

2 어린이들이 식사하기 전 담당자로부터 주의사항과 감사기도를 할 것에 대해 설명을 듣고 있다. 어린이들이 식당에 입장하려면 밖에 있는 수도꼭지에서 손을 씻고 검사를 맡은 후에야 입장할 수 있다

3 식사하는 아이들. 하루 십 만 원이면 300명의 네팔 어린이들이 아침 한 끼를 때울 수 있다

4 마느하르 강변에 있는 빈민촌. 생계를 위해 돼지와 닭, 오리까지 길러 가축 분뇨와 오물로 냄새가 지독하다. 이곳도 땅 주인에게 사용료를 내야 한다고 한다

팀세나 부원장은 한국말이 유창하다. 아이들 식사를 마친 후 봉사활동을 끝낸 학생들과 함께 동네를 안내하며 전해준 이야기다.

"주변 3개 마을 주민 4천명의 아이들 중 250~300명의 어린이들이 매일 이곳에서 아침 식사(월~금)를 합니다. 하루 100달러를 들이면 300명이 아침밥을 먹을 수 있습니다. 이곳에는 물도 전기도 없어요. 여러분들이 도와줘서 이렇게 살아갑니다. 이곳 90% 아이들이 학교를 못가요. 밥 먹고 학교 다니는 것만 해도 감사해야 합니다."

설립자 최일도 목사는 "이 땅에 밥 굶는 이가 한 사람이라도 있다면 땅끝까지라도 찾아가서 밥을 푸겠다"고 다짐하며 공동체를 설립했다. 공동체에서는 학교 보내기, 봉사활동, 유치원 사역, 희망교실, 한국어 교실, 방과후 교실 등을 운영하며 이들을 돕고 있다. 밥퍼운동을 시작하고 나서 마을 어린이들의 영양상태가 좋아진 것은 당연지사. 밥퍼 봉사활동에 참여한 김세빈 학생의 봉사활동 소감이다.

"봉사활동이 힘들어요. 하지만 밥 먹는 아이들 얼굴을 보면서 행복했어요."

생명누리공동체의 행복한 마을 만들기 운동, 연꽃은 진흙 속에서 핀다

생명누리공동체는 2007년 3월 1일 인도의 힌두푸르에 생활 근거지를 두고 재봉틀 8대로 16명의 여성들을 모아 직업훈련센터를 여는 것으로 지역사회 봉사활동을 시작했다. 그해 6월에는 마넴빨리 마을에 마을개발센터가 될 땅 1,000평을 사게 됐다. 이후 가시덤불로 우거져 있던 땅을 정리한 후 마을의 염원인 지하수를 개발하여 깨끗한 식수를 공급했다.

인도 안드라프라데시주 남부에 위치한 칼루르는 가구당 평균 소득이 연간 100달러 미만이고 약국이나, 생필품 구입을 위한 상점이 전무하며, 20세 이상 성인 문맹률이 50%에 달한다. 주된 생산물은 해바라기와 옥

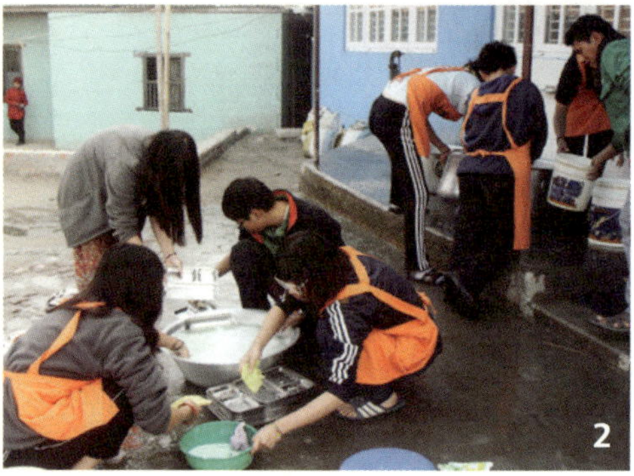

1 타파탈리 빈민촌에서 청소 봉사하는 학생들. 어디서부터 손을 대야할지 난감해 하는 아이들. 쓰레기를 주워도 버릴 곳이 없었다. 양지쪽에서는 한국의 60~70년대 모습처럼 아들이 어머니 머릿니를 잡고 있었다. 그만큼 환경이 열악하다.

2 설거지 봉사하는 학생들

3 생명누리공동체 정호진 목사

4 카트만두 타파탈리 빈민촌 옆으로 흐르는 바그마티 강. 쓰레기가 떠다니고 악취가 나는 곳이다. 정호진 목사는 이곳에 생명을 불어넣고 있다. 강 건너편은 형편이 나은 주거지로 보인다. 겨울이라 그렇지 여름이면 코를 어디다 두어야할지 고민이란다

5 조중현 목사 가족들

6 조중현 목사가 카트만두에 세운 신학교에서 학생들이 강의를 듣고 있다

수수로 비가 많지 않아 벼농사나 과수원 등 고소득 작물 재배가 불가능하고 농산물의 단순 가공도 어려운 실정이다.

그나마 자기 땅을 가진 농민들은 70% 미만으로 나머지 30%는 단순 육체노동으로 생계를 이어가는 전형적인 빈촌이다. 생명누리공동체에서는 2008년 5월부터 마을 한복판에 있는 2,400평의 땅을 매입해 마을개발센터로 삼았다.

화장실과 샤워실, 원두막형 교실과 나무밑 교실을 지어 방과후 교실을 열었다. 이어 재봉틀 10대로 직업훈련과정을 열고, 축사를 지어 가축대부운동을 시작했다.

아! 이렇게 열악한 환경에 도전하다니...

내가 학생들과 함께 찾은 곳은 네팔 수도 카트만두 타파탈리 빈민촌. 농촌에서 무작정 도시로 올라왔지만 마땅히 갈 곳이 없어 이곳에 모여 움막을 짓고 살아가는 빈민촌이다.

300가구 1,200명가량의 주민이 사는 곳은 공유지인 강가의 빈터로 언제 이곳에서 쫓겨날지 모르는 불안한 상태다. 전문성이 없어 맞벌이를 해야 하니 아이들은 위험천만한 환경에 내팽개치다시피 한다. 학교를 가기도 힘들지만 학교 다니는 아이들도 하교 후 책상 놓고 공부한다는 건 먼나라 이야기다.

아니! 이럴 수가! 길에는 쓰레기가 넘쳐나고, 마을 바로 옆을 흐르는 강물 위에는 쓰레기가 둥둥 떠다니며 오니(sludge 오염된 흙)와 쓰레기가 썩어가며 내는 거품이 까맣게 떠 있다. 머리가 지끈거린다. 그런데 천진난만한 아이들은 어디서나 똑같다. 시커멓게 찌든 아이들은 잘도 뛰어 놀며 이방인을 따라다닌다.

생명누리공동체 정호진 목사는 이곳을 두 차례 방문 후 문제점을 찾아내고 대안을 준비 중이다. ▲탁아소 설치 - 안심하고 맞벌이 가능 ▲공부방 겸 도서관 건립 ▲문맹자교실 ▲직업훈련과정(재봉/ 자수/ 목공/ 제빵/ 컴퓨터 등) 설치 등이다. 정목사는 죽어 썩어가는 바그마티강을 물고기가 뛰노는 강으로 만들려는 야무진 꿈도 갖고 있다.

네팔에 신학교를 세우다

조중현 목사는 네팔에 정착한 지 12년차다. 단기선교 왔다가 고산지대에 선교활동을 나갈 학생들을 훈련시키는 신학교를 세웠다. 카트만두 '럴릿풀' 지역에 있는 신학교는 3년 과정으로 네팔어로 강의한다. 올 4월에는 14명의 졸업생도 배출했다. 이들의 학비는 전액무료이고 한국교회와 단체에서 지원을 받는다.

카트만두에 머무는 동안 조목사 댁에 머물며 네팔과 한국에 관한 상세한 이야기를 들었다.

"한국인들은 네팔이 후진국이라는 선입견을 가지고 무시하려는 경향이 있어요. 하지만 네팔은 2천년의 전통을 가진 나라입니다. 네팔인들은 화를 잘 내지 않아요. 인격이 갖춰지지 않은 사람이 화를 낸다는 생각을 갖고 있어 타협을 잘합니다. 가난하기 때문에 이기주의적인 면도 있지만 정도 많은 사람들입니다."

네팔의 잠재력은 언어(영어)가 준비되어 있고 교육열이 높다. 부모들은 못 입고 못 먹더라도 자식들만은 잘 가르치겠다는 게 소망. 조목사에게 네팔인들이 한국을 어떻게 바라보는가 물었다.

"선망의 대상이죠. 짧은 기간에 경제가 성장했기 때문에 한국을 롤 모델로 삼고 있어요. 동남아나 아랍으로 돈 벌러가면 200~300불정도 밖에 주지 않습니다. 반면에 한국은 정당하게 쳐주고 시험에 통과하면 브로커를 통하지 않고도 입국이 가능하기 때문에 많은 네팔사람들이 코리안 드림을 꿈꿉니다. 4~5년만 고생하면 중산층이 될 수 있는 길이죠."

조 목사가 가르치는 신학생들은 가난하고 못 배운 사람들이다. 시골에서 가난하고 못 배운 학생들을 데려다 공부시킨 후 도심이 아닌 산악지역으로 파송을 한다. 이들이 자립할 때까지 3년 정도 경제적으로 지원을 해줘야 한다. 산악지역은 우리 돈 십만 원이면 한 달을 지낼 수 있다.

"산악지역 목회자 자녀들이 학교를 못가는 모습을 보고 가슴이 아팠어요. 첫째는 학비가 없어서, 둘째는 학교가 너무 멀어서 못 보내는 걸 보고 아이들이라도 카트만두에 데리고 와서 공부시키면 목회자들이 마음 편히 선교할 수 있을 텐데요."

말을 끝맺은 조목사의 목소리가 힘이 없다. 자신의 힘으로 이들을 도울 수 없기 때문에 마음만 아프다. 열악한 환경에서도 현지인들을 돕고 있는 목회자들을 보며 민간외교관이 따로 없다는 생각이 들었다.

연꽃을 피우는 진흙은 깨끗하기만 하다. 하지만 이들 목회자들이 꽃을 피우려는 진흙은 차마 눈뜨고 보기 어렵도록 열악하다. 이곳에서 생명을 키우는 이들에게 경의를 표한다. (12. 05. 02)

‘빨리빨리’와 ‘뽈레뽈레’

[엄홍길 대장과 함께하는 킬리만자로 등정기②]

아프리카인들이 자주 사용하는 언어에 ‘하쿠나 마타타’가 있다. 영화 <라이언 킹>에 나오고 국내 한 출판사가 발행한 중학교 영어 교과서에도 ‘하쿠나 마타타’가 나온다. ‘하쿠나 마타타’(Hakuna Matataa)를 현지 가이드가 전하는 바로는 ‘문제없다, 괜찮다, 걱정할 것 없다’ 정도로 해석해야 할 것 같다. 그러나 이 단어는 킬리만자로를 여행하는 12일 동안 내내 그림자처럼 우리를 따라 다녔다.

우리 일행이 첫날밤을 묵은 모시호텔을 떠나 킬리만자로 등정을 시작하기로 예정된 시각은 오전 9시 반. 아침 일찍 일어나 설레는 마음으로 등산화 끈을 동여매고 차를 기다리는데 우리를 싣고 킬리만자로 산자락까지 태워줄 차가 오지 않는다.

언제 가나 하면서 기다리는데 차 한 대가 들어온다. 시계를 보니 오전 10시 반. 예정된 시간을 한 시간이나 지났다. 여기저기서 “왜 시간을 지키지 않느냐.”고 항의하자 “하쿠나 마타타.”란다.

한국인이 누군가. 우리 한국인들이 사용하는 대표적인 말 중의 하나가 “빨리빨리”다. 특히 외국에 나가보면 한국인을 상대하는 식당이나 서비스업에 종사하는 사람들이 한국인을 빗대 “빨리빨리”라고 조롱하는 듯한 말투로 자기들끼리 이야기하는 것을 들은 적 있다.

케냐와 탄자니아어에는 우리와 발음이 비슷한 "뽈레뽈레"가 있다. 그러나 "뽈레뽈레"는 '천천히'라는 뜻이다. '하쿠나 마타타'와 '뽈레뽈레'는 케냐에 입국할 때부터 출국할 때까지 귀 아프게 들었던 말이다.

등정을 마치고 점심을 먹으러 가는 차 안에서 엄홍길 대장이 "몇 시간이나 차를 타고 가면 식당에 도착하느냐?"고 물었을 때 운전사는 "30분이면 도착한다"고 했다. 그러나 한 시간이 지나도 계속 달리기만 하는 자동차를 보고 엄 대장은 화가 폭발했다.

엄 대장이 "너 아까도 30분, 또 지금도 30분이라고 대답했는데 얼마나 더 가야 하느냐?"고 묻자 그래도 30분이란다. 결국 3시간을 더 달려 목적지에 도착한 시간은 오후 5시가 다 된 시각. '하쿠나 마타타' '뽈레뽈레'의 위력이 드러나는 순간이었다.

열대우림부터 키 작은 관목림까지 펼쳐지는 이곳

차를 타고 구불구불한 길을 1시간 반쯤 달리니 마차메게이트(해발 1,800m)가 나왔다. 킬리만자로를 오르는 등산로는 여섯 개가 있다. 대부분 등산객들이 코스가 수월한 마랑구 루트를 선택하지만 우리가 마차메게이트를 선택한 이유는 다양한 식생과 아름다운 경치 때문이다. 유럽인들에게 인기가 있어서인지 동양계는 우리 팀밖에 보이지 않는다.

마차메게이트가 있는 마을은 킬리만자로 상류의 용암지대에 스며들었던 물이 흘러나와서인지 바나나 나무와 파인애플 커피를 재배하는 농장이 펼쳐진 살기 좋은 마을이다. 마을을 벗어나 등산로 입구인 게이트에 도착하니 입구에 많은 사람들이 서성댄다.

행색으로 보아 등산객은 아닌 것 같은데, 총을 든 군인이 지키는 정문 안으로 들어가지 못해 서성거리고 있었다. 현지 가이드에게 물으니 등산객들의 짐을 지고 갈 '포터'들이란다. '아니, 저렇게나 많은 사람들이 필요할까'라고 의아해했으나 등산하면서 그 이유를 깨달았다. 혼자 힘으로 6천 미터가 되는 산을 오르는 것 자체가 도저히 불가능했기 때문이다.

105명의 대부대로 꾸려진 등정 대원

가이드인 엘리어스에게 "저 포터들이 지고 가는 짐 무게는 얼마며 하루에 품삯으로 얼마를 받느냐"고 묻자 1인당 약 20kg쯤이며 일당 10달러를 받는다고 한다. 약 20kg의 짐과 1만 원, 평지에서 그 정도의 무게라면 어느 정도 이해할 수 있다.

그러나 숨이 넘어갈 만큼 힘든 상황에서도 70도쯤의 경사진 바위틈을 짐을 지고 이동하는 그들을 보고 고개가 절로 숙여졌다. 이렇게 힘든 포터 자리도 포터들을 책임지는 사람의 눈에 들어야 팀에 들어갈 수 있어 경쟁이 치열했다. 생각해 봤다. 나는 1만 원 받고는 죽어도 저 일을 못할 것 같다.

31명의 일행과 포터 및 현지 가이드가 포함된 등정팀은 105명의 대부대가 됐다. 정문 앞에서 선발된 포터들에게 각자 할당된 짐을 분배 받고 산을 오르기 시작한 시각은 낮 12시 가량. 우리나라 같으면 한바탕 난리가 났을 텐데 어쩌랴 '하쿠나 마타타, 뽈레뽈레'인걸.

자동차가 다닐 수 있을 만큼 잘 다져진 길을 30분쯤 올라가니 울창한 열대우림지대가 나온다. 아름드리나무와 높이 20미터쯤 되는 나무들에는 줄기마다 이끼가 잔뜩 붙어 있다. 마치 근육이 울퉁불퉁한 괴물의 형상. 여수 엑스포장에서 괴물로 분장한 외국인들이 이곳에서 힌트를 얻지 않았을까.

높이 올라갈수록 길이 점점 좁아지고 배수가 안 돼 곳곳이 질퍽질퍽하다. 웅덩이가 길을 가로막아 모두가 조심조심하며 제1목적지를 향해 올라

1 마차메게이트에서 본격적인 등산을 시작하기 전에 기념촬영

2 콜로부스 원숭이가 등산객들이 던져주는 과일과 과자를 얻어먹기 위해 가까이 내려와 있다

3 마차메게이트에서 3,100미터에 위치한 제1목적지 마차메캠프를 향해 등산하고 있다. 열대우림지역이라 수풀이 무성하다

4 모시호텔 화장실 벽에 그려진 그림. 아프리카인들의 생활이 잘 나타나있다

5 킬리만자로를 등정하는 동안 일행이 먹고 잘 의식주를 짊어지고 나를 포터들이 분배한 물건들 앞에서 출발을 기다리고 있다

6 네덜란드 팀들이 점심식사를 하고 있다. 2천 미터 산 위에서 웬 식탁? 포터들이 힘들 텐데 너무하지 않을까하고 걱정했던 생각은 하루 만에 고쳐졌다

간다. 얼마쯤 지났을까. 조그만 공터가 나오고 앞서가던 네덜란드 대원들이 점심식사를 한다.

포터들이 마련한 식사에는 계란말이와 그밖에 여러 가지 반찬들이 보인다. 아니! 그런데 내 눈을 깜짝 놀라게 한 것은 등산객들의 식탁이다. 해발 2천 미터가 넘는 이곳까지 등산 온 사람들이 식탁과 의자에 앉아서 황제 같은 식사를 하는 모습에 어안이 벙벙했다.

"당신들 식사하는 모습이 황제 같아"라고 했더니 그들이 웃는다. 낮 2시가 넘은 시각. 우리 팀 포터들이 일행과 합류해 점심으로 내놓은 것은 샌드위치 몇 조각에 계란말이다. 아니 이것을 주려고 이렇게 뜸을 들였단 말인가. 차라리 김밥이나 빵을 싸줬더라면 좀 더 일찍 제1 목적지를 향해 출발했을 텐데…. 또 한 번 놀란 것은 우리에게도 의자가 놓이고 접시에 음식이 놓였다는 것이다. '꼭 이렇게까지 고급스럽게까지 먹어야 하나'라는 생각이 들었는데, 이게 틀렸다는 것은 하루가 지나고 나서 바로 깨달았다.

출발한 지 4시간쯤 지나니 관목 숲이 나오고 주위는 천천히 어두워졌다. 3천 미터 높이의 고산을 컴컴한 밤에 오르기란 정말 힘든 일이다. 손전등을 켜고 길을 따라 오르지만 온몸에 힘이 빠진다. 오후 8시께 목적지에 도착한 일행은 저녁을 먹자마자 바로 잠자리에 쓰러졌다. 아! 3천 미터가 이렇게 힘이 드는데 6천 미터는 어떡하나…. 아참! 잊었다. 하쿠나 마타타!

(12. 08. 14)

킬리만자로 등정, 열대기후부터 극지까지 체험

자연의 황홀경에 취하다

6,000m에 가까운 킬리만자로 등정의 가장 큰 매력은 다양한 기후를 한곳에서 체험할 수 있다는 것이다. 거기에 고도에 따라 달라지는 생태계의 식생을 한곳에서 볼 수 있다는 것도 덤으로 따라오는 행운이다.

적도 남쪽 330㎞에 위치한 킬리만자로는 긴 축이 북서쪽에서 남동쪽으로 80㎞에 이르고, 북동쪽에서 남서쪽으로 50㎞의 폭을 가진 아프리카 최고봉으로 탄자니아 북쪽에서 케냐와 국경이 맞닿아 있다.

키보(5,895m), 마웬지(5,149m), 시라(3,962m)의 높은 세 봉우리를 가진 킬리만자로는 경작지(0~1,800m), 삼림지대(1,800~2,800m), 잡초지(2,800~4,000m), 황무지(4,000~5,000m), 극지(5,000m~)의 5개 식생으로 나눌 수 있다.

경작지는 원래 덤불지대였으나 지금은 농장이 되었다. 삼림지대에서는 열대우림의 울창한 수목을 구경할 수 있다. 잡초지에는 작은 관목이 자라며, 황무지에는 용암이 부서진 작은 돌들이 굴러다니고 밤에는 영하로, 낮에는 영상 40도까지 오르기도 한다. 5천 미터 이상의 극지에는 빙하와 만년설이 자리하고 있다.

현재 킬리만자로 산의 빙원(氷原)은 1912년에 비해 82% 가량 감소했으며, 빙하는 1962년에 비해 55%가 사라졌다. 키보는 사철 얼음과 눈으로 뒤덮여 있고, 마웬지에도 반영구적인 빙하 지역들이 있지만, 15년 뒤에는 킬리만자로 산의 빙원 전체가 사라질 것으로 예상된다.

2001년 연구에 따르면 식물 2,500종이 킬리만자로 산에 서식하는데, 그중 1,600종이 남쪽 산비탈에, 900종이 삼림 지대 안에 서식한다. 국립공원에 일부 속하는 산림 지대를 포함해 킬리만자로 산 전체에는 영장류 7종, 육식동물 25종, 영양 25종, 박쥐 24종 등 포유류 140종(87종이 숲에 서식)을 비롯하여 매우 다양한 생물 종이 살고 있다.

스와힐리어에서 온 킬리만자로의 이름은 '빛의 산' 혹은 '하얀 산'이란 뜻이다. 하지만 현지 가이드 엘리어스가 전해준 의미는 '킬리마 -산, 자로-

1 드디어 저 멀리 눈 덮인 킬리만자로 정상이 구름 속에서 아름다운 자태를 드러냈다

2 4천 미터나 되는 고산에 글라디올러스가 피었다

3 꽃이름은 정확히 모르지만 이렇게 예쁜 꽃들이 만발해 등산객들을 기쁘게 해준다

4 동료가 킬리만자로 정상부를 배경으로 한 컷.!

물의 원천'의 뜻으로 '물의 원천인 산'이란 뜻이다. 현재 킬리만자로는 탄자니아와 케냐의 주요한 수자원 공급처이다. 그러나 정상부에 있는 만년설이 녹아내리고 있어 세계인들에게 지구온난화에 대한 또 하나의 경고를 주는 지표가 되고 있다.

발아래 펼쳐지는 구름... 하얀 눈 뒤집어 쓴 정상

컴컴한 밤에 3,000m를 오르느라 휘청거렸던 다리가 자고 나니 풀렸다. 간밤에 얇은 침낭 속에서 발이 시려 잠이 깊이 들지 못했지만 그래도 한숨 잤다고 컨디션이 회복됐다. 아침에 주위를 둘러보니 사방이 텐트다. 마차메루트는 출발지에서부터 하산까지 모두 텐트에서 잠을 자야한다.

걱정은 용변이었지만 가이드가 가르쳐준 화장실은 나무판자로 만들어진 푸세식 화장실이다. 그마저도 없어 나무 밑에서 용변을 보면 어떡하나 하는 걱정은 사라졌다. 식사를 하라는 소리를 듣고 텐트에 들어가니 30명이 한꺼번에 들어갈 만큼 크다. 3중으로 빙 둘러 놓은 의자에 앉아 밥을 먹기 시작했다.

이제야 포터들이 그 무거운 의자며 갖가지 짐들을 메고 75명이나 따라왔는지가 이해됐다. 힘들고 추운 이때 난장에서 밥을 먹으면 어떻게 저 높은 산을 오를 것인가. 포터들 중에는 가이드와 요리사, 각자의 텐트를 담당하는 요원들, 고산병에 시달려 뒤처지는 등산객들의 배낭을 대신 짊어지고 끝까지 안내하는 특별요원, 중간 보스 등의 다양한 직책에 따라 품삯과 일의 용도가 달랐다.

식사를 마친 일행은 엄홍길 대장 앞에서 점호를 하고 주의사항을 들었다. "여러분, 산에서는 솔직해야 합니다. 옆 사람이 미안하다고 몸 아픈 것을 숨기고 있다가 중간에서 낙오하면 아무도 도와줄 수 없습니다. 아프면 미리미리 신고하세요."

1 갈가마귀가 한 유럽인 등산가가 던져준 식빵을 물고 있다.

2 아침에 포터들이 세숫물을 데워서 준비해 놓는다. 포터들한테는 미안하지만 세수를 안 하면 화산재와 먼지가 온몸에 쌓여 몰골이 말이 아니다

3 관목 숲 사이로 속살을 드러내는 킬리만자로의 풍경은 허덕이며 먼 길을 돌아온 등산객들에게 보람을 느끼게 한다

4 엄홍길 대장은 고산 등정을 걱정하는 일행에게 용기를 주기 위해 스틱을 하늘로 올리며 외친다. "우리는 하나다. 도전 킬리만자로!".

5 4천 미터가 가까워지자 구름이 발아래를 감싼다. 솜털 같은 구름이 산허리를 감싸자 일행은 황홀경에 탄성을 질렀다

6 가이드인 엘리어스가 모자를 씌운 킬리만자로 자이언트 세네시아는 수명이 120년에 달하고 밤에는 잎을 오므리고 낮에는 활짝 편다.

엄대장이 모두를 불러 모아 등산용 스틱을 가운데 맞대고 선창하고 일행이 따라했다. “우리는 하나다. 도전 킬리만자로!” 3천 미터를 지나니 관목 숲지대가 나온다. 열대우림지역에서 그렇게 많이 보아왔던 나무이끼들이 말라붙어 허연 수염이 됐다.

올라갈수록 숨은 가빠오는데 나무가 작아지니 주위 경치가 드러나기 시작한다. 발아래 하얀 구름이 펼쳐지고 구름보다 위에 사는 관목 숲이 장관을 이루며 펼쳐진다. 저 멀리 하얀 눈을 이고 있는 정상이 햇빛에 반짝인다. 황홀경이다.

제2캠프인 시라캠프로 가는 길은 키보 분화구에서 뻗어 나온 분화구 능선을 따라 계속되는 오르막이다. 높이 3,658m의 능선에서 점심을 먹고 키보 분화구를 보며 왼편으로 방향을 틀어 경사면을 따라 간다. 에버래스팅(everlasting)이라 불리는 꽃들이 만발하고 유럽퍼(Europer)라 불리는 노란 꽃들이 등산객들의 발길을 가볍게 한다.

얻는 게 있으면 잃는 것도 있다. 황홀경에 빠진 채 등산을 계속하던 일행을 괴롭히는 건 고산병. 한두 명씩 고산병 증세가 나타나 힘이 없어 자꾸 뒤처지고 아무것도 먹지 못한 채 토하는 사람이 증가함에 따라 서서히 두려움이 나기 시작한다. 고산병에는 장사가 없다는 데 어떡하나!

선두와 후미의 차이가 계속 벌어지기 시작하지만 마음뿐이지 도와줄 방법이 없다. 내 몸 하나 건사하기도 힘들기 때문이다. 일행은 각자에게 고산병이 오지 않기를 빌며 억지로 물을 마신다. 고산병에 특효약은 하루에 물을 3~5리터 마셔 핏속에 산소를 공급해야 한다고 엄대장이 누누이 강조했기 때문이다.

한 시간쯤 달려가면 금방 오를 것 같이 가까이 보이는 정상이 바로 코앞인데 몸 가누기가 힘들다. 자연은 정복하려는 사람한테는 쉽게 허락하지 않는가 보다. 그래 자연의 뜻에 몸을 맡기자! (12. 08. 17)

의사들이 고산병에 권하는 비아그라, 왜 좋냐면…

현지인들의 노래, 지친 등산가를 위로

시라캠프(3,840m)에서 바란코캠프(3,950m)까지의 거리는 약 13㎞쯤으로 등반 고도를 약 100m정도 밖에 올리지 않는다. 하지만 캠프를 출발해 목적지 바란코캠프까지 가는 중간에는 4,000m가 넘는 고개가 나온다. 우리가 선택한 마차메루트의 장점은 이와 같이 올라갔다 내려 왔다를 반복하며 고산병에 몸을 적응시키는 것이다.

3,100미터의 마차메캠프에서부터 시라캠프에 오는 동안 여러 명의 동료들이 고산병 증세를 보이기 시작해 일행을 겁먹게 했다. 고산병에 걸리면 두통, 구토, 식욕부진, 피로감, 어지러움, 불면증 등이 나타난다. 저절로 호전되기도 하지만 심하면 고소폐부종과 같은 치명적인 질환에 걸려 사망하기도 한다.

다행히 일행 중에 의사가 다섯 명이나 되고 각자가 고산병 약과 주사기까지 준비해 왔다. 하지만 일단 고산병에 걸리면 장사가 없다. 무조건 저지대에 내려가 하산하든지 회복을 하고 다시 올라오는 방법을 택할 수밖에.

바란코캠프로 출발하는 날 아침 77세의 최고령 등반자가 등반을 포기하고 하산을 결정했다. 일행은 현지 가이드인 엘리어스가 가져온 기계를 손가락 끝에 꼽아 고산병에 대한 각자의 몸 상태를 점검했다. 내 손가락에서 나온 수치는 산소포화도 97에 심장 박동 수 45로 양호하다는 판정을 받았다.

사람이 5천 미터를 올라가면 산소가 평지의 50%밖에 안 된다고 한다. 따라서 부족한 산소를 보충하는 방법으로 하루에 3~5리터의 물을 마셔 핏속에 산소를 공급해야 한다. 일행은 억지로 물을 마시며 고산병약인 다이아막스를 한 알씩 먹고 잤다.

고산병은 뇌 속 혈관이 팽창해 부종이 생기는 것으로 머리가 아픈 증상을 동반한다. 이뇨제인 다이아막스를 먹으면 몸속에 있는 노폐물을 배

1 바란코캠프에서 카란카캠프로 가는 길에서 정상을 뒤로 한 채 만세

2 4천 미터의 습기 없는 부분에서 볼 수 있는 식물 중 몇 안 되는 엉겅퀴. 아프리카 마다가스칼 섬의 여우원숭이가 서있는 모습을 닮았다

3 노란 에버래스팅 꽃이 말라 죽으며 후손을 남기기 위해 꽃씨와 함께 붙어있다. 바람이 불면 민들레처럼 날릴 것으로 예측된다

출해 두통이 사라진다. 엄대장은 고산에서 잘 때 춥다고 텐트쟈크를 꼭 닫고 자면 산소가 부족하니 1/3을 열어놓고 자라고 강조했다.

하지만 약을 먹고 잠자리에 들면 자주 소변이 마려워 일어나야 한다. 거기에 텐트 문을 1/3쯤 열어놓고 자는 것도 괴로운 일이다. 영하의 날씨에 옆자리 동료를 깨울까봐 조심해야 하기 때문이다. 그래도 한밤중에 일어나 하늘을 보면 수많은 별들이 손에 잡힐 듯 가까이 있다.

의사들이 권장하는 또 하나의 약은 비아그라다. 의학계에서 에베레스트까지 올라 실험한 바로는 효과가 있다고 보고됐다는 것이다. 혈관을 확장해줘 산소 공급을 원활하게 해준다는 것. 엄홍길 대장이 일행들에게 틈나면 강조하는 얘기는 "힘을 비축하라. 체온 유지하라. 오버페이스 말라"고 강조했다. "산은 절대로 욕심내서는 안 된다."는 것.

용암이 녹아 굳어진 라바가 널려 있는 곳

라바는 화산 분화구에서 흘러나온 용암이 굳어진 바위를 말한다. 분화구 인근에서 굳어진 용암이 널려있는 이곳은 기기묘묘한 바위를 만들기도 했지만 척박한 바위사이를 지나가야만 하는 등산객들을 지치게 만든다. 제2캠프에서 제3캠프로 가는 정상부근은 4,455m나 됐다. 그래도 몸이 어느 정도 적응이 됐는지 첫날보다는 나았다.

4,000m나 되는 이곳은 날씨가 차고 라바에 뚫린 기공으로 빗물이 스며들어 물이 거의 없다. 그나마 몇 그루의 식물이 자라는 곳은 만년설이 녹아 흐르는 계곡인근이다. 수 킬로미터를 등산객들이 걸으며 난 길을 따라가자니 서부영화에 나오는 황량한 미국의 서부 사막 같은 느낌이 든다.

눈 덮인 정상을 끼고 돌아가는 길, 힐끔 보니 몇 백 미터도 안 돼 달려가면 금방이라도 정복할 것 같은데 몸이 따라주지 않는다. 다행인 것은 고산병에는 괜찮다는 판정을 받은 것.

1 자이언트 세네시아와 마주선 킬리만자로 정상의 모습.

2 현지 가이드 엘리어스가 라바를 깨어 보여준 모습. 고열인 용암이 굳어진 모습이 보인다

3 여러 나라의 등산가들과 포터들이 함께 어울려 현지인들의 노래 '잠보'를 부르며 춤추고 있다

4 정상에서 용암이 흘러내려 굳어진 라바들이 기괴한 모습을 하고 있다.

5 수련의 과정을 마치고 잠시 쉬다가 가족과 함께한 유하니 씨. 20대 남동생보다 더 산을 잘 탄다

6 짐을 나누기 위해 포터들이 저울로 재고 있다. 원칙은 20킬로미터 내외지만 실제로는 더 많이 지는 경우도 있다고 한다.

사람들은 왜 이런 험한 곳까지 올라와서 고생을 하는 걸까. 자신과의 싸움, 공명심? 대부분의 일행이 이미 도착해 기다리는데 한 분이 안 온다. 걱정이 되지만 가이드 중에는 낙오자의 가방을 대신 메고 보조를 맞추며 끝까지 데려오는 가이드 아미니(Amini)가 있어 든든하다.

여러 나라에서 온 등정대를 안내해 온 현지 가이드들이 모여 신나게 춤추며 노래한다. 내일 정상에 도전하느라 불안해 할 등산객들의 마음을 달래주려는 걸까. 현지인들은 낙천적 성격이 타고났나 보다. 우리는 5kg 정도의 배낭을 메고도 힘들어 죽을 지경인데 20kg정도의 짐을 지고 뒤에는 무거운 진공관 라디오를 메고 노래에 맞춰 흥얼거린다.

잠보 부와나(Jambo Bwana) - 안녕하세요 선생님.
하바리 가니(Habari Gani) - 안녕하세요?
음주리 사나(Mzuri Sana) - 아주 좋아요
와그니(Wagni) - 관광객 여러분
와카리비슈(Mwakaribishwa) - 환영합니다
킬리만자로(Kilimanjaro) - 킬리만자로
하쿠나 마타타(Hakuna Matataa) - 걱정마세요

영화 <라이언 킹>에도 나왔던 이 노래를 들으면 엉덩이가 들썩거린다. 이들은 모이기만 하면 그리고 관광객과 헤어질 때도 이 노래를 부르며 아듀를 고했다. 킬리만자로만 생각하면 지금도 귀에 쟁쟁한 노래 '잠보'.

흐뭇해졌던 마음으로 정상을 바라본다. 훨씬 가까워진 정상. 내일 밤 12시에 드디어 정상에 도전한단다. 겁난다. 모두들 무사히 정상에 올라야 할 텐데….

(12. 08. 18)

킬리만자로에 울려 퍼진 외침… “용변이 급해!”

정상 등정은 정복이 아니라 혈투

킬리만자로 정상을 오르기 위해 마차메루트를 선택한 우리가 제1캠프에서 숙박을 한 지 6일 만에 드디어 정상 정복을 시도한다. 마차메캠프는 킬리만자로 산 남쪽의 1/3 지점에 있다. 고소 적응을 위해 6일 동안 이동해서 산 중앙부에서 오른쪽으로 약간 빗겨난 지점에 있는 4,600m의 바라푸캠프에 도착한 일행은 긴장하기 시작했다.

이제까지 등산한 어떤 코스보다 더 험난한 여정이 남아 있기 때문이다. 13시간 만에 1,300m의 고도를 올려야 하는 코스. 그것도 만년설과 모래, 바위가 앞길을 가로막는 난코스를 밤 12시에 출발해 올라갈 계획이다. 낮에 출발하는 방법도 있지만 밤 12시에 출발해 6시간쯤 오르면 아프리카 최고봉에서 태양이 떠오르는 것을 감상할 수 있기 때문이다.

배낭을 최대한 가볍게 하고 닭죽으로 간단히 요기를 한 일행은 밤 11시와 12시에 출발하는 두 팀으로 나눠 등정하기로 했다. 먼저 출발하는 팀에는 그동안 고산병과 체력이 달려 후미에 쳐졌던 사람들만 가기로 했다. 텐트에 들어가 가볍게 눈을 붙이라는 엄홍길 대장의 지시에 각자의 텐트에 들어가 침낭 속에 들어갔지만 잠이 올 리 만무하다.

그동안 등반고도를 400~500미터밖에 올리지 않았고 등반시간도 많아야 8시간이었는데, 6시간 만에 등반고도를 1,300m나 올리고 등반시간도 13시간이나 된다. 정상까지 고산병에 걸리지 않고 올라갈 수 있을까? 체력은 지탱해줄 수 있을까?

이 궁리 저 궁리를 하니 후발대에 끼어서는 동료들한테 짐이 될 것 같아 선발대가 집합하는 시간인 11시에 나갔다. 겁먹은 사람은 나만이 아니었다. "아니 원래 1/3만 선발대로 가기로 했는데 왜 이렇게 많이 나왔습니까? 왜 이렇게 겁을 먹고 그러세요. 한 명도 남겨두지 않고 끝까지 다 데리고 갈 테니 걱정 말고 원래 가기로 했던 사람만 남고 다 텐트로 들어가세요." 머쓱해진 사람들은 다시 텐트로 들어갔다. 하늘에 별만 총총한

1 꿈이었던 킬리만자로 정상에 올라 눈물이 났다는 유현종 씨가 태극기를 꺼내 엄 대장과 기념촬영

2 킬리만자로 정상에 태양이 떠오르기 시작한다

3 킬리만자로 정상의 만년설 모습. 뒤쪽은 구름이다

4 등정대가 정상에서 한 컷. 세계 각국에서 온 등정대가 몰려 사진 촬영하기도 힘들었다

깜깜한 밤. 바람은 세차게 불고 불안해진 일행은 기침 소리도 죽였다. 밖에서는 "낙오되면 안 되니 앞 사람 발뒤꿈치만 보고 올라가라."는 엄 대장의 소리만 들린다.

정복하려는 인간에게 자연은 쉽게 허락하지 않는다

드디어 밤 12시. 남아 있는 사람 모두 모이라는 지시가 떨어졌다. 인원을 점검하니 한 사람이 없다. 선발대 인원을 잘못 체크했나 하고 같은 텐트에 들어갔던 동료에게 행방을 물으니 "방금까지 있었다"고 한다. 여러 사람이 불러도 대답이 없다. 찾으러 다녔지만 더 큰 소리로 부를 수는 없다. 바로 이웃텐트에는 곤히 잠자는 외국 등반대가 있기 때문이다.

여기가 어딘가. 바람은 세차게 불고 영하로 떨어진 추운 날씨에 혼자 고립되거나 멋모르고 외국팀을 따라 나섰다면 어떻게 할 것인가. 영어 한 마디도 못하는 사람인데…. 모두들 혀를 끌끌 찼다.

선두에 엄 대장이 서고 가장 후미에는 일행 중 산을 잘 타는 분이 섰다. 우리 팀 선발대와 외국 등반대는 이미 저만큼 앞서가고 있다. 깜깜한 밤이라 길이 어딘지 모르지만 헤드램프가 켜진 곳을 바라보니 영락없는 반딧불이다. 구불구불한 모습의 반딧불들이 정상을 향해 올라가고 있다. 어제까지는 농담도 하고 주위도 바라볼 여유도 있었지만 아무도 말을 걸지 않는다. 다만 앞 사람 등산화만 따라갈 뿐이다.

기어이 정상에 흔적을 남기고 말았다

얼었다 녹았다를 반복하며 바위에서 떨어진 모래가 일행을 자꾸 미끄러지게 한다. 4,700m쯤 가니 눈과 얼음이 나타나기 시작한다. 속이 자꾸 거북해지고 힘들어 죽겠는데 자꾸 잠이 쏟아진다. 내 상태를 옆에서 지켜보던 현지 가이드 케네디가 내 배낭을 대신 짊어지고 나는 빈 몸으로 올라간다. 조금 괜찮기는 하지만 속이 미칠 것 같다.

아! 큰일이다. 속이 메스꺼운 걸 보니 아까 먹은 닭죽이 속을 뒤집었을까. 토하든지 용변을 보든지 둘 중 하나를 선택하지 않으면 도저히 안 될 것 같다. 70대 노인도 올라가고 여자도 올라가는데 여기서 중단할 수는 없지 않는가. 하는 수 없다. 염치불고하고 케네디에게 용변볼 곳을 찾아 달라고 부탁했다.

일행이 걷는 길에서 5m쯤 벗어난 커다란 바위 뒤. 바람은 세차고 손과 볼이 얼어붙는 것 같다. 용변을 보니 살 것 같다. 그런데 배낭에 가지고 갔던 물수건이 얼어버렸다. 몇 번을 비벼 처리를 하고 일어서 옷을 입었

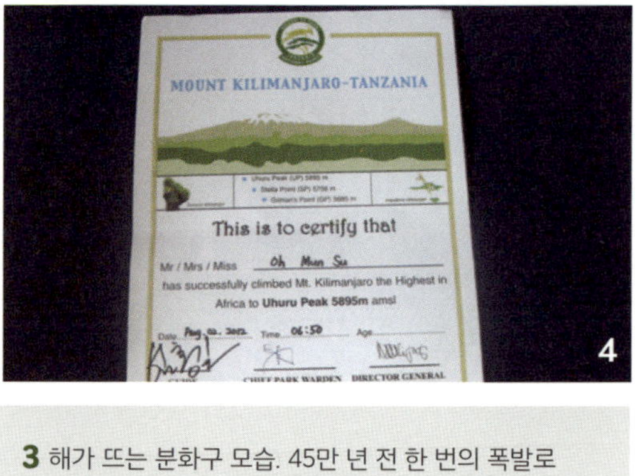

1 녹아내리는 킬리만자로 정상의 만년설. 북극 빙하와 함께 지구온난화에 대한 또 하나의 경고가 되고 있다

2 내려가는 길. 발목까지 빠지는 모래와 급경사에 일행은 지쳤다. 낮에 올랐다면 훨씬 힘들었을 거다. 저 아래 하얗게 보이는 건 구름이다

3 해가 뜨는 분화구 모습. 45만 년 전 한 번의 폭발로 길이 80km 넓이 50km의 거대한 산이 생겼다.

4 킬리만자로 정상인 우후루피크를 정복한 사람에게는 탄자니아 정부에서 증명서를 발급해준다. 8월 2일 오전 6시 50분이라는 시간이 보인다

는데 손이 얼어 지퍼를 올릴 수가 없다. 일행은 계속 전진하고. 애가 타서 케네디에게 "미안하지만 손이 얼어 지퍼를 올릴 수가 없으니 지퍼를 올려 달라"고 부탁했다. 휴! 살 것 같다.

5,500m쯤 올랐을까. 힘을 내 케네디와 함께 정상을 향해 오르기 시작하는데 포기하는 사람들이 속출하기 시작했다. 중간 중간에서 일행과 함께 산을 오르던 가이드들이 그들을 안내해 하산하고 있었다.

정상인 우후루피크는 아직 보이지 않고 스텔라포인트(5,740m)는 손에 잡힐 듯 가까운데 발이 떨어지지 않는다. 몇 년 전 TV 속에서 엄홍길 대장이 에베레스트를 오르며 다섯 발짝 걷고 쉬고 다시 다섯 발짝을 걷고 쉬고를 반복했다는 얘기를 실감한다. 스텔라포인트만 올라가면 거기서부터 정상까지는 분화구의 한 부분이라 쉬운데 50m를 남겨두고 하산할까 오를까를 고민하는 사람도 봤다.

드디어 제1목표인 스텔라포인트에 도착했다. 오전 6시가 넘은 시각. 동쪽하늘이 빨갛게 변하고 구름 속에서 해가 떠오르기 시작했다. 정상인 우후루피크(5,895m)가 바로 저긴데 마침내 탈이 났다. 머리는 괜찮은데 속이 메스꺼워 미칠 것 같다.

길가로 달려가 토하기 시작했다. 가이드 케네디가 달려와 배낭에서 수통 하나를 꺼내 물을 주려는데 얼었다. 케네디는 다른 수통을 열어 물을 먹여주고 등을 두드려줬다. 텐트 동료인 황우상 씨도 고산병이 도져 머리가 깨질 것 같다며 몇 차례 토했다.

지금 생각하면 나는 고산병이 아니라 기진맥진해서 토한 것 같다. 돌아와 키보드를 치고 있는 손가락이 지금도 아리다. 스키 장갑을 꼈지만 손가락이 동상으로 시달렸기 때문이다. 내 생전 이렇게 입술이 심하게 부르튼 적이 없다. 내려와 파악해 보니 1/5이 도중에 기권하고 하산했다. 킬리만자로 정상 등정은 정복이 아니라 혈투였다. (12. 08. 20)

높이 90m 메타세쿼이아 숲 산불, 아찔할 뻔했어요

거대하고 울창한 숲으로 둘러싸인 레드우드 주립공원

지난 달 27일 미국 서부지역 관광에 나선 일행이 10시간 50분간의 비행을 마치고 샌프란시스코에 도착한 시간은 현지시각으로 낮 12시 반. 샌프란시스코는 여름 평균기온이 최고 20도이고 겨울 최저 기온이 7도 정도로 기온변화가 적어 살기 좋은 곳이다. 우리가 현지에 도착할 당시 온도는 15도 정도라 관광하기에 아주 적합했다.

높이 90m, 수령 1,500년 이상 된 메타세쿼이아 나무에 압도당해!

장시간 비행에 지친 일행이 관광버스를 타고 45분쯤 달려 방문한 곳은 레드우드(Redwood) 주립공원. 주차장에 내려 주변 풍경을 바라보니 노란 야생화와 아담한 시설물들이 정겹다. 미개척시대의 기관차와 대장간, 골드러시 당시 사금 캐는 모습을 연출하는 곳은 관광객들이 빙 둘러쌌다.

가이드의 설명을 들은 일행은 뿔뿔이 흩어져 메타세쿼이아 숲으로 들어갔다. 순간 주차장 공기와 숲 속 공기가 다르다. 하늘을 찌를 듯 쭉쭉 뻗은 나무와 천년 이상 자란 나무에서 뿌리는 타닌산 향기가 가슴 속을 시원하게 한다.

이곳의 메타세쿼이아는 높이 90m에 2천 년 이상 자란 나무란다. 현재 이곳에 남아있는 대부분 나무가 평균 1,500~1,800년의 나이를 먹었다고 하니 입이 딱 벌어진다. 나무의 생태는 두꺼운 껍질과 깊이 뻗은 뿌리와 더불어 하늘을 찌를 듯 높이 솟은 키로 봐서도 알 수 있다.

곤충과 균, 화재로부터 자신을 보호하기 위해 메타세쿼이아 껍질에서 나오는 타닌산이 붉은색을 띤다. 이래서 붙여진 이름이 '레드우드'. 자연의 오묘함은 우리를 놀라게 한다. 오트밀(귀리) 크기의 씨가 둘레 5m, 25층 높이의 83m 나무로 자라는 신비를!

나무 벌채용 공원기관차가 정겨워

1 샌프란시스코 레드우드 숲 모습. 숲속에 들어가면 높이 90미터, 수령 1,500년 이상 된 나무의 위용에 압도된다

2 레드우드 숲 입구에 전시된 커다란 나무 밑둥. 나이테를 보며 수령을 파악해 보라는 글귀가 씌어있다

3 미서부 개척당시 골드러시를 찾아 나선 사람들이 강에서 사금을 캐는 모습을 흥미롭게 바라보고 있다

레드우드 공원에는 나무를 벌채하기 위해 만든 철로가 있다. 20세기 초에 만들어진 기관차는 관광객을 태우고 '베어마운틴'이라는 곳까지 갔다가 돌아온다. 열차가 손님을 태우고 산으로 올라가는 길에는 구각교가 있다. 길이 70m, 높이 13m인 구각교는 미국에서 가장 급한 커브의 간선 철도 위에 있다.

이 구각교의 다른 편엔 1968년에 철도선로를 가로질러 넘어진 커다란 삼나무가 있다. 이 나무의 줄기를 톱질하고 5톤이나 되는 나무의 한 부분을 옮기는데 무려 일주일이나 걸린단다. 관계자들이 나이테를 조사해보니 1,140살이나 되는 것으로 추정되었다고 한다.

'인디안 크리크' 구각교를 지나 열차는 8.5도 경사의 철도에 다다른다. 이것은 북미에서 가장 가파른 철도선로로 100m 앞으로 나가는 동안 8.5m를 올라 간 것을 의미한다고 한다. '그리즐리 플랫(회색곰 평원)'이라 새겨진 표지판을 지나면 왼편에 골짜기를 볼 수 있다.

이곳에서는 철도역 근처 골짜기에서 자란 삼나무들의 윗부분을 볼 수 있지만, 바닥으로부터 80m를 올라왔다고 하더라도 여전히 관광객들보다 높다. 왜냐하면 이 나무의 키가 거의 100m에 가깝기 때문이다.

내려오는 길에 만난 갑작스러운 산불, 바람이 불었더라면...

'베어 마운틴'에서 내려 20여 분간 산책을 마친 일행은 사방을 구경하며 올라갔던 길로 되돌아오고 있었다. 한참을 내려오던 열차 기관사가 무전기로 통화하고 선로를 바꿨다. 나무와 숲이 불에 타고 있는 모습이 보였다. 일행은 술렁이고. 기관차에서 20m쯤 떨어진 곳에서 보았을 때 큰 화재는 아니었다. 하지만 기관사는 차를 멈춰 후진하다가 다시 멈췄다.

일행은 당황해 웅성거렸지만, 바람이 불지 않아 통과가 가능할 것 같았다. 왜냐하면 2미터 정도의 메타세쿼이아가 높이 10m까지 불타고 있었

1 개척시대 대장간 모습. 대장장이가 공구를 제작하다 웃으며 포즈를 취해줬다

2 과거엔 벌목용으로 쓰였던 기관차. 현재는 관광객을 실어 나르는 용도로 사용된다

3 위험을 느낀 기관사가 속도를 높여 산불 현장을 빠져나가는 순간. '스포츠' 모드로 찍은 사진에서 현장의 모습을 느낄 수 있다

4 레드우드 공원 열차역 진입로에 예쁜 야생화가 군락을 이루어 피었다

5 하산하기 시작한 후 얼마 지나지 않아 20여 미터 앞에 갑자기 산불 현장이 나타났다

6 나무 앞에선 사람들을 비교해보면 나무가 얼마나 큰지 가늠할 수 있다

지만, 불타는 현장은 선로 바로 위에서 난 것이라 기관차에 화가 미치지 않을 것 같았기 때문이다.

본부와 무전을 주고받던 기관사가 잠시 호흡하더니 속도를 내기 시작했다. 불타는 나무를 지나며 '스포츠' 모드로 사진을 찍었다. 열차와 일행은 연기를 뒤집어썼지만, 재빨리 현장을 벗어나 출발역에 도착했다.

소방차가 속도를 내며 산으로 올라가고 있다. 그런데 소방차가 산 중턱까지 접근할 수 있을까? 내 판단으로는 헬기로 불을 꺼야 할 것 같은데…. 열차에서 내린 일행은 산에서 계속 번지는 연기를 바라보며 안도의 한숨을 쉬었다. 아휴! 만약에 거센 바람이 불었더라면 아무것도 모르고 있었던 일행은 어찌되었을까? 상상하기조차 끔찍하다.

"미국 산불의 80%는 자연발화에 의해 발생하고 20%만 방화"라는 가이드는 "23년 동안 미국에 살며 수많은 산불을 보았지만 바로 옆에서 바라본 것은 처음"이라며 가슴을 쓸어내렸다.

산불! 미국에 온 것을 환영하는 축하 불꽃놀이 치고는 좀 심했다.

(13. 05. 08)

대자연이 만든 아름다움, 요세미티 국립공원

자연의 생명력을 느낄 수 있는 곳

옐로우스톤, 그랜드캐년과 함께 미국 3대 국립공원으로 불리는 요세미티는 19세기 중반 스페인 군대가 이곳에 들어온 이후 널리 알려졌다. 시에라네바다 산맥 한가운데 있는 요세미티 국립공원은 빙하가 깎아 놓은 U자형 계곡과 4,000m 산들의 조화가 장관이다. 요세미티는 시에라네바다 산맥의 등뼈에 해당하며 서부대륙의 금강산이랄 수 있다.

치안이 불안해 쓰레기장에서 당신을 찾을 수도 있다는 프레즈노

하루 전. 일행은 그랜드캐년 관광을 마치고 콜로라도 강변에 있는 은퇴도시 래플린에서 1박했다. 래플린은 애리조나와 네바다, 캘리포니아의 3개주를 한눈에 볼 수 있는 곳이다. 황량한 사막에 도시를 세워 은퇴도시를 만든 개척자 래플린의 발상이 대단하다.

모하비 사막을 가로질러 바스토우를 거쳐 프레즈노로 가는 길. 황량한 사막이지만 모래만 있는 건 아니다. 듬성듬성 작은 관목과 풀이 있어 물만 있으면 사람도 살 수 있다는 얘기가 된다. 다만 한 여름 온도가 40도가 되는 게 문제지만 가이드는 “부지런한 한국사람 1,000명만 이곳에 정착시키면 멋진 코리아타운이 될 것.”이라며 넓은 대지를 부러워했다.

그때다. 사막 한가운데 엄청난 길이의 열차가 지나간다. 이른바 1마일 기차다. 화물칸 100량을 달고 달린다 하여 붙여진 이름이다. 땅이 넓고 물동량이 많은 미국에서는 이와 같이 많은 화물을 대량으로 이동하기 위해 앞부분에 기관차 4대를 붙여 화물을 운송한다. 동력원인 기관차 4대 중 2대는 역방향을 하고 있다. 내려가는 지역에서는 역방향인 2대가 브레이크 역할을 한다고 한다. 만약 브레이크가 없다면 관성에 의해 위험해질 수가 있기 때문에.

모하비사막이 끝나는 지점의 언덕에는 수많은 팔랑개비가 돌고 있었다. 알고 보니 7천 개나 되는 풍력발전기가 전기를 생산하기 위해 열심히 돌고 있었다. 풍부한 자원과 석유가 있음에도 불구하고 청정한 전기를 생산하기 위해 노력을 기울이는 모습에 과연 앞서가는 나라라는 생각이 들었다.

30분쯤 지나서 도착한 곳은 베이커스 필드. 끝이 없는 들판에 오렌지, 포도와 여러 가지 농산물이 자라고 있었다. 포도밭 사이사이에는 석유를 캐는 유정까지 있다. 아이고! 배야! 풍부한 농산물에 석유까지 난다니 부럽다 못해 배가 아프다. 이렇게 넓은 들판에서 생산하는 값싼 농작물과 몇 마지기 안 되는 한국 농민들이 싸울 수 있을까?

바스토우를 거쳐 어두컴컴할 무렵에 도착한 도시는 농산물 집산지 프레즈노다. 여장을 풀고 주변을 둘러보기 위해 호텔을 나가려고 하자 가이드가 한마디 한다.

"잘못하면 쓰레기장에서 손님을 찾아야 하는 수가 생기는 곳이니 나가지 마세요."

"알았다"며 호텔 문을 열고 나가려는 순간 경찰차에서 나는 사이렌 소리가 계속 들려 밖으로 나갈 엄두가 안 났다.

포기하고 돌아서면서 생각했다. 미국이 아무리 좋아도 총기 사고가 끊임없이 나는 세상이라 살고 싶다는 생각이 들지 않는다. 안심하고 밤거리를 돌아다닐 수 없는 곳이 과연 살기 좋은 곳일까? 미국의 모순 중 하나는 총기 규제를 못하는 것이다. 거대자본을 가진 총기제조업체의 로비에 의해 의회에서 총기규제를 의결하지 못하는 것이다.

생명의 에너지를 주는 요세미티 국립공원

요세미티 국립공원으로 가는 길은 울창한 숲으로 둘러싸인 숲속을 뚫고 지나간다. 장거리 여행과 사막만 바라보던 눈에 시원한 숲과 풀들이

1 요세미티 국립공원 모습. 안개가 끼어 멋진 모습을 잡지 못해 안타깝다

2 모하비 사막을 가로질러 달리는 1마일 기차. 화물칸 100량을 달고 달리는 긴 기차라는 의미의 이름이다

3 모하비 사막의 모습

4 모하비 사막이 끝나는 지점에 있는 풍력발전기 모습. 7천개나 된다

손짓해 피로를 풀게 한다. 요세미티는 2억 2천만 년 전까지는 얕은 내해였었다. 대지가 융기해 평원이 된 것은 지금으로부터 약 5,000년 전의 일이다.

1,000만 년 전 지하에서 마그마가 식어 굳어진 화강암이 표면으로 융기해 V자형으로 솟아오른 협곡을 강물이 흐르며 침식시키고 있었다. 요세미티가 현재의 모습을 갖춘 것은 100만 년 전으로 빙하기에 요세미티 전체가 빙하 아래로 잠기게 되었다.

세계에서 5번째 큰 낙차의 요세미티 폭포와 암벽등반으로 유명한 엘 캐피탄

'요세밑'은 인디언 말로 '곰'을 지칭한다. 공원 내에는 회색곰을 비롯한 90종 이상의 동물과 230종 이상의 야생조류, 1,400종 이상의 식물이 요세미티의 매력을 뽐낸다.

연간 약 350만 명의 관광객이 다녀가는 이 공원에는 하늘 높이 솟아오른 세계 최대의 화강암이 멋진 자태를 뽐낸다. 이른바 엘 캐피탄(El Capitan). 높이 1,200m의 하얀 이 바위는 암벽 등산가들의 성지로 애호가들 사이에서는 '엘 캡'이라고 부른다. 암벽등반에 도전하는 사람들에게는 최고 수준의 기술과 체력이 요구되며 암벽에 텐트를 매단 채 일주일 정도 걸려 올라간다고 한다.

엘 캐피탄에서 조금 더 가니 지축을 흔드는 폭포 소리와 함께 폭포수가 산 정상에서 떨어지고 있었다. 요세미티 폭포는 세계에서 5번째의 낙차를 자랑하는 3단 폭포다. 제일 높은 곳에서 폭포수가 떨어지는 지점까지의 낙차는 739m이다.

"눈이 녹아내리는 5월이 폭포수량이 가장 많은 시절이라 여러분은 운이 좋은 사람들입니다."라는 가이드의 설명을 들으며 폭포수 아래까지 갔다. 폭포수가 물보라를 일으키며 떨어지는 바위 인근에는 무지개가 떠

1 농산물 집산지 프레즈노 시가지. 밤에는 위험하니 밖에 나가지 말라는 가이드의 충고가 있었다

2 때마침 야생 사슴이 주차장 인근으로 내려와 풀을 뜯고 있었다

3 요세미티 폭포의 폭포수가 떨어져 물보라를 일으키며 햇빛에 반사돼 무지개를 만들고 있다

4 암벽등반의 성지라 불리는 엘 캐피탄 바위. 높이 1,200m를 올라가는 데 일주일 걸린다고 한다

5 요세미티 폭포 모습. 3단 폭포로 높이가 739m에 달한다

6 할아버지, 어머니와 자전거 드라이브에 나선 꼬마가 귀여워 사진을 찍겠다고 하니 멋진 포즈를 취해줬다

있어 그림 같은 장면을 연출했다.

폭포 구경을 마치고 버스로 돌아오는 길에 배낭을 메고 온 한 무리의 학생들을 만났다. 인솔 교사가 간단한 체조를 시킨 후 주의 사항을 전달하고 조심스럽게 폭포 구경을 나선다. 주차장 인근의 자전거 대여장을 지나가는데 할아버지, 어머니, 손주 삼대가 자전거드라이브 준비를 하고 있었다. 헬멧을 쓴 조그만 아이에게 사진을 찍겠다고 하니 멋진 포즈를 취해준다.

어제 모 언론사 기사를 보던 도중에 눈길을 끄는 기사가 있었다. '한국 학생들이 가장 싫어하는 것은 2~3시간씩 등산을 하는 것'이라는 기사다. 학원과 과외, 컴퓨터게임만 하는 한국 학생들은 힘들여 산을 오르는 것이 가장 싫다는 것. 반면 유럽 선진국에서는 학생들에게 어릴 때부터 등산을 통해 호연지기를 기르게 하고 자연을 사랑하는 정신을 깃들게 한다고 한다. 인간성도 자연스럽게 길러진다는 것.

성적 경쟁을 위해 학원으로만 내몰리는 한국 학생들의 아픈 현실을 상기하며 다음 목적지인 샌프란시스코를 향해 떠났다.

(13. 05. 17)

가보고 싶은 곳 1위, 그럴만한 이유가 있구나

인간의 상상력으론 불가능한 곳, 그랜드캐년

세상 사람들이 가장 가보고 싶은 버킷리스트 1위. 세상에서 가장 길고, 가장 깊고, 가장 넓은 곳이라는 평가를 듣는 곳. 그랜드캐년! 스페인 기병대 장교가 이곳을 처음 발견한 후 그 장엄한 모습에 무릎을 꿇고 한 말. "오! 그랑데!" 그랜드(Grand) 라는 말은 여기서 탄생했다고 한다.

그랜드캐년의 역사

그랜드캐년은 오랜 세월에 걸쳐 콜로라도 강이 만들어낸 대지의 예술이다. 콜로라도 강의 침식에 의해 형성된 450㎞의 협곡은 좁은 곳이 6㎞, 넓은 곳은 29㎞, 낙차는 평균 1,200m에 달한다. 협곡 양쪽의 암석 표면에는 지구 역사의 1/3에 해당하는 오랜 세월에 걸쳐 형성된 지층이 그대로 드러난다. 켜켜이 쌓여있는 지층은 마치 시루떡 같다. 지반이 약해 보이는 곳은 손가락만 대면 와르르 무너질 것 같다.

중앙으로 콜로라도 강을 끼고 그 북쪽을 노스 림(North Rim: 북벽), 남쪽을 사우스 림(South Rim: 남벽)이라 부르는 데 관광객들이 많이 찾는 곳은 사우스 림이다.

지금으로부터 약 7000만 년 전, 그랜드캐년이 있는 콜로라도 고원은

1 그랜드캐년 모습

2 라스베이거스에서 그랜드캐년으로 가는 길에 본 운석공. 나무 뒤에 보이는 시커멓게 패인 구멍이 운석이 떨어진 곳이다

3 그랜드캐년 안내 표지판

4 높이 2,000미터가 넘는 절벽 위에 서있는 남자. 바라보는 내가 오금이 저렸다

5 마더 포인트에서 협곡을 구경하는 중 마스크를 쓴 학생들이 줄지어 오고 있었다. 깜짝 파티를 준비하기 위한 교사의 아이디어. 학생들이 동시에 마스크를 벗는 순간. “와! 대단해!”

6 마더 포인트에서 협곡의 야생 다람쥐. 사람들에게 익숙해졌는지 멋진 포즈를 취해줬다. 옆에는 “다람쥐에게 먹을 것을 주지 마세요. 물릴 수도 있습니다”라는 경고판이 있었다

지하 플레이트의 충돌 압력으로 3,000m까지 솟아올랐다. 록키산맥에서 흘러나온 물은 오랜 세월 동안 주변의 암석과 토양을 조금씩 깎아 내려 현재의 모습을 만들었다.

협곡은 과거 600만 년에 걸쳐 형성되었지만 지상에서 600m까지는 과거 75만 년이라는 짧은 기간에 침식되었을 가능성이 있다. 협곡은 지금도 1년에 5㎝씩 깎여나간다.

일행은 그랜드캐년의 모습을 둘러보기 위해 경비행기를 탔다. 어마어마한 넓이와 깊이, 협곡 주변을 광대하게 둘러싼 삼림에 입이 다물어지지 않는다. 경비행기로 45분간 탔으니 그 거리를 짐작할 수 있다. 비행기위에서 내려다 본 협곡의 규모는 왜 사람들이 꼭 방문하기를 원하는지가 이해됐다.

그랜드캐년은 얼핏 보기에 황량한 사막 같지만 수많은 동식물이 살고 있다. 해발차가 2,000미터 가까이 되는 환경에 맞춰 1,500여 종의 식물과 80여 종의 포유류, 약 40종의 파충류와 양서류가 서식하고 있다.

그랜드캐년에서 가장 인기 있는 뷰 포인트는 마더 포인트다. 절벽에서 튀어나온 암석 위에 철제 난간을 설치한 이곳에는 세계 각국에서 온 관광객들이 몰려 사진 찍기도 힘들다. 일출이 아름답기로 유명한 이곳은 지층의 색깔이 시시각각 변하는 모습이 장관이다.

난간에 기대어 이쪽저쪽을 둘러보는 사이 한 무리의 학생들이 얼굴에 마스크를 하고 앞 사람 어깨를 짚은 채 열을 지어 들어온다. 난간이 있어 큰 문제는 없겠지만 발을 잘못 디뎌 낭떠러지에서 떨어진다면 2,000미터 아래로 떨어져 죽는다.

얼굴에 마스크를 썼으니 앞이 안보여 한 걸음 발을 뗄 때마다 엉거주춤한 모습에 이상해 인솔자에게 "왜 이렇게 위험한 곳에서 마스크를 쓰고 걷게 하느냐?"고 물었다. 인솔자는 "학생들을 인솔하고 왔어요, 그랜드캐년이 얼마나 위대한가를 느끼도록 하기 위해 깜짝 파티를 준비 중입니다" 라고 말했다. 잠시 후 인솔자의 지시에 따라 마스크를 벗은 학생들은 일제히 외쳤다.

"와! 대단해!"

마더 포인트를 관광하고 이웃한 포인트로 이동하던 중 다람쥐 한 마리가 관광객사이에 둘러싸여 멋진 포즈를 취해준다. 야생 다람쥐지만 사람들에게 익숙해졌는지 도망가지 않는다. 먹이를 주지 말아달라는 안내판이 부착되어 있고 먹이를 주다 물릴 수 있다는 경고문이 적혀 있었다.

1

3

2

4

1 그랜드캐년에서 가장 인기 있는 마더 포인트에서 관광객들이 협곡을 구경하고 있다

2 경비행기에서 내려다 본 그랜드캐년의 모습. 인간의 솜씨로 가능할까? 하얀 뱀처럼 콜로라도 강이 보인다

3 관광객들을 태우고 45분간 그랜드캐년을 구경시켜줄 경비행기

4 사진 촬영 중인 미국 아가씨한테 포즈를 취해달라고 부탁하자 멋진 포즈를 취해줬다. "땡큐!"

뷰 포인트에서 내려다보면 콜로라도 강줄기가 아스라이 보인다. 저 강물이 수만 년을 흐르며 이렇게 어마어마한 장관을 연출했는가 생각하니 자연의 신비가 놀랍기만 하다.

그랜드캐년의 웅대한 자연을 맘껏 즐기고 싶다면 레저 스포츠에 도전해보면 된다. 시간 있는 사람은 하이킹, 래프팅, 뮬트립(노새를 타고 여행) 등의 레저스포츠에 도전해보자. (13 .05. 15)

999개의 급경사 계단이 눈앞에 딱… 아찔하네

고구려의 첫 번째 수도 오녀산성

진작부터 별렀던 백두산 및 고구려 유적답사 여행에 나섰다(7. 26~7. 31). 중부지방에 장마가 계속돼 걱정을 했지만 어쩌랴! 이미 날짜가 확정됐으니 여행 운은 하늘에 맡기는 수밖에. 7월 26일 오후 6시. '단동(단둥) 페리호'는 800여 명의 손님을 싣고 인천항을 떠났다. 바람이 불어 멀미하면 어쩌나 하는 걱정은 기우에 불과했다.

여행은 설렘이다. 들뜬 손님들은 갑판 위에 올라와 바다 위에 길게 드리운 일몰을 즐긴다. 아이와 어른들은 과자를 손끝에 들고 따라오는 갈매기를 유혹한다. 제법 빠른 배가 바람을 가르며 가는데도 하늘을 향해 던진 과자를 놓치지 않고 날쌔게 낚아채는 갈매기.

바다로 떨어지는 과자를 향해 날쌔게 비행하는 갈매기에 환호하는 사람들. 맥주를 마시며 흥에 겨워 노래를 하는 사람들. 노름에 열심인 중국 보따리상인들. 커다란 크루즈선은 또 하나의 사회를 이루며 단둥으로 향한다. 크루즈 여행의 묘미는 바로 이런 것.

북한쪽 공해를 지나 단둥으로 향하는 바닷길은 너무나 잔잔하다. 기차, 버스, 비행기, 배를 이용해 여행을 많이 해봤지만 이렇게 잔잔한 바다는 처음이다. 다음날 오전 9시, 드디어 단둥항에 도착했다. 하지만 여행객들이 모두 하선하기는 멀었다.

배에서 내려 입국장까지 5분쯤 걸리는 길을 버스 2대가 실어 나르지만 800명을 다 실어 나르기에는 역부족이다. 한 시간 반이 걸려 하선을 마친 일행은 입국장에서 또 시간을 지체한다. 입국 수속이야 이해하지만 여행객들을 위한 빠른 시스템 개선이 이뤄져야할 문제다.

중국 동북 3성은 우리와 밀접한 관계

랴오닝성, 지린성, 헤이룽장성의 중국 동북 3성은 중국 6대 지리구의 하나로 중국 동북부 지역을 말한다. 현재 중국 전체 인구의 8%인 1억 명의 인구가 사는 이곳에는 200만 명 이상의 조선족이 산다. 고조선, 고구려와 발해의 유적이 많이 남아있어 한민족과 밀접한 관련을 맺고 있는 지역이다.

동북 3성은 중국의 한족과 한국의 한민족 및 여러 북방 민족이 서로 땅을 차지하기 위해 쟁탈전을 벌였던 곳이다. 역사상 한국 최초의 국가인, 고조선, 중국 청나라를 세운 만주족의 본거지이기도 하다.

청나라 말기 중국이 힘이 없을 때는 제국주의 국가들로부터 침략을 당해 러시아에 뤼순을 조차 당했고, 청나라 멸망 이후에는 중화민국의 영토가 된 후, 1931년 일본에 점령되어 일본의 괴뢰국인 만주국이 세워지기도 했다.

한국인들이 동북3성을 여행하면서 가장 편리한 것 중의 하나는 한국돈이 그대로 통용된다는 것. 그만큼 한국의 국력이 신장됐고 조선족들이 많이 산다는 것을 의미하기도 한다.

일행이 방문할 첫 번째 목표는 고구려 첫 수도인 오녀산성이다. 오녀산성은 랴오닝성 환인 만족자치현에서 동북쪽으로 8.5㎞ 떨어진 오녀산에 자리하고 있다. 오녀산을 멀리서 보면 커다란 배가 물 위에 떠있는 모습을 하고 있다. 동쪽에서 보면 기암괴석들이 솟은 산봉우리가 늘어선 절벽이며, 남쪽에서 보면 쳐다보기만 해도 아찔한 절벽이다.

난공불락의 요새, 오녀산성

오녀산은 지각변화를 겪으며 주변이 침식당했지만 단단한 바위부분이 침식당하지 않고 우뚝 솟아 있는 평평한 바위다. 바위 위에는 나무가 우거져있고 사람이 기거할 수 있을 정도의 물과 주거지가 있다.

주차장에서 999개의 급경사 계단을 올라가는 사람들은 빈 몸으로도

1 멀리서 바라본 오녀산 모습. 너무 커 가까운 곳에서는 촬영할 수가 없다. 고구려 최초의 수도인 오녀산성이다

2 오녀산성으로 오르는 길. 가파른 계단이 999개이다

3 인천에서 중국 단동으로 가는 배위의 모습. 해가 지는 광경에 갈매기가 멋진 모습을 더한다

4 주몽이 살았을 것으로 추정하는 왕궁터

땀을 뻘뻘 흘리는데 무거운 짐이나 무기를 들고 올랐을 옛날 고구려 사람들을 생각하니 아찔해진다. 험준한 산 위에 자리한 오녀산성은 길이가 1,540m, 너비 350~550m인 장방형이다. 평균 높이가 해발 800m로 둘레가 4,754m이다. 인공적인 산성이 자리한 동쪽을 제외한 3면은 천혜의 절벽으로 둘러싸여 있다.

산성에는 왕궁, 병영, 초소, 저수지, 장대, 주거지가 자리하고 있다. 주몽이 살았을 것으로 추정되는 왕궁터에는 7개의 기둥이 남아있다. 왕궁터에서 숲길을 따라 동남쪽으로 가면 '천지'라 불리는 작은 못이 있다. 장방형으로 생긴 못은 너비 4m, 길이 11m, 깊이 1.5m로 아담하지만 성안에 있는 주민을 먹여 살린 생명수다.

천지를 지나 남쪽으로 10m정도 가면 정자 중앙에 태극무늬가 선명한 태극정이 나온다. 저 멀리 주몽이 건넜다는 비류수의 흐름이 'S'자를 반대로 뒤집어 놓은 듯한 형태를 띠어 태극 모습을 하고 있다. 중국 땅에서 태극기 중앙에 있는 태극모습을 바라보니 감회가 새롭다. 태극기의 출발이 여기는 아닐까?

태극정을 지나 동남쪽으로 조금 더 가면 산성에서 가장 높은 점장대가 보인다. 수백 미터의 절벽위에서 환인댐에 물을 공급하는 환용호의 모습이 절경이다. 구름에 싸인 산 정상부만 남아있고 구불구불한 호수는 그야말로 절경이다.

점장대에서 동문으로 가면 특별한 길이 있다. 깎아지른 듯한 높은 수직절벽의 좁은 틈 사이를 내려가는 돌계단이 있다. 70~80도 정도의 가파른 계단을 내려가다 만약 잘못해 맨 뒤 사람이 구르기라도 하면 앞선 모든 사람이 굴러 떨어질 것 같다. 벼랑 아래에서 위를 올려다보면 하늘만 실처럼 보인다고 해서 붙여진 이름이 '일선천'이다. 이 길은 오녀산성에서 바깥으로 통하는 비밀통로다. 원래는 계단이 없었는데 1999년에 돌계단

1 오녀산성 주민들의 생명수인 천지. 사람들이 서있는 곳이 발원지로 사시사철 마를 때가 없다고 한다

2 오녀산성 태극정에서 바라본 환인현성 태극도. 강물이 태극을 이루며 흐르고 현성에는 태극 팔괘성이 있다고 한다. 태극기의 시작이 여기가 아닐까?

3 일선천에서 나오면 벼랑을 따라 만든 사다리 길을 내려와야 한다. 절벽에 만든 벼랑길을 따라 내려오는 일행들

4 오녀산성 점장대에서 바라본 환용호 모습. 환인 저수지 댐에 물을 공급한다

5 위를 올려다보면 좁은 하늘만 실처럼 보인다고 해서 붙여진 이름이 '일선천'이다. 오녀산성에서 밖으로 통하는 비밀통로로 1999년에 새로 계단을 만들었다. 7~80도 급경사로 발이라도 헛디뎠다간 큰일 난다

6 남문으로 가는 길에 만난 오녀산 성벽모습. 오녀산성은 2천 년 전 고구려 최초 수도이다

을 놓고 절벽을 따라 다리를 만들었다.

고구려 시조 주몽이 개척한 고구려의 첫 번째 수도인 이 산성은 기원전 37년부터 기원 3년 주몽의 아들인 유리왕이 도읍을 국내성으로 옮길 때까지 40년 동안 고구려 수도였다. 랴오닝성과 지린성에 아직 남아있는 100여개의 고구려산성 가운데 보존상태가 가장 좋고 규모가 커 세계문화유산으로 지정됐다.

외국 관광지에 가보면 관광객이 많이 찾는 국가의 언어로 유물에 관한 설명을 많이 한다. 이곳을 찾은 대부분의 관광객은 한국인들이었다. 오녀산성 박물관과 산성에 있는 유물에는 한글 안내문이 아예 없다. 구경하는 한국인 대부분이 "우리가 힘이 없어 그래!"라는 한탄을 한다. 동북공정에 나선 중국인들이 일부러 그랬기 때문이다. 일행은 씁쓸한 마음을 뒤로 하며 다음 목적지로 향했다. (13. 08. 02)

광개토대왕릉비를 보고 마음 편치 않았던 이유

'집안'에서 본 고구려의 발자국

백두산, 고구려 유적 답사 3일째다. 호텔에서 자고 일어나 하늘을 보니 맑은 하늘이다. 이런 걸 보고 '하늘도 무심하시지!'라고 해야 한다. 여행 둘째 날, 한국 사람이면 거의 모두가 갈망할 백두산 천지 구경을 세찬 비바람과 안개 때문에 망쳤다. 일행 모두가 이구동성으로 하는 말이다.

"어제도 오늘처럼 하늘이 맑았으면 얼마나 좋았을까!"

드디어 중요한 고구려유적을 볼 수 있는 '집안'으로 떠나는 날이다. 숙소인 '통화'를 떠난 일행은 높고 푸른 산 사이에 펼쳐진 비옥한 농토와 동네를 보며 집안(중국명 지안)으로 향했다. 가는 도중 보이는 사람과 산, 가옥의 모습이 한국 시골 모습과 너무나 흡사하다. 휴게소에 내려 화장실을 가지 않으면 이곳이 중국 땅이라는 걸 잊어버릴 정도다.

중국 지린성 남부에 있는 '집안'은 동서길이 80㎞, 남북너비 75㎞로 총면적 3,217㎢이며 인구는 20만 명 정도인 소규모 도시다. 다민족 거주지로 한족이 86.4%를 차지하며 조선족·만족·회족·몽고족·시버족 등의 소수민족이 13.6%를 차지한다. 소수민족 중에서는 조선족이 가장 많다. 동남쪽으로는 압록강을 사이에 두고 북한과 마주하고, 북쪽으로는 바이산시·통화시·통화현과 경계를 이루고 있다.

집안은 신석기 시대부터 인류가 살기 시작했으며 고구려 문화의 발상지이자 고구려 정치·경제·문화의 중심지였다. 고구려 유적이 많이 남아있는데 그 중 가장 유명한 것은 광개토대왕비. 고구려 고분 약 1만2,000기 중 현재 남아있는 것은 약 6,000기다.

<삼국사기>에는 "유리왕 22년(서기 3년) 겨울 10월 도읍을 졸본에서 국내성으로 옮겼다."는 기록이 있다. 국내성은 압록강 인근에 있는 통구분지의 서쪽에 있다. 북쪽에는 장백산맥의 한 갈래인 노령산맥의 줄기가 동북-서남쪽으로 길게 뻗어 가파른 봉우리들이 높이 솟아있어 마치 북에서 오는 적을 막는 기다란 성곽같이 생겼다.

성 동쪽 6㎞ 지점에는 용산, 북쪽 1㎞ 지점에는 우산, 그리고 서쪽 1.5㎞ 지점에는 칠성산이 있어 뒷면과 좌우가 모두 산으로 둘러싸여 있고 앞쪽에는 압록강이 흘러 그야말로 배산임수의 천연요새다. 또한 양지바른 기후조건이 생업에 적합한 조건을 갖추고 있다. 국내성은 관동 3보라 불리는 인삼·돈피·녹용의 산지이며 과일·야채·약초가 풍부하다.

한국에서 가장 큰 광개토대왕릉비

말로만 듣고 책으로만 보았던 광개토대왕릉비가 보인다. 관광객들은 한국인들이 대부분이지만 중국인들도 섞여있다. 1982년 훼손을 우려한 중국 당국이 세운 2층 비각은 커다란 유리로 된 전시실을 두어 관리하며 사진 촬영은 밖에서만 허용되고 있다.

비석은 광개토대왕의 아들 장수왕이 세운 것(414년)으로 한국에서 가장 큰 비석이다. 각력응회암으로 된 비석은 높이 6.39m로 윗면과 아랫면이 약간 넓고 중간부분이 약간 좁다. 아랫부분의 너비는 제1면이 1.48m, 제2면이 1.35m, 제3면이 2m, 제4면이 1.46m이다.

'국강상광개토경평안호태왕'이라는 시호를 줄여 '호태왕'이라고 부르는 비석에는 1,802자가 수록돼 있지만 탁본을 만드는 과정에서 이끼를 제거하기 위해 불을 질러 비면의 일부가 탈락됐고, 정교한 탁본을 만들기 위해 석회를 발라 비면을 손상시키는 바람에 144자가 탈락됐다.

비문의 내용은 대체로 3부분으로 구성돼 있다. 내용은 크게 ▲고구려의 건국 내력 ▲광개토대왕이 즉위한 뒤의 대외 정복사업의 구체적 사실을 연대순으로 기록 ▲광개토대왕 생시에 이뤄졌던 능을 관리하는 수묘인 연호의 수와 차출 방식, 수묘인의 매매금지에 대한 규정의 3부분으로 나뉜다.

1 '나홀로 테마여행'에서 5박 6일 백두산, 고구려 유적 답사에 나선 일행들이 장수왕릉 앞기념촬영

2 광개토왕릉에서 바라본 북한의 만포시. 사진에 보이는 풀숲 뒤에는 압록강이 흐른다. 그러나 8부능선까지 개간을 해 나무가 얼마 없다.

3 광개토대왕릉에서 북쪽을 바라보면 중국측 산이 보인다. 한국의 산처럼 나무가 울창하게 우거져 있다

4 광개토왕릉을 답사하는 일행들. 기단의 한 변이 60m, 높이가 30m에 이르는 거대한 규모를 자랑한다

광개토대왕비문이 역사적으로 중요한 것은 말할 것도 없지만 한국과 일본 사학계에 커다란 쟁점을 일으킨 것은 소위 '임나일본부설'이다. "신묘년 '왜(倭)'가 바다를 건너와서 백제와 신라를 파해 신민으로 삼았다"는 문맥을 인용해 일본 사학계에서는 '임나일본부'설을 기정사실화 하려 했다. 그러나 정인보는 '고구려가 왜를 깨뜨리고 백제가 신라를 신민으로 삼았다'는 전혀 상반된 견해를 제시했다.

광개토대왕릉은 적석총으로 무너져 내려 원형을 알아보기 힘들다. 지금은 거대한 돌무지와 유사한 상태지만 기단의 한 변이 60m, 높이가

5 광개토대왕릉 기단의 각 변에는 5개의 입석이 기대어 서있다. 너비 1.75m, 높이 6m에 달한다.

6 엄길수 씨가 고구려 고분벽화에 대해 설명하고 있다. 습기 때문에 손상이 심하다며 한국과 중국 정부에 각별한 관심을 촉구했다

7 2층으로 지어진 비각 안에 광개토대왕비가 서있다. 훼손을 우려해 중국 당국이 비각을 설치했다

8 왕릉을 해설하는 진정임 씨의 진지한 모습이 감명 깊었다. 장수왕릉의 배총이다. 처마부분에 홈을 파서 빗물이 스며들지 않도록 한 우리 조상의 슬기를 볼 수 있다

30m쯤 되는 큰 규모를 자랑한다. 기단의 각 변에는 5개의 입석을 세웠는데 입석의 너비는 약 1.75m, 높이는 약 6m에 달한다.

동방의 피라미드라 불린 장수왕릉

고구려 제20대 왕인 장수왕은 광개토대왕의 맏아들로 한국 역사상 최대의 제국을 건설했다. 광개토대왕 비석에서 500m 거리밖에 떨어져 있지 않는 곳에 고구려 장수왕의 무덤이 있다고 추정하는 학자도 있지만, 아직 분명한 것은 아니다. 427년 장수왕이 국내성에서 평양으로 천도했기 때문이다.

장군총은 잘 다음어진 화강암석재로 7단의 방단을 계단형으로 쌓았고 높이는 12.4m, 제1방단의 한 변은 약 31.58m, 제일 위의 제7방단의 한 변은 약 15m이다. 제1방단의 각 변에는 각기 3개의 긴 자연석이 있고 그중 가장 큰 것은 너비 2.7m, 길이 4.5m로 기대어 세워져 있다. 커다란 자연석이 장군총에 기대어 세워진 것은 거석숭배 문화 때문이라고 추정된다.

금방이라도 살아 숨 쉴 것 같은 고구려고분 벽화

집안역에서 500여 미터 떨어진 곳에는 비슷한 크기의 고분 다섯 기가 밀집해 있다. '오회분'이란 이름은 5기의 거대한 봉분이 마치 투구와 같이 생겼다고 해서 붙여진 이름이다. 6세기 중반 이후 만들어진 것으로 추정되는 이 무덤에는 청룡·주작·백호·현무의 <사신도>와 함께 풍부한 설화적 내용이 담겨있는 <신선도>가 있다. 천장에는 황제를 상징하며, 용중에서도 최고로 치는 황룡이 금방이라도 살아 숨 쉴 것 같다. 그러나 천장에서 계속 물이 떨어지고 습기가 차 머지않아 훼손될 것으로 보여 시급한 보호 대책이 필요하다.

'집안'에서 압록강 건너편을 바라보면 북한의 '만포'가 지척에 있다. 한마디로 한강을 기점으로 양쪽을 구분하는 서울의 강남과 같다. 안타까운 건 북한쪽 산은 8부 능선까지 개간을 해 헐벗은 모습이다. 여름철이라 그나마 좀 괜찮지만 겨울철이면 황량할 것 같다. 반면, 중국쪽 산은 한국산처럼 울창하게 우거져 우리를 가슴 아프게 한다. 해주까지 방문한 적이 있다는 가이드는 우리 눈에 보이지 않는 만포쪽 뒷산은 민둥산이란다.

심각한 동북공정... 올바른 역사교육 절실해

중국은 1980년대 초반부터 국책기관인 중국사회과학원 산하의 '중국변강사지연구중심'에서는 '고구려는 중국 변방의 민족정권'이라는 용어를 사용하며 동북공정 프로젝트를 진행하고 있다.

실제로 중국은 한나라·당나라·송나라·명나라의 한(漢)족 국가가 1,000년 남짓 중원을 지배했을 뿐, 나머지 기간 동안 몽골족인 원나라, 만주족인 청나라·요나라·금나라의 다양한 이민족이 지배한 나라인데 오랑캐가 중원을 지배할 수 없다는 '화이사상(華夷思想)'을 주장하고 있다.

얼마 전 논란이 됐던 한국전쟁 '북침, 남침' 논란 소식을 듣고 다음날 중학교 2학년 교실에 들어가 "한국전쟁이 북침인가, 남침인가"를 물었다. 놀라운 것은 전교 1등을 한 학생이 '북침'이란다. 이유인즉슨, "북한이 침략했기 때문."이란다. "남한이 북한을 침략했을 것."이라고 주장한 학생은 "미군이 남한에 주둔하고 있는데 북한이 어떻게 미군한테 맞장을 뜰 수 있느냐?"고 대답했다. 자초지종을 물어보니 학생들은 현대사를 배우지 못했다고 한다. 누구의 잘못인 것일까. "신라가 삼국을 통일한 것에 자부심을 가지고 살았다."는 일행 중 한 명은 "만약 고구려가 삼국을 통일했더라면 어땠을까."라며 하늘을 본다. 고구려 유적을 돌아보고 다음 숙소로 가는 내내 마음이 편치 않았다. (13. 08 .05)

우리 땅 보러 중국으로 돌아가야 하는 현실

북한이 지척인데…

백두산과 집안의 고구려유적을 보고 단동으로 돌아오는 길이다. 국내성이 있는 '집안시'에서 점심을 먹고 깜깜해질 무렵에야 단동에 도착할 때까지 여러 번 압록강을 만났다. 강 너머는 북한 땅이다. 묘한 기분이 든다. 우리 땅을 보는데 이렇게 멀리 돌아와서 구경해야 하나? 아니 멀리서 바라만 보고 직접 만져볼 수 없단 말인가?

우리 일정은 단동에서 일박을 하고 다음 날 한국으로 떠난다. 그런데 단동의 호텔숙박 풍습이 이해가 안 간다. 숙박하는 사람의 여권을 호텔 프런트에 맡기라는 것이다. 많은 나라를 여행해봤지만 이런 경우는 처음이다. 잠자는 사이에 정보를 빼갈 수도 있지 않을까?

고구려 성인데 만리장성의 동쪽 끝이라며 최근 성벽을 복원한 '박작성'으로 가는 길이다. 압록강 건너편에 이성계가 회군했다는 위화도가 보인다. 지금은 북한 땅으로 북한군과 군인가족만 산다고 한다. 보이는 단칸집은 사람이 살지 않고 전시용으로만 지어 놓은 것 같다는 가이드의 설명이다. 밤에는 달랑 전등 하나만 켜놨다가 일찍 소등한다는 것이 이유다.

일행은 먼저 고구려 지방성의 하나로 압록강 하구에 위치한 박작성을 보기로 했다. 박작성 축조 연대는 정확히 알 수 없으나 3세기경으로 추정하고 있다. 압록강 하구에 위치해 강을 거슬러 올라오는 길목을 통제하는 요새다.

중국 성이라는 박작성... 성에 반드시 있어야 할 치(雉)와 총안도 엉성해

성 안으로 일행을 안내하고 들어간 가이드는 철조망이 쳐져 있고 중국군이 지키는 곳으로 우리를 데리고 갔다. 십여 미터의 강물을 두고 철조망이 쳐진 반대쪽에는 압록강이 만든 커다란 삼각주가 있고 마을과 들판이 있다.

1 끊어진 압록강 철교. 저 멀리 신의주가 보인다

2 한국전쟁에 중공 인민군 참전기념을 위해 남겨놓은 압록강단교 모습. 왼쪽에는 새로 놓은 다리가 보인다. 이 길로 중국과 북한 간에 많은 화물이 오간다

3 통관을 기다리는 북한행 화물들

4 한 발만 건너면 북한 땅이라는 의미의 '일보과' 비석. 건너편은 북한땅이다

공터에는 '지척(咫尺), 일보과(一步跨)'라는 비석이 서 있다. 지척이야 알지만 '일보과'가 무슨 뜻인 줄 몰라 가이드에게 묻자 '한 발만 내딛으면 북한 땅으로 갈 수 있다'는 의미란다. 오늘은 비가 많이 와서 압록강 지류인 이곳의 폭이 10m이지만 평소에는 1m밖에 안 된단다. 마음속에 또 다시 파동이 인다.

박작성은 '애하'와 압록강이 합류하는 지점의 돌출된 독립구릉에 위치하고 있다. 이 산을 '호산'이라고 해 호산산성이라고도 불린 박작성 안에는 둘레 4.4m의 우물이 남아 있고 20년 전까지도 주민이 살았다는 흔적이 있다. 만리장성이 이곳부터 시작한다며 주민들을 이주시키고 성을 개조했기 때문이다.

개조 당시 고구려성에 대한 연구가 부족한 중국 당국이 복원한 성을 돌아보면 엉성함이 눈에 띈다.

고구려 성에는 치(雉)가 있고 성안에서 밖의 적군을 향해 활을 쏘기 위해 만든 총안이 있다. 총안은 성벽 위에 있는 군인이 밖에 있는 적군을 향해 활을 쏘기 쉽도록 하기 위해 성안 쪽은 삼각형의 넓은 변처럼 만들고 바깥쪽은 삼각형의 꼭지점처럼 좁다. 그런데 중국이 최근 쌓은 박작성의 총안은 안과 바깥쪽의 총안의 구멍크기가 똑같다. 어려운 경제사정에도 중국이 대규모 장성을 복원한 것은 이민족인 청나라의 지배를 벗어나 오히려 그 땅을 지배하고 있는 현실을 정당화하기 위해서다.

끊어진 압록강 철교와 북한 사람들을 바라보며 분단의 아픔 느껴

압록강은 분단의 아픔을 가까이서 볼 수 있는 곳이다. 압록강 철교는 북한 신의주와 중국 단동을 잇는 다리이다. 압록강에는 두 개의 다리가 있다. 한국전쟁 때 끊어진 다리와 새로 가설된 다리다. 북한 쪽에서 1/3쯤 되는 부분에서 끊어진 다리에는 폭격으로 휘어진 철교가 그대로 보존돼 있다. 새로 가설된 다리에는 열차와 짐을 가득 실은 화물차들이 줄지어 서 있다.

압록강 철교는 평안북도 신의주시와 중국의 단동시를 연결하는 총연장 944m의 철교로 압록강 하구에서 상류로 45㎞ 지점에 위치한다. 끊어진 다리인 '압록강단교' 앞에는 한국전쟁시 중공 인민군이 한국전에 개입한 것을 기념하는 조형물을 세워 놓았다.

일행은 조그만 여객선을 타고 압록강 철교가 끊어진 부분까지 갔다가 북한 쪽 강변 가까이 다가가 신의주 풍경을 바라보다 돌아왔다. 강변에서 수영 연습하는 사람들이 보여 어린이들인 줄 알았는데 망원렌즈로 클로즈업해보니 성인여성들이었다. 마을에는 붉은 글씨로 "김정은~" 어쩌고 저쩌고 하는 선전문구가 가는 곳마다 걸려 있다.

신의주는 북한에서 두 번째로 잘사는 도시라고 한다. 우리 조그만 중소 도시의 항구 모습인 신의주를 보다 뒤를 돌아 단동을 보았다. 마천루처럼 높이 솟은 스카이라인이며 깨끗한 신식 건물들 모습이다. 신의주 사람들이 밤에 단동의 휘황찬란한 야경을 보면 무슨 생각을 할까? 가슴이 답답해진다.

북한 동포를 생각하면 가슴이 아팠던 일행들

5박 6일의 일정이 끝난 일행은 단동에서 배를 타고 인천을 향해 떠났다. 저녁을 먹은 19명의 일행이 한 방에 모여 결산하는 자리에서 각자의 여행 소감을 말했다. 단동에 있는 북한식당인 고려식당에서 점심을 먹은 후 공연하는 아가씨들의 공연을 보다 눈물을 흘렸던 이순옥(64세)씨가 입을 열었다.

"공연은 좋았는데 아가씨들이 꼭두각시 같아 마음이 아팠어요. 다리 하나를 두고 이쪽은 잘살고 북한 쪽은 못사는 게 너무 짠하고 가슴 아파

1 중국이 만리장성의 동쪽끝이라고 하며 복원한 박작성. 그러나 고구려 성이다

2 신의주쪽에서 바라본 단동시가지 모습. 북한인들이 휘황찬란한 단동의 야경을 보면 무슨 생각이 들까

3 점심을 먹은 후 북한 고려식당에서 공연이 있었다. 운영은 중국인이 한다고 한다

4 중국이 복원한 박작성의 총안. 고구려 성의 총안은 안쪽은 삼각형처럼 넓게 퍼져있고 바깥쪽은 삼각형의 꼭지점처럼 좁다. 방어를 용이하게 하기위한 지혜다

5 북한 신의주 모습. 북한의 선전문구가 보인다

6 인천으로 돌아오는 배에서는 난상토론과 이야기꽃이 피었다

요. 끊어진 압록강 철교 입장료가 6천 원인데 3천 원은 북한 쪽에 줬으면 좋겠어요."

세계문화의 흐름을 알고 역사의식이 있는 김진호 씨의 얘기다.

"고구려와 북한이 우리 땅인데 정치하는 사람들이 잘못해 이렇게 된 것 아닙니까? 또 잘못된 정치인을 뽑을까 걱정됩니다."

예술을 전공하고 들꽃을 주제로 그림을 그리는 이정남 씨의 얘기다.

"언젠가는 백두산을 주제로 그림을 그리고 싶어요. 일본의 역사왜곡을 보았지만 중국의 역사왜곡도 심각함을 알고는 깜짝 놀랐어요. 고구려 고분 벽화들이 많이 훼손된 게 아쉬워요."

국립중앙박물관에서 문화해설을 하는 오세화 씨는 비가 와서 천지를 못 본 아쉬움과 자신의 전문분야에 대해 얘기했다.

"하루빨리 국력을 키워서 우리 문화재를 보전해야 합니다. 천지를 아무에게나 보여주는 게 아닌가 봐요. 북한주민들이 우리를 기다렸는데 너무 늦게 와서 비를 내리지 않았나 생각합니다."

나이가 제일 많은 홍성학 씨의 얘기다.

"가볍게 문화답사를 왔는데 잃어버린 땅을 보면서 마음이 무거웠어요. 여러 가지로 공부가 됐습니다. 광개토왕비가 왜 여기 있어야 하나요? 왜 우리가 비자를 받아서 이곳까지 와봐야 합니까? 북한 고려식당에서 공연하는 아가씨들을 보면서 즐거운 마음이 하나도 없었어요. 마음이 착잡했습니다."

즐겁게 토론하고 얘기하는 사이에 배는 인천항에 도착했다. 잃어버린 땅과 분단의 아픔을 경험한 이번 여행은 의미가 있었다.

(13. 08. 09)

벌써 결혼 30년, 아내와 함께

자유여행으로 찾은 세부... 태풍 피해는 거의 없는 듯

결혼 30주년을 기념해 아내와 함께 필리핀 관광에 나섰다. 저가항공에 저가여행이라 조금은 염려했지만, 생각보다 나쁘지 않았다. 인천공항에서 필리핀 세부까지 가는 시간이 4시간 쯤이니 서울에서 열차 타고 여수까지 오는 시간이면 세부에 도착한다.

그러나 여행경비를 줄이기 위해 오가는 비행기에서 2박을 하는 게 보통 힘든 일이 아니다. 그것도 발을 제대로 뻗기 힘든 비행기 안에서라면. 어쨌든 경비 절감을 선택했으니 어쩔 수 없다. 참고 즐기는 수밖에.

총 7,107개의 섬으로 이루어진 필리핀은 인도네시아에 이어 세계에서 두 번째로 섬이 많은 나라다. 필리핀의 매력은 바다와 섬에 있다. 점점이 흩어져 있는 섬들과 백사장. 에메랄드 빛 바다가 만들어 내는 풍경은 모든 이들을 설레게 한다.

태풍 피해 찾기 어려운 세부 현장

교통이 좋다는 건 관광 하기에 좋다는 걸 의미한다. 그러나 교통이 좋다는 게 관광에 꼭 좋다고만 할 수 없다. 필리핀에는 교통이 불편해 인간의 발길이 닿지 않는 원시적인 섬과 정글이 존재한다. 역설이겠지만 이런

교통 불편이 필리핀을 관광 천국으로 만들기도 했다.

새벽 두 시가 다 되어 세부 막탄섬에 있는 국제공항에 도착하니, 가이드 박정후 씨가 필리핀 운전사와 함께 이름이 적힌 팻말을 들고 서 있었다.

"어서 오세요. 필리핀에 오신 걸 환영합니다. 지진이 났다는 소식과 레이테 섬에 사상최고의 태풍이 몰아쳐 세부도 엉망이 된 줄 아는 한국인들이 관광을 오지 않아서 아주 힘들었습니다. 저도 2주 만에 처음 관광객을 받는 겁니다. 이곳 현지인들도 한국인이 오지 않아 경제가 잘 안 돌아갑니다. 이제 돌아보시면 알겠지만 이곳은 태풍 피해가 거의 없습니다."

1 우리가 묵었던 샌드바 호텔. 조금 외진 곳이지만 바닷가 경치를 즐길 수 있어 괜찮았다

2 가난한 필리핀 사람들은 한꺼번에 많은 물건을 살 수 없어 작은 용지에 포장된 일회용품을 산다

3 필리핀 사람들의 발인 지프니. 혼잡한 교통사정이지만 그런대로 참을만 했다

4 식료품가게에서는 닭고기와 소고기, 돼지고기도 판다. 손가락으로 V자를 그리는 주인

그랬다. 필리핀 지도를 보니 세부는 태풍 피해가 컸던 레이테 섬과 가까웠다. 그러나 세부와 막탄섬을 3일 동안 돌아보는 내내 태풍 피해는 거의 없었다. 오히려 산토 니뇨 성당에서 지진피해 모습만 구경했을 뿐이다.

피곤에 절어 새벽에 도착한 샌드바(Sand Bar) 호텔은 바닷가에 있었다. 배낭여행도 아니고 패키지여행도 아닌 자유여행이라 아내와 단 둘이 가이드를 독차지한 채 여행하는 게 불안했지만 물가가 엄청싼 필리핀이라 그런지 경비를 염려할 정도는 아니었다. 오히려 시간과 스케줄에 쫓기지 않아 여유가 있었다.

"식사를 마치고 9시 반까지 호텔 앞에서 기다리면 안내하러 오겠다"는 가이드의 말에 따라 늦잠을 잤지만 평소처럼 7시에 일어나 해변을 걸었다. 푸른 바다와 하늘, 야자수와 우거진 녹음이 열대에 온 것을 실감케 했다.

마닐라에 이어 필리핀 제2의 휴양지인 세부는 한국인이 가장 많이 찾는 동남아 관광도시다. 동남아란 의미는 열대, 값싼 물가, 편안함과 자유를 의미한다. 이 세 가지 요소를 모두 지닌 세부는 리조트가 몰려 있는 막탄 섬과 도시인 세부시티를 포함하는 전체 섬의 이름이다.

세부섬은 마닐라에서 550㎞ 남쪽 네그로스 섬과 보홀 섬 사이에 있다. 남북으로 길쭉하게 생긴 섬 가운데 석회암 고원지대가 자리한다. 인구 350만 명인 세부는 마닐라에 이어 필리핀 제2의 도시다. 공용어인 영어와 타갈로그 외에 일상생활에서는 이곳에서만 사용하는 세부아노를 사용하기도 한다.

우리가 묵은 샌드바 호텔은 막탄섬에 있다. 막탄의 중심가에서도 제법 떨어져 있어 밤에 시내 구경을 못 나갔지만 치안이 불안하다는 소문 때문에 시내로 나갈 엄두를 못냈다. 며칠 전 한국인 두 명이 세부에서 피살됐다는 보도가 있어 호텔에서 조용히 휴식만 취하기로 했다. 피살된 사람

1 이게 무얼까? 세부는 석회질이 섞여 물을 그냥 먹으면 배탈이 난다. 길가에서 물을 파는 코인 자판기다

2 필리핀 여행 중 즐거움은 과일이 무척 싸다는 것이다

3 수중 세상을 못 보면 세상의 절반만 본 것이라는데…. 과연 별천지였다

4 우리가 묵었던 샌드바 호텔에서 바라본 해변의 모습

5 산호초와 물고기가 어울려 사는 수중세상

6 한글 간판만 보면 여기가 필리핀이란 게 믿어지지 않을 듯

들이 원한 관계에 얽힌 사람들이기 때문에 원주민들과 관계를 잘해야 한다고 가이드는 말했다.

세부 도착 첫날 일정은 스킨스쿠버 다이빙이다. 여행 경험이 많지만 스킨스쿠버 다이빙은 처음이라 기대 반 걱정 반의 심정으로 훈련에 들어갔다. 물속에 들어가 귀가 먹먹해질 때 하는 이퀄라이징 훈련, 잠수 안경에 물이 들어갔을 때 물을 제거하는 법, 산소마스크와 잠수복 착용법 등의 생소한 훈련을 받았다.

드디어 보트를 타고 현장에 도착했다. 산소마스크와 잠수복을 입고 물속으로 잠수해보니 크게 어려움은 없다. 하지만 겁이 많은 아내는 걱정스런 얼굴이다. 누가 그랬던가? 수중 세상을 보지 못 했으면 세상의 절반을 못 본 것과 같다고.

물속 세상은 별천지였다. 각종 산호초가 자라는 모습과 형형색색의 물고기가 주변을 헤엄쳐 다닌다. 물결 따라 흔들거리며 예쁜 색깔을 뽐내는 산호 옆에 바다장어 한 마리가 숨어있다. 손을 내미니 빠르게 도망간다.

한국에 있으면 한겨울 추위로 물속에 들어갈 엄두도 못 낼 텐데…. 좋기도 했지만, 열심히 일하고 있을 가족들을 생각하니 미안했다. 20분쯤 바닷속 세상을 구경하고 물 위로 올라오니 겁먹은 아내가 하얗게 질려있다. 구경도 못 하고 물까지 마셨다고 투덜댄다.

정치인들의 부패와 부유층 사치로 후진국으로 전락해

시내를 거쳐 돌아오는 길에 재래시장엘 들렀다. 시내의 모습은 우리의 1970년대 모습이라더니 정말 그렇다. 곳곳의 도로포장공사 탓에 길은 막히고 먼지가 날렸다. 도로포장재료는 아스팔트가 아닌 시멘트다. 그것도 예산이 세워지면 공사를 하고 없으면 다시 중단한다니, 한국처럼 동시에 공사가 완료될 수 없다고 한다.

16세기부터 300년 동안 스페인의 지배를 받은 후 미국의 통치를 받은 필리핀은 1946년에 독립했다. 이후 정치인들의 부패와 독재 및 부유층의 사치가 계속되면서 후진국이 되었다. 못사는 나라인 줄은 알았다. 하지만 필리핀은 한국전에 참전했을 뿐만 아니라 20세기 중반 무렵 한국에 원조를 제공한 나라다.

한국관광객이 많아 어디를 가도 "안녕하세요?"라고 인사하며 반갑게 맞아주는 그들의 환대가 싫지는 않았지만, 다시 한 번 마음속에 다짐한 게 있었다. 정치인들이여! 국민을 위한다고 말로만 하지 말고 똑바로 해라! 때마침 TV에서는 북한 장성택 처형 뉴스가 나와 관광기분을 잡쳤다.

(13. 12. 16)

없는 게 없는 이곳… 아프리카

빈곤퇴치를 위한 교육과 홍보 필요해

2년 전 엄홍길 대장과 함께 킬리만자로를 등정한 후 케냐 수도인 나이로비에 머물며 시가지를 구경하다 깜짝 놀랐다. 여기가 과연 아프리카가 맞나, 사자가 동물을 사냥하고 원주민들이 창과 활로 야생동물 사냥하는 곳을 아프리카로 알았는데…. "아니 내가 지금 서울에 와 있는 건 아닐까?" 하고 착각했다.

말라위 수도 릴롱궤에는 높이 솟아오른 고층건물은 없다. 그러나 중심가에는 '게임(GAME)'이라는 이름을 가진 쇼핑몰이 있다. '게임'이라는 이름이 붙어있지만 게임을 하는 곳은 아니다. 영어를 사용하는 나라에서 왜 쇼핑몰 이름이 게임인지 이유는 모르겠으나, 주차장은 100여 대를 한꺼번에 주차할 만큼 규모가 크다.

일행 중 한 분이 기왕 여기까지 왔으니 이웃국가 잠비아에 있는 빅토리아 폭포를 구경하자고 했다. 2박3일 동안 머물러야 하기 때문에 먹을 음식과 생필품을 사러 '게임'에 들어갔다. 식품을 파는 매장에는 우리나라에서 살 수 있는 모든 식품이 있었고, 생필품을 파는 매장에는 물건들이 사람 키 두 배나 높이 쌓여있었다.

'아니! 여기가 아프리카 최빈국 맞나?' 머릿속이 복잡해졌다.

하지만 건물 안과는 달리 '게임' 입구에는 에이즈에 걸린 듯한 주민이 길가에 앉아서 손을 내밀며 구걸을 하고 있었다. 길거리에는 눈먼 환자가 구걸하는 모습을 종종 볼 수 있었다. 에이즈환자로 추정되는 사람은 온몸에 반점과 부스럼이 나 있었다.

장 지글러는 아프리카, 아시아, 라틴아메리카에는 맹인의 수가 5,000만 명에 달하고, 1억 4천만 명이 트라코마에 감염되어 있다고 밝힌다. 자신의 저서 <왜 세계의 절반은 굶주리는가?>에 다음과 같은 글을 썼다.

"세계보건기구(WHO) 그로할렘 브룬브란트 사무총장은 1999년 제네바에서 <비전 2020>이라는 플랜을 소개하면서 시력손상의 80%는 간단하게 면할 수 있는 성질의 것이라며 그들에게 규칙적으로 비타민 A를 복용시키기만 해도 그런 상태를 비약적으로 개선할 수 있다."

가난한 말라위 사람들에게 홍보와 교육이 필요해

말라위는 아프리카에서 가장 가난한 나라 중 하나이다. 농업에 의존하지만 국토의 약 3분의 1만이 농업 지대다. 중요한 농작물은 담배이고, 차가 주요 수출품이 되고 있다. 또한 옥수수, 목화, 땅콩, 사탕수수의 재배도 성하다. 니아사 호에서 어업이 성하고, 공업 분야에서는 벽돌, 면제품, 시멘트, 식품 가공업 등이 발달하였다.

<위키백과>(2011년 기준)에 의하면 전체 인구 1천500만 명에 전문의 260명(한국:1,000명당 2명)이고, 총 간호사는 7,264명으로 인구 1,000명당 0.589명(한국:1,000명당 4명)으로서 WHO 발표에 의하면 전 세계에서 전문의가 가장 부족한 나라이다.

또한 말라위 임산부 10만 명 중 1,100명이 출산 중 또는 출산 직후 사망(한국 14명, 북한 370명)하며 1,000명의 아동 중 110명이 5세가 되기 전에 사망한다(한국 5명, 북한 55명).

또한 에이즈와 말라리아 그리고 각종 질병으로 매일 200여 명이 죽고 있는 가운데 고아들이 날마다 증가하고 있는 실정이다. 말라위인들의 기대수명은 평균 52세(2012년)다. 말라위는 상대적으로 젊은 국가에 속하는데 이는 젊은이가 많아서가 아니라 높은 유아사망률과 영양부족, 에이즈, 말라리아 등으로 인해 사람들이 빨리 죽기 때문이다.

생명누리 국제 NGO단체가 릴롱궤에서 35㎞쯤 떨어진 마젠게라 지역에 파견한 봉사단원 '오정' 씨의 얘기에 의하면 "학교에 오는 아이들 중 절반이 점심을 주기 때문에 밥 먹으러 학교에 온다."고 했다. 학교를 방문

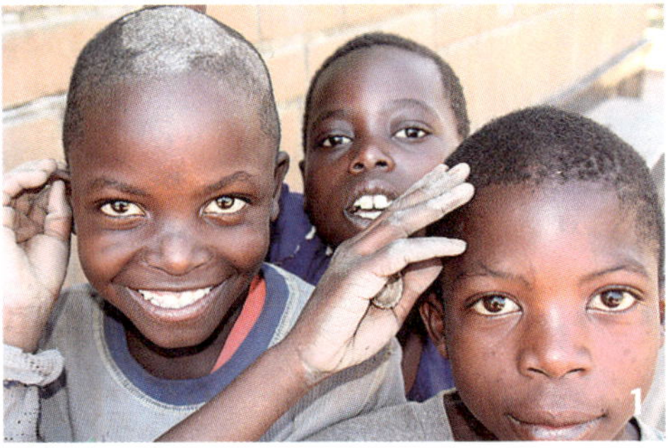

1

3

2

4

1 카메라를 꺼내면 어김없이 뛰어오는 아이들. 그러나 왼쪽 아이의 머리에는 부스럼이 덕지덕지 붙어있다. 가난했던 어릴 적 나와 내 친구들의 모습이다

2 말라위 수도 릴롱궤 중심가에 있는 쇼핑몰 '게임'에는 없는 게 없다. 이름이 '게임'이지 쇼핑몰이다

3 케냐 수도 나이로비 모습. "여기가 정말 아프리카 맞아?" 하고 깜짝 놀랐다. 그러나 뒷골목 빈민가에 들어가면 상상할 수 없는 빈곤의 모습을 볼 수 있다

4 사진찍기 좋아하는 아이들은 천진난만한 모습으로 촬영에 응한다

한 시간은 점심시간으로 식사를 마친 한 아이가 교실 한쪽 구석에 누워 있었다. 담임교사에게 이유를 물은 즉 말라리아에 걸린 아이라고 했다.

아프리카의 빈곤원인은 구조적 문제

학교에 다니는 아프리카 아이들은 그래도 축복을 받은 경우에 속한다. 아프리카인 절반 정도는 교육을 받지 못해 평생 문맹으로 살아가며 취직을 해도 일당 천원 정도를 받기 어렵다. 신문 볼 줄 모르고 세상 소식을 접할 길 없는 국민들은 중앙정부의 선전이나 독재자들의 말을 맹신하게 된다. 유엔개발계획(UNDP)의 인간개발지수는 소득, 건강, 교육을 3대 지표로 삼고 이를 계량화해 '삶의 질'을 매긴다.

인간개발지수를 평가한 2011년 보고서에 따르면 노르웨이의 삶의 질이 1위고 DR콩고가 최하위로 나타났다. 사하라이남 아프리카 중 36개 국가가 최하위 그룹에 속하며 이들 나라 중 절반 정도는 우리 돈 천삼백 원도 안 되는 돈으로 하루를 살고 있다.

일부 다국적기업이 운영하는 대규모 농장을 제외하고 아프리카의 농촌은 하늘에서 내리는 비에만 의존한다. 대부분의 농부들은 수확물을 머리에 이고 운반하고 신선도를 유지시켜주는 냉장보관창고가 없어 수확량의 상당부분이 썩어 버린다.

아프리카 여인들은 나무를 때서 음식을 만들어 상당한 양의 땔감이 필요해 삼림을 벌채한다. 그들은 처음에는 가까운 곳의 나무를 벌채하다가 점차 원을 넓혀가며 작은 나무와 덤불을 베고 급기야 뿌리까지 캐버린다.

말라위에서 잠비아에 있는 빅토리아 폭포를 구경하기 위해 2박 3일간 2,400㎞를 달리는 동안 숲에 불을 지르는 걸 수백 번 보았다. 이유인 즉 숲에서 떨어진 나뭇잎을 태우고 화전을 일구거나 해충을 잡기 위함이다.

하지만 숲에 불을 지르는 것은 화상을 입은 커다란 나무에도 해를 입

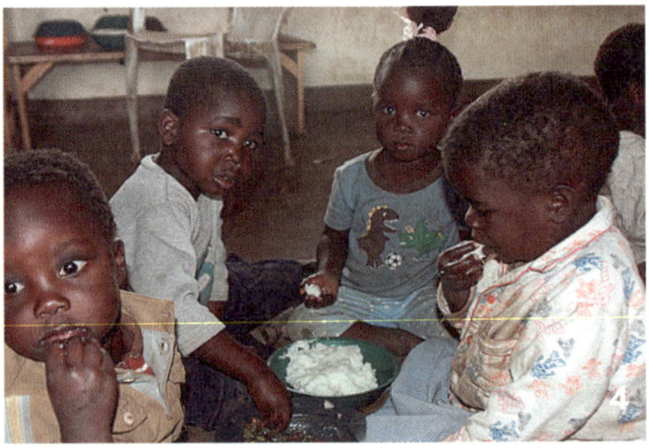

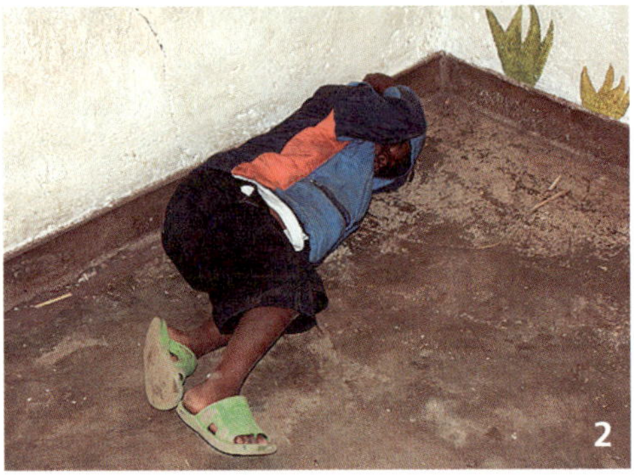

1 빅토리아 폭포로 길가에서 주민들이 나무를 베 숯을 만들어 길가에서 파는 모습이다.

2 교실 한켠에 한 아이가 힘없이 드러누워 있었다. 담임교사는 아이가 말라리아에 걸렸다고 한다

3 주식인 옥수수 저장고. 때마침 비가 안오는 겨울이어서 저장고에는 지붕이 없다. 부잣집으로 보이는 집은 옥수수가 가득차 있고 갈대로 엮은 지붕도 있었다

4 학생 중 절반이 점심을 먹기 위해서 라고 한다. 이들의 음식은 '시마'와 콩, 배추, 소금을 끓인 '마쌈바'가 전부다

5 말라위와 이웃한 잠비아의 빅토리아 폭포로 2,400km를 달리는 동안 수없는 산불 모습. 아프리카를 황폐화시키는 커다란 원인 중 하나이다.

6 대부분 흙벽돌집이었지만 빅토리아 폭포에서 돌아오던 길에 어느 마을은 전통 방식의 집들이다

힌다. 말라위 마젠게라 지역에서 지역개발과 생명농업, 보건위생, 문맹자 교육을 하는 생명누리 국제 NGO 정호진 대표의 얘기다.

"아프리카의 생태계를 파괴하는 가장 큰 원인 중 하나가 숲에 불을 지르는 것입니다. 유엔이 나서서 아프리카의 화전농법을 규제하거나 국가의 입법을 통해서라도 숲에 불 지르는 것을 막아야 합니다."

식민지배가 남긴 유산… 먹지 못하는 작물들

유럽인들이 아프리카를 지배할 때 아프리카는 식량과 원료 공급지였다. 그 결과 아프리카는 돈이 되는 수출용 작물 즉, 면화, 땅콩, 코코아, 커피 같은 먹을 수 없는 작물을 주로 재배했다. 수출용 농업구조는 빈곤퇴치에 도움이 되지 않지만 정치 지도자들에게는 환금작물로 환영받고 있다. 그들은 굶주림이 없는 사람들이라서 독이 든 성배를 바꿀 필요를 느끼지 못하고 있다. 오직 아무것도 모르는 굶주린 백성만 불쌍할 뿐이다.

내전이나 전쟁도 빈곤의 원인이다. 내전이 일어나면 수많은 사상자와 유랑자들이 발생하고 모든 경제활동이 중단된다. 또한 땅에는 지뢰가 묻혀 경작이 불가능하며 전쟁무기를 구입하기 위해 돈을 찍어내 살인적인 인플레로 살기가 어려워진다.

1990년에서 2005년까지 분쟁이 일어났던 아프리카 국가들의 손실은 무려 3천억 달러에 이른다고 한다. 수출용 환금작물로 벌어들인 돈으로 지도자들은 무기를 사 반란군과 전투를 치르고 정권유지에 급급한 지도자들은 국민의 고통과 굶주림에는 안중에 없었다.

돈 많은 나라의 음식점에서는 손만 조금 댄 반찬들이 쓰레기통으로 버려지는 경우가 허다하다. 일부 선진국에서는 비만으로 고생하는 사람들이 많다. 반면 하루에 밥 한 끼, 빵 한 조각을 먹지 못해 죽어가고 있는 이들이 많다. 유엔차원의 빈곤퇴치를 위한 교육과 홍보가 필요하다. (14. 08. 13)

염소똥과 풀… 아프리카의 귀한 몸

농사법 개량에 관심 갖기 시작한 현지인들

아프리카 남동부에 위치한 말라위는 세계 최빈국 중 하나에 드는 가난한 나라다. 하루 일당이 고작 1달러다. 남성들의 평균임금은 2만오천 원이며 여성은 만 원 정도라고 한다.

말라위 수도 릴롱궤에서 35km 떨어진 마젠게라 지역에는 국제 NGO인 생명누리 봉사단원들이 파견되어 있다. 이들은 현지인들의 전통적인 방식에서 벗어날 수 있도록 생명 농법을 알려주며 장려하고 있다.

비료살 돈도 없으면서 옥수수 대를 태운다고

특별한 산업이 없는 말라위는 농산물로 살아간다. 생산하는 농산물은 옥수수, 오렌지, 망고, 파파야, 사과지만 내가 방문한 시기는 겨울이라 나무에 달린 과일은 볼 수 없었다. 건조시킨 옥수수만 시야에 들어왔다.

마젠게라 추장 집에 갔을 때의 일이다. 동네에서 걷어 추장에게 보냈을 것으로 생각되는 옥수수는 알갱이도 적고 열매도 형편없었다.

농사를 담당하는 직원의 말에 의하면 "농사철에 비가 적게 오고 비료를 사용하지 않아서."라고 했다. 하지만 그곳에서 현지인들을 지도해 새로운 농사법을 접목시키기 위해 애쓰는 봉사단원의 말을 들으면 얘기가 달라진다.

"현지인들은 수확하고 난 옥수수 대를 태워 버려요. 가난해 비료살 돈도 없지만 거름을 만드는 방법도 모릅니다. 비가 올 때까지 하늘만 쳐다보고 있으니 뾰족한 수가 안 나오지요."

마젠게라 지역 농업의 여러 가지 문제점과 대안

생명누리의 대표를 맡고 있는 정호진 목사는 지역사회개발, 생명농업, 보건위생, 문맹자교육을 위해 이곳에 봉사단원을 파견했다. 정 대표는 이들을 교육하기 위해 EPA(농업전문가)들을 소집해 교육에 들어갔다. 마젠

1 옥수수를 이용해 멀칭 농법을 배우는 이웃마을 주민

2 생명누리가 마젠게라 지역에서 100m쯤 떨어진 상류에 소량의 물을 가둬 건설한 소규모 저수지

3 반다 씨가 주민들에게 생명농법을 설명하고 있다

4 물이 공급되자 식물이 생기를 내며 성장하고 있다. 오른쪽 끝은 현지 책임자 쿠미탱고, 가운데는 정수빈 씨

게라 학교에 모인 전문가 중에는 전임 교장인 '쿠미탱고와' 현임 교장, 교육청 소속 공무원으로 퇴직한 '반다' 씨와 여러 전문가들이 모여 문제점에 대한 분임토의 시간을 가졌다.

30여 분간의 분임토의를 거쳐 나온 여러 가지 문제점을 가지고 난상 토론을 이어갔다. 토론을 마친 이들은 칠판 앞으로 나와 대안을 제시했다.

<문제점> 소규모 농경지, 적은 농산물 수확량. 시장의 한계, 높은 문맹률, 농산물생산단가가 높음, 계속되는 가뭄, 왜소한 운송수단 등이다.

<대안> 문맹자 교육, 소득을 창출할 수 있는 농사법교육, 멀칭을 이용한 농법, 다수확품종 보급과 농작물 다변화 정책, 운송수단 향상, 유기질 퇴비 생산 장려, 협동조합 등이다.

농업전문가들이 문제점과 대안을 밝힌 후 정호진 대표가 직접 나서 문제점과 대안의 개선점에 대해 추가로 설명할 때 한 참석자가질문했다.

"인분이나 동물의 똥을 섞어 생태화장실에서 유기질 퇴비를 만드는 것은 냄새가 나지 않아요? 아마 수용하기 어려울 것 같은데요."

교실이 갑자기 웃음바다가 됐다. 정호진 목사가 정색하며 다시 설명했다. "아니요! 한국에서는 이 같은 생태화장실을 운영했었고 저도 직접 운영했어요. 화장실에 풀이나 타고남은 재를 두었다가 용변을 본 후 섞어 퇴비를 만드는 농사법은 예전에 한국에서 오랫동안 사용했던 방법입니다."

정 목사가 정색하자 교실 안은 웃음기가 사라졌다. 하지만 아직도 고개를 갸우뚱거리는 사람이 여럿 있었다. 우선은 시범적으로 만들어 보고, 효과가 있으면 점진적으로 도입하기로 결정했다. 오랫동안 이어온 전통농법에 익숙해진 이들이다. 한꺼번에 바꾸기란 쉽지 않은 일이다.

"마젠게라 추장의 동의를 받아 학교 뒤쪽에 생명누리 시범농장을 만들었어요. 물이 조금씩 흐르는 곳에 길이 10m, 폭 7~8m, 깊이 1m의 저수지를 파고 물을 가뒀습니다. 버렸던 물을 이용해 농작물에 물이 흘러들

1 생명누리 대표 정호진 목사가 분임토의를 마친 그룹들에게 문제점과 좋은 점에 대해 설명하고 있다

2 분임토의 모습

3 배추 모종이 자라고 있었다. 염소똥과 풀들을 모아 퇴비를 만들었다. 현지인들에게는 생소한 모습이다

4 열띤 분임토의를 마친 후 발표하는 모습과 이를 경청하는 정호진 목사 일행

5 토론결과를 발표하는 모습

6 국제 NGO 생명누리가 마젠게라 학교에서 생명농업에 기초한 농민교육을 마치고 기념 촬영했다

어가자 땅에 생기가 돌고 예전과는 다른 세계가 열렸습니다. 현지인들 눈에 처음 보는 농작물이 자라는 것을 보고 변하기 시작했습니다."

지난 3월부터 파견돼 생명농업을 소개하는 정수빈 단원의 얘기다.

조금씩 바뀌어 가는 현지인들

생명누리가 키우는 시범농장에는 토마토, 옥수수, 파, 상추, 양배추, 배추가 자라고, 한국에서 가져간 비닐포트에는 어린 배추가 자라고 있었다. 토마토 밭에는 멀칭(Mulching)한 옥수수대를 뿌려놔 토양이 건조해지는 걸 막을 수 있었고 주민들이 찾아와 배추를 수확해 먹기도 했다.

멀칭이란 농작물을 재배할 때, 흙이 마르는 것과 비료가 유실되는 것, 병충해, 잡초 따위를 막기 위해서 볏짚, 보릿짚, 비닐 등으로 땅의 표면을 덮어 주는 것을 뜻한다. 마을 곳곳에는 멀쩡한 옥수수 대가 널려 있다.

거의 대부분의 말라위 농가에서는 옥수수와 추수하고 난 농작물을 태우고 있었다. 생명누리가 생명농법을 지도하는 마젠게라 지역만 예외다. 현지인들은 봉사단원들이 토마토 순을 가지치기한 후 토마토 알갱이가 굵어지자 "아! 뭔가 배울 게 있구나!" 하며 접근하기 시작했다.

정수빈 씨는 "지금은 여러 마을에서 단체로 견학 오는 시범농장이 되었다"고 전했다. 농장 입구에 있는 퇴비장에는 현지인들이 귀찮다고 버렸던 염소 똥과 풀들을 이용해 퇴비가 조금씩 만들어지고 있었다.

현지인들을 설득하는 데 무엇보다도 큰 공헌을 한 사람은 퇴직 공무원 반다 씨다. 그는 한국을 다녀와 어느 정도 한국 실정을 알고 있었다. 의욕이 앞서 실패한 경우도 있었지만 시범농장에서 뭔가를 하려고 애쓰고 있다. 한국인의 도움으로 조금씩 변화하기 시작한 이들이 성공하길 빈다.

(14. 08. 19)

대통령도 무시 못 하는 막강한 '추장'

사법권까지 가져

마젠게라는 말라위 수도 릴롱궤에서 35㎞ 떨어진 농촌 마을이다. 마젠게라는 국제 NGO 생명누리 봉사단원이 지역사회개발과 생명 농업, 보건위생, 문맹자 교육을 하는 곳이다. 국제 NGO 생명누리는 인도와 네팔, 탄자니아, 말라위, 중국의 다섯 나라에 10개의 사무실을 두고 있으며 베트남, 싱가포르, 몽골에는 사무실을 건설 중이다.

생명누리 대표 정호진 목사는 단체의 활동 범위를 세계로 넓히기 위해 '세계 최빈국이 어디 있는가?'를 알아보다가 말라위를 선택했다. 2012년 9월 '아프리카 차일드 미션(ACM-Africa Child Mission)'의 도움을 받아 '살리마' 지역을 선택해 봉사활동을 시작했던 그는 2014년 3월에 마젠게라 지역으로 봉사활동본부를 옮겼다.

야트막한 산과 언덕으로 이루어진 마젠게라에는 15만 명의 주민이 산다. 농작물을 재배하는 마젠게는 옥수수, 오렌지, 망고, 파파야, 사과 등을 생산하며 옥수수를 갈아서 가루를 삶은 '시마'와 '콩, 배추에 소금을 넣어 기름에 볶은 '마쌈바'가 주식이다.

그곳 음식에 익숙한 봉사단원은 손으로 먹는 '시마'와 '마쌈바'가 "먹기 괜찮다"고 한다. 하지만 처음 먹어본 '시마'는 한국에서 옷 다릴 때 사용한 풀죽과 비슷한 모습이고 맛도 없다. 그것마저도 배불리 먹지 못하는 현지인들이 많고 학교에 나오는 학생의 절반은 점심을 먹기 위해 나온다는 전언이다.

큰길가에서 4km쯤 차를 타고 들어가니 조그만 동네가 나온다. 외지인인 우리가 나타나자 아이들이 서커스단 원숭이 구경하는 것처럼 모두들 몰려나와 환호한다. 천진난만한 아이들! 카메라를 꺼내자 온갖 포즈를 취하며 깔깔댄다.

흙벽돌로 골조를 짓고 지붕에는 슬레이트를 얹은 학교는 외양만 보았을 땐 제법 현대식 학교 비슷하다. "가난한 이 나라에서 이렇게 훌륭한 건물을 어떻게 지었을까?"하며 교실을 들어가 봤다. 학교 건물 주위를 돌아보니 외국 원조로 지은 건물이다.

그러나 겉모습과는 영 딴판이다. 책걸상이 없고 시멘트 바닥에 칠판이 전부다. 한국식 칠판이 교실 전면에 있을 거라고 생각하면 오산이다. 분필로 글을 쓸 수 있도록 앞 벽면을 정갈하게 바른 다음 녹색 페인트를 칠해 칠판 흉내를 냈다. 그곳에 글씨를 쓰고 칠판닦이로 닦아내면 제법 칠판 같은 느낌이 난다.

이 마을에는 아예 전기가 없다. 추장 집에는 태양열 축전기로 전기를 생산한다고 한다. 집에 들어가 구경도 해보고 싶었지만 막강한 추장의 권위 앞에 말도 못 꺼냈다.

막강한 권한을 가진 추장

마젠게라 마을 중심에는 추장의 집이 있다. 비교적 현대식 주택인 추장 집 앞에는 마을 공회당이 있고 테이블과 의자 몇 개가 있는 또 다른 건물이 있다. 그 건물에서 추장이 재판을 하고 추장이 내린 결정을 집행한다.

추장 이름은 마젠게라로 지역명과 학교명도 마젠게라이다. 대추장 밑에는 20여 명의 소추장이 있어 지역의 주요한 이슈가 있을 때 모여 회의를 하고 결정한다. 정호진 대표와 함께 봉사활동에 관해 논의하기 위해 추장 집을 방문했다.

일행과 함께 학교 교장과 지역 유지들이 추장이 나올 때까지 서서 기다렸다. 때마침 추장이 나오자 모두 깍듯이 고개를 숙여 인사를 한다. 하얀 머리에 지팡이를 든 노추장인 줄 알았더니 현대식 옷을 걸쳐 입은 여추장이다. "앉으세요!"라고 명령이 떨어지자 모두 의자에 앉았다.

깜짝 놀라 추장을 보좌하는 사람에게 "여추장이 가능하냐?"고 물으니

1 남학생들이 맨발로 차는 축구공. 속에는 콘돔을 넣고 비닐봉지를 두껍게 말아 비닐로 새끼를 꼬은 줄로 촘촘히 묶었다

2 추장 집 창고에서 본 옥수수. 농업담당자는 비가 적게 오고 비료를 주지 않아 자라지 못한다고 설명했다

3 학생들에게 먹일 '시마'를 끓이고 있는 주민. 일종의 학교 식당 주방이다. 시마는 옥수수를 물에 불려 갈아서 만든 가루를 끓여 죽을 쑤어 만든다

4 교실에는 책상도 걸상도 없다. 다만 주민들이 갈대줄기를 엮어 만든 자리가 있을 뿐이다

가능하단다. 전임 추장은 마젠게라 추장의 오빠라고 한다. 추장은 소추장들이 선출하지만 일단 추장으로 선임되면 막강한 권한을 행사한다. 대통령도 함부로 무시하지 못한다고 하니…

정호진 목사가 이곳에서 봉사활동을 하며 마젠게라 언어를 익힌 정수빈 봉사단원의 통역을 통해 장래계획에 대해 논의하는 동안 나는 추장의 곡물창고를 돌아보았다. 창고에 가득한 옥수수위에는 마른 호박 50여 개가 놓여있다. 옥수수 알갱이가 작고 호박도 말라있다.

농업담당 직원인 '카왐바'를 불러 "왜 이렇게 옥수수 알갱이가 작고 낱알도 몇 개 붙어있지 않느냐"고 묻자, "비가 많이 내리지 않아 건조하기 때문이며 비료를 주지 않아서"라고 답한다. 내가 방문한 시기가 겨울이기도 하지만 우기에도 강수량이 많지 않다고 한다.

내친 김에 학교에 대해 묻자 옆에 있던 여교장이 학교 현황을 설명해줬다. 마젠게라 학교의 재학생은 1,200명으로 교사는 11명이다. 보통 한 반에 80명을 수용하는 데 교사 11명이 1,200명을 가르친 걸 계산하면 교사 한 명이 100명 이상의 학생을 가르치는 셈이다.

이 지역사람들은 오후 2시면 모든 일과가 끝난다고 한다. 물론 부지런한 사람은 새벽 세시에 일어나 들에 나가서 일하기도 하지만 모두가 일과를 일찍 끝내고 쉰다. 학교도 오후 2시면 모든 활동이 종료된다. 날이 더워서일까?

아프리카의 대부분 국가에서는 여성의 지위가 형편없다. 남존여비 사상에 젖어있는 이들은 여성이 성숙하기 전 할례를 하며 여성 인권을 짓밟고 있다고 한다. 하지만 말라위는 다르다. 전임 대통령도 여성이고, 마젠게라 추장도, 학교 교장도 여성이다. 이곳 여성들에게는 할례 풍습이 없다는 봉사단원 '오정' 씨의 얘기다.

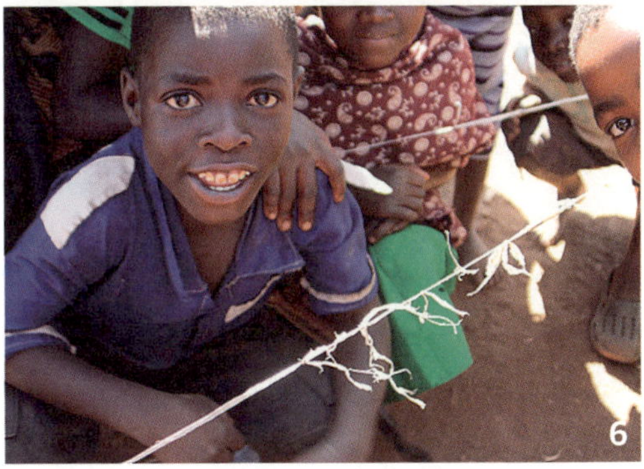

1 학교에 있는 공동 수도. 말라위는 다행스럽게도 지하수를 파면 거의 어디서든 물이 나온다고 한다

2 생명누리 국제 NGO가 해야 할 계획을 논의했다. 앞줄에 정호진 목사, 마젠게라 추장, 교장이다.

3 축구골대에 줄을 매 노는 여학생들. 학생들은 비닐봉지를 뜯어 새끼를 꼬아 고무줄놀이를 하고 있었다

4 마젠게라 추장. 마을 주민 15만 명을 지휘하며 사법권까지 행사하는 막강한 권한을 가졌다

5 시작과 끝을 알리는 학교종. 아이들이 망치를 들고 짓궂은 표정을 짓고 있다

6 고무줄놀이에 즐거워 하는 아이들 .

비닐봉지 뜯어 꼬아 만든 새끼줄로 고무줄놀이와 축구하는 아이들

반은 신발이 있고 반은 신발이 없는 여자 아이들 대여섯 명이 모여 뭔가를 만들고 있었다. 무엇을 하는 걸까 궁금해 옆으로 다가갔다. 마켓에서 물건을 살 때 물건을 담아주는 비닐을 10cm 간격으로 길게 찢어 손바닥에 놓고 비비꼬아 새끼줄을 만들고 있었다.

바로 옆 대나무로 만든 축구골대에서 여학생들이 고무줄놀이를 하고 있었다. 아하! 그렇구나! 고무줄 살 돈이 없는 아이들이 비닐봉지를 뜯어 새끼를 꼬아 고무줄놀이를 하고 있었다.

신나게 떠들며 맨발로 축구하는 남학생들이 보인다. 공 모습이 이상해 공을 보여 달라고 청했다. 공은 에이즈를 막기 위해 선진국에서 보내준 콘돔위에 비닐을 둘둘 말아 비닐로 꼬은 새끼줄을 촘촘하게 엮어 만들었다. 맨발로 잘도 찬다.

저 소년들 중에서 장래 세계적인 축구선수 드록바도 나오지 않을까? 가난하지만 불행한 모습을 보이지 않는 아이들. 카메라만 보면 달려와 재미있는 포즈를 취한 아이들을 위해 사진을 찍고 자신의 모습을 보여주면 깔깔거리며 웃는다. 행복은 물질에서만 나오는 게 아니다.

(14. 08. 15)

'열 달 치 월급' ... 카메라가 고장 났다

빅토리아 폭포 여행기

일행 중 한 명이 제안했다. "여기까지 왔는데 세계 3대 폭포에 드는 빅토리아 폭포를 못보고 가는 건 억울하다. 조금 무리를 해서라도 빅토리아 폭포를 보자!"

릴롱궤를 떠나기 전 코리아가든 로지 조오행 사장으로부터 빠르면 2박 3일, 늦어도 3박 4일이면 다녀올 수 있다는 말을 듣고 빅토리아 폭포로 출발했다. 현지 음식이 맞지 않고 중간에서 사먹을 곳도 없는 장거리라 일행은 쇼핑몰에서 2박 3일간 먹을 빵과 과일, 물을 샀다.

물가가 비싸다고 들었지만 아프리카는 아프리카다. 4명이 먹을 음식을 샀지만 10여 만 원이면 족했다. 빅토리아 폭포가 있는 잠비아 지도도 사고, 먹을 걸 샀으니 걱정은 없다. 걱정되는 건 혹시 발생할지도 모를 안전사고와 예정된 시간에 폭포를 볼 수 있을 것인가에 대한 염려다.

릴롱궤에서 빅토리아 폭포까지 2,400km

일행이 구글지도 검색을 통해 여행할 거리를 계산해보니 2,400㎞다. 2,400㎞가 감이 잡히지 않아 한국지도 검색을 해보았다. 제주도에서 두만강 끝머리인 온성군을 넘어 러시아의 블라디보스토크까지 직선거리로 연결해 보니 1,200㎞이다. 이 거리를 갔다 와야 일행이 빅토리아 폭포를 보기위해 다녀온 거리와 맞먹는 거리다.

해외여행, 더군다나 아프리카 여행이 어디 내 맘대로 되는가? 릴롱궤를 떠난 차가 말라위와 잠비아 국경 도시 음진치에 도착하자마자 문제가 생겼다. 차량 운행증이 없으면 차를 가지고 잠비아로 들어갈 수 없단다.

하는 수 없다. 차를 국경경비초소 옆에 세워두고 간단한 먹을거리와 꼭 필요한 생필품을 제외하고는 최소한도의 배낭을 꾸려 출입국관리소에 갔더니 말 그대로 '세월아 네월아'다. 시간은 자꾸 가고 얼른 이곳을 빠져나가야 다음 목적지에서 버스를 탈 텐데 바쁠 것 없는 관리들의 느긋한 태도에 일행은 애가 탔다.

출입국 절차를 마치고 택시를 타기 위해 현지인에게 물었더니 따라오란다. 요금 흥정을 마친 후 택시 문을 열자 택시를 안내한 그 친구가 앞자리에 앉아서 같이 가잔다. 우리나라 택시보다 조그만 택시라 배낭까지 멘 일행이 앉기도 부족한 공간에 말 한마디 해줬다고 공짜택시를, 그것도 조수석에 앉은 녀석의 넉살이란! 자리가 없으니 내려달라고 살살 달래서 다음 목적지인 치파타에 도착했다.

버스 정류장 관리인들은 버스가 금방 떠났으니 이곳에서 자고 내일 아침 버스를 타고 갈 것을 권한다. 난감하다. 잠비아 수도 루사카까지 가서 1박을 해야 예정된 날짜에 돌아올 수 있는데 이곳에서 자야 하다니. 때마침 택시 운전사가 다가와 루사카까지 택시로 갈 수도 있다고 한다.

택시를 보니 형편없었다. "도중에 고장이라도 나면 야생동물이 돌아다닐 들판에서 난감할 텐데 어쩌지?"하고 고민하다가 상태가 제일 나은 차를 선택해 흥정에 들어갔다. 20여 분간의 흥정을 거쳐 빅토리아 폭포까지 다녀오는 데 600달러에 합의를 봤다.

하지만 차주가 못 미더운 듯 고개를 갸웃거리자 일행 신분을 밝히고 내

명함을 주었다. "못 믿겠으면 메일주소와 전화번호가 있으니 무슨 일 생기면 한국대사관에 연락해 내 신분을 확인하라."고 하자 그제야 마음이 놓인 듯 "신분을 확인할 수 있는 명함을 받아서 좋다."고 허락했다.

지금 생각하면 택시 타기를 정말 잘했다. 길도 모르지, 말도 잘 통하지 않지, 게다가 운전사 '아이사'는 담배를 피우는 게 흠이지만 영어도 제법 잘한다. 치파타에서 잠비아 수도 루사카까지는 600㎞ 떨어져 있다.

모든 출발 준비를 마친 일행이 치파타를 떠난 시간은 해가 넘어가고 어둠이 시작될 무렵인 오후 5시 30분. "열악한 도로 환경인 이곳에서 연료가 떨어지면 큰일 난다."며 기름을 가득 채우고 루사카를 향해 떠났다.

1

3

2

4

1 석양무렵의 빅토리아 폭포 모습. 높이 100미터가 넘는 곳에서 카메라가 고장 나 핸드폰으로 찍은 사진

2 길가에 세워둔 차량 앞에 나뭇가지가 놓인 건 뭘까? 고장차가 있으니 뒷차는 조심하라는 의미란다

3 말타기는 세계 공통 놀이일까? 길가에서 놀던 잠비아 아이들 모습이다

4 잠비아 수도 루사카모습. 말라위보다 잘사는 느낌이 들었다

길가에서는 수많은 사람들이 태워달라고 손을 흔든다. 하지만 함부로 태웠다가는 낭패를 당할 수도 있고 태울 공간도 없다. 택시 운전사에게 물으니 대부분의 아프리카 사람들이 공짜로 차를 태워주기를 원하며 차를 향해 손을 흔든다고 한다. 주위가 어두워지고 도로주변은 나무와 풀뿐이다. 뒷좌석에 앉은 3명은 이내 잠이 들었지만 조수석에 앉은 나는 잠잘 수 없었다. 장거리를 운전하는 아이사가 졸지 않도록 계속 말을 걸었다.

잠비아에서 제일 월급이 많은 직업은 군인과 경찰이고 다음이 교사이며 운전사는 세 번째로 많단다. 자신의 나이는 24살인데 아이가 둘 있다고 한다. 월급 7만 원을 가져다주면 아내가 자신에게 충성한다나.

보통 남자들 월급이 2만5천 원이라고 하니 아이사의 월급은 괜찮은 편이다. 그러고 보니 일행이 3일간 차를 전세 낸 돈이 운전사 월급 10달치다. 600달러 속에는 기름 값까지 포함되어 있으니 괜찮은 장사다. 한국이었으면 어림없는 얘기다.

도로는 공사 구간이 많고 비좁은 길을 천천히 달리다 공사 구간이 끝나면 다시 달리기를 수십 번 반복했다. 10시간을 달려 잠비아 수도 루사카에 도착한 시간은 새벽 3시 50분이다. 운전사도 일행도 모르는 길을 이정표만 보고 10시간을 달리는 동안 도로주변에서 본 생물은 하이에나 한 마리 그리고 밤 12시가 넘었는데도 길을 가는 주민들이었다. 걱정이 돼 아이사에게 물었다.

"저 사람들 저러다 맹수가 나타나면 어떡하지…"

"걱정마세요. 가끔씩 나오는 하이에나를 제외하고는 맹수는 없어요. 맹수는 사파리에서나 만날 수 있어요."

도로사정이 형편없고 비좁은 차에서 기진맥진한 일행은 루사카 로지에서 잠깐 눈을 붙이고 다음 날 오전 9시가 되자 빅토리아 폭포 가까이에

1

4

2

5

3

6

1 빅토리아폭포까지 2박 3일 동안 일행을 태워준 택시. 왼쪽에서 두 번째가 차주이고 네 번째가 운전사 '아이사'이다. 흥정을 마친 후 혹시 딴소리를 할까봐 번호판이 보이게 사진을 찍었다. 여행할 때는 만약을 위해 이런 사진을 찍어놔야 한다.

2 빅토리아폭포로 가던 도중 만났던 전통가옥 모습

3 폭포로 물이 떨어지기 직전 위치에서 촬영한 사진

4 식민제국주의 시대 이후 아프리카는 지금 서서히 잠에서 깨어나고 있다. 곳곳에 도로를 신설하는 공사로 차가 막히는 경우가 많았다

5 100m가 넘는 폭포에서 올라오는 물보라가 석양과 어울려 무지개를 만들었다

6 루앙가 강가의 한 마을에서 현지인들이 타이거피쉬를 구워서 파는데 이빨이 엄청 날카로웠다.

있는 리빙스턴 마을을 향해 출발했다. 잠비아 수도 루사카의 모습은 말라위 수도 릴롱궤의 모습과는 달랐다. 높은 건물과 쭉쭉 뻗은 도로며 주택의 모습이 말라위보다는 잘 산다는 느낌을 받았다.

그래도 어젯밤에 홍역을 치러서인지 아니면 대낮이어서인지 한결 편안해졌다. 도로 주변에서는 연기와 불 피우는 장면이 계속 보인다. 화전민이 풀숲을 태우는 것이다. 정호진 목사가 연신 혀를 찬다.

"아이구! 이 사람들 불태우지 못하도록 강제하는 법은 없나, 이게 땅을 얼마나 황폐시키는 건지도 모르고. 이러니 아프리카 토질이 척박해지고 먹을 것이 없으니 더욱더 가난해지지!"

빅토리아 폭포의 웅장한 모습

8시간을 더 달린 차가 드디어 빅토리아 폭포에 도착했다. 잘 정돈된 입구에 가니 원숭이들이 먹을 걸 얻기 위해 다가온다. 각자 20달러를 지불하고 폭포를 바라본 순간 폭포 모습이 장관이었다.

빅토리아 폭포는 너비 1.7km와 높이 108m의 규모이다. 빅토리아 폭포는 잠비아와 짐바브웨 사이에 위치한 폭포다. 스코틀랜드 탐험가 데이비드 리빙스턴이 영국의 빅토리아 여왕의 이름을 따서 지어졌다.

100m가 넘는 높이에서 떨어지는 물이 다시 물보라를 일으키며 올라오자 무지개가 뜬다. 환상적인 모습에 관광객들은 탄성을 질렀다. 옷 젖는 것에는 신경을 쓰지 않았다. 그런데 세계 각국에서 온 관광객들이 연신 카메라 셔터를 눌러대는 사이 내 카메라에 문제가 생겼다.

물보라가 쳐서 카메라에 문제가 생길까 걱정이 되어 사진을 찍지 않을 때는 품안에 넣었지만 어느새 셔터가 눌러지지 않는다. "아! 이런 낭패가 없네!" 군인이 총이 고장 난 셈이다. 몇 번이나 전원을 껐다 켜도 소용이 없었다.

하는 수 없이 핸드폰을 꺼내 사진을 찍기 시작했다. 카메라가 고장 난 나는 몇 번이나 아쉬운 장면을 놓쳤다. 핸드폰으로는 차창밖에 비치는 중요한 장면을 연속으로 찍을 수 없기 때문이다.

빅토리아 폭포를 구경하고 돌아오는 2,400㎞의 장거리 여행은 여유가 있었고 아프리카의 경관을 이해하는 데 중요한 자료가 됐다. 제국주의 탐욕으로 신음했던 아프리카는 느리지만 서서히 변화하고 있었다. 북아프리카의 재스민 혁명은 사하라 이남의 아프리카에도 불어오고 외세의 지배에 있던 아프리카인들에게도 주인 의식이 일어나고 있었다.

영상매체는 이제 더 이상 선정적인 모습의 아프리카 모습만 비추지 말고 실상을 보여줘야 한다. 아프리카는 더 이상 벌거벗은 미개인이 창을 들고 사자와 동물을 사냥하는 곳이 아니다. (14. 08. 29)

'등재 논란' 일본 강제징용시설, 유령 나올 듯

아픈 역사 흔적 남아… 조선인 노동자의 한 느껴졌다

지난 4월 28일, 일제에 징용된 조선인들이 강제 노동에 시달린 '군함도'(일본명 군칸지마)'를 다녀왔다. 군함도는 채 2,000평도 안 되는 조그만 섬으로, 생김새가 군함처럼 생겼다. 이 섬은 일본인이나 한국인에게는 역사적으로 중요한 의미가 있는 섬이다.

요즘 각종 언론사의 주요 뉴스 중 하나는 과거 일본 산업 시설이 유네스코 세계문화유산에 등재될 것인가, 말 것인가 하는 것이다. 유네스코 산하 세계유산위원회의 국제기념물유적협의회(ICOMOS)가 '메이지 시대 일본의 산업혁명 유산'들을 세계문화유산에 등록할 것을 권고했기 때문이다. 실제로 나가사키 항에는 이를 축하하는 깃발이 날리고 있었다.

조선인 강제 징용했던 섬, 하시마

일본이 세계유산 등록을 추진하고 있는 산업시설은 나가사키(長崎)의 하시마(端島) 탄광과 미쓰비시중공업의 나가사키 조선소, 기타큐슈시의 야하타(八幡)제철소 등이다.

나가사키 반도에서 서쪽으로 약 4.5km, 미쓰비시석탄광업의 주력 탄광이었던 다카시마에서 남서쪽으로 약 2.5km, 나가사키 항에서 남서쪽으로 약 19km 떨어진 조그만 섬 '하시마'.

일본에서는 군함도를 하시마라고 부른다. 하시마는 남북으로 약 480m, 동서로 약 160m, 둘레 약 1,200m, 면적 약 6,300제곱미터의 작은 해저 탄광섬이다. 이 섬은 울타리가 섬 전체를 둘러싸고 있으며 고층의 철근 콘크리트 아파트가 늘어선 폐허의 섬이다.

폐광 후 오랫동안 잠들어 있던 하시마가 세간의 주목을 받게 된 것은 2009년 1월 5일 세계유산 잠정 리스트에 '규슈 야마구치 근대화산업유산군'으로 분류됐기 때문이다. 하시마에서는 1810년경 석탄이 발견돼 1890년 미쓰비시 합자회사가 본격적인 해저 탄광 시대를 열었다.

폐광 후 폐허된 곳… 아픈 역사 오롯이

출탄량이 증가함에 따라 인구도 증가했다. 좁은 섬에서 많은 사람이 생활하기 위해 1916년에는 일본에서 최초로 철근 콘크리트의 고층 집합주택이 건설됐다. 전성기에는 5,300명이 넘는 사람이 살아 당시 도쿄 도의 9배나 되는 인구 밀도에 달했다.

1891년부터 1974년 폐광까지 약 1,570만 톤이나 석탄을 채굴한 광부들은 해면 아래 1,000m 이하 지점까지 파고 들어갔다. 경사는 급했으며 온도 30도, 습도 95%라는 악조건 하에서 가스 폭발 등 위험과 싸워야 했다.

학교와 병원, 상점 외에도 영화관이나 파친코 홀 등 오락 시설도 갖춰져 있었지만, 나무를 기를 수 있는 장소가 없었기에 아파트 옥상에 흙을 날라 꽃과 채소를 길렀다. 당시 사진 자료에서 줄다리기 등 운동회도 열린 걸 보면 육지에서 할 수 있는 건 다하려고 했던 것 같다. 에너지 혁명으로 석탄 수요가 감소해 1974년 폐광한 섬의 모습은 폐허 그 자체로 유령이 나올 듯한 모습이다. 일본인 가이드의 설명에 따르면 여기서 007 영화도 촬영했다고 한다.

1 군함처럼 생겼다 하여 이름 붙여진 군함도. 나가사키항에서 약 19킬로미터 떨어져 있는 해저탄광섬이다.

2 석탄을 캐던 탄광이 문을 닫고 폐허가 된 모습. 007 영화를 촬영하기도 했다고 한다

3 높이 10여 미터의 옹벽이 둘러쳐진 섬에서 물을 끌어올리는 길이다. 왼쪽에는 녹슨 전선줄이 보인다

4 나가사키항에는 세계문화유산 등재를 축하하는 깃발이 날리고 있었다.

5 폐허가 된 탄광에 돈나무가 꽃을 피우고 어디선가 찔레꽃과 억새풀이 날아와 자라고 있었다

6 당시 사진을 보면 학생들이 줄넘기놀이를 하고 있는 모습이 보인다

일본의 시민단체가 밝힌 자료에 따르면 패전 위기에 몰리자 외국인 노동자(조선인, 중국인)들을 강제 징용했고, 600여 명의 조선인 징용자 중 상당수가 사망했다. 진상조사위원회 당국자에게 정확한 자료를 요구했으나 "일본 측에서 자료를 제공해 주지 않아 정확한 집계를 낼 수 없다."는 말을 들었다.

허락된 구간만 가이드를 따라 돌아본 섬에는 녹슨 철근과 부스러지는 목재 사이로 돈나무가 꽃을 피우고 있었다. 어디서 날아 왔는지 뿌리를 내린 찔레꽃과 억새풀이 자연의 위대함을 보여줬다. 주민의 식수를 보관했던 물탱크 잔해와 관리 사무소 위에는 서너 마리의 매가 맴돌고 있었다.

여수 오동도의 절반 정도밖에 안 되는 군함도에 갇힌 조선인 강제 징용자들. 당시 다치거나 죽어야만 섬을 빠져나갈 수 있었다던 조선인 노동자들은 마음대로 하늘을 날 수 있는 매를 부러워했을지도 모른다.

(15. 05. 08)

모든 것이 멈춰버린 1945년 8월 9일 '그날'

세계평화를 염원하는 원폭자료관

"노 모어 나가사키, 노 모어 워.(No More Nagasaki, No More War.)"

작년 8월 9일, 나가사키 시장이 나가사키에 원자폭탄이 터진 지 69년이 된 그날, 평화를 염원하는 전 세계인들을 향해 '나가사키 평화선언'을 하면서 한 말이다.

나가사키 범선 축제에 참가한 일행과 함께 나가사키 원폭자료관을 방문했다. 일행을 안내한 분은 백제인의 후손이라며 한국말을 잘하는 기무라(72세)씨다.

올 8월 9일은 나가사키에 원자폭탄이 떨어진 지 70주년이 되는 날이다. 당시 하늘에서 떨어진 원자폭탄에 의해, 집들은 날아가고 화염에 휩싸여 까맣게 탄 시체들이 흩어져 있는 거리를 수많은 시민이 갈팡질팡했다.

엄청난 열선과 폭풍, 방사선은 7만4천 명의 소중한 목숨을 앗아가고 7만5천 명의 부상자를 냈다. 또한 간신히 살아남은 사람들의 몸과 마음에 지금도 아물지 않는 깊은 상처를 냈다. 지금도 세계에는 1만6천 발 이상의 핵탄두가 존재한다. 핵무기의 공포를 직접 체험한 피폭자는 두 번 다시 핵무기를 사용해선 안 된다고 외친다.

작년 2월 멕시코에서 열린 '핵무기 비인도성에 관한 국제회의'에서는

146개국 대표가 인체와 경제, 환경, 기후변동 등 다양한 시점에서 핵무기가 얼마나 비인도적인 무기인가를 분명히 했다.

북한의 핵무장과 아베정권의 집단적 자위권에 대한 논의로 전쟁에 대한 우려가 커지고 있지만 원자폭탄을 경험한 나가사키 시민들은 '더 이상 전쟁을 하지 말자, 나가사키의 역사를 되풀이하지 말자'는 반전운동을 하고 있다.

운명의 그날 1945년 8월 9일 11시 2분… 모든 게 멈춰버렸다

원자폭탄은 핵분열성 물질(풀루토늄 등)이 핵분열을 일으킬 때 발생되는 에너지를 무기로 이용한 것으로 통상적 폭탄에 비해 훨씬 큰 파괴력을 가지고 있다. 또한 핵분열을 일으킬 때 발생되는 감마선이나 중성자선과 같은 방사선은 오랜 기간에 걸쳐 인체에 심각한 장애를 가져온다.

나가사키에 투하된 원자폭탄은 길이 3.25m, 직경 1.52m, 무게 4.5톤으로 그 생긴 모양 때문에 패트맨이라고 불렀다. 폭발했을 당시 고성능 폭약 21kg에 해당하는 에너지가 방출됐다. 에너지의 내역은 폭풍이 약 50%, 열선이 약 35%, 방사선이 약 15%로 이러한 것들이 복잡하게 얽혀서 나가사키 거리에 막대한 피해를 입혔다.

원폭기념관 입구 정면에는 피폭 전의 나가사키 거리와 시민들의 생활상이 전시되어 있고, 이어서 원폭이 투하되었을 때 발생한 버섯구름 영상과 우라카미 지구를 중심으로 나가사키 거리가 순식간에 파괴되었음을 말해주는, 11시 2분을 가리킨 채 멈춘 시계가 전시되어 있다.

D관까지 있는 추도평화기념관의 C관에는 '핵무기가 없는 세상을 위하여'라는 주제의 사진과 글들이 기록되어 있다. 이곳에서는 핵무기 개발의 역사와 전후의 국제정세, 세계의 반핵운동 등을 연대순으로 전시하고 있다.

또한 현재 진행되고 있는 핵무기 개발에 관한 내용도 기록되어 있다. 현대의 핵무기는 소형화되고 정확도도 증가하고 있다. 눈에 띄는 건 핵무기 보유국에 북한이 추가되어 있다는 것이다.

원폭자료관을 나와 원폭낙하 중심지로 가던 길에 길가에 조그만 비석이 하나 있었다. 이른바 나가사키 원폭희생자 조선인 추모비였다. 눈에 잘 띄지 않아 지나칠 뻔했는데 기무라 씨가 안내를 한다.

그 옆에는 삐뚤빼뚤한 한글이 빼곡히 적혀 있었다. 조선인 추모비이니 당연히 재일교포들이 세운 비석인 줄 알았는데 이름 모를 일본인들이 조금씩 돈을 모아 비석을 세웠다고 적혀 있다. 일본에도 기무라 씨와 같은

1 나가사키에 원자폭탄이 떨어진 직후 살아남은 여학생이 자신이 살았던 집을 찾아왔지만 아무것도 남아있지 않았다. 기무라씨의 설명에 의하면 검게 타죽은 시체가 아버지였을 거란다

2 원자폭탄이 떨어진 중심지

3 원폭 당시 고열로 녹아내린 유리에 손뼈가 붙어있다

양심 있는 일본지식인들이 있었다. 1979년 8월 9일 '나가사키 조선인 인권을 지키는 회' 사람들이 비석에 기록한 내용이다.

"1945년 8월 15일 일본 패전 당시 일본에는 236만5,263명의 조선인이 거주하고 있었다(내무성 경보국 자료). 나가사키현에도 7만 명이 거주하고 있었고, 나가사키시 주변에는 약 3만 수천 명의 조선 사람들이 살고 있었으며 그들은 미쓰비시 계열의 조선소, 제강소, 전기, 병기공장, 도로, 방공호, 군수공장 등 토목공사장에서 강제노동을 당했다.

나가사키 원자폭탄 투하로 약 2만 명의 조선 사람들이 피폭당해 약 1만여 명이 폭사했다. 우리들 이름 없는 일본사람들이 얼마간의 돈을 모아 이곳 나가사키에서 비참한 생애를 보낸 1만여 명의 조선 사람을 위하여 이 추도비를 건설했다.

지난 시기 일본이 조선을 무력으로 위협하여 식민지로 만들고 그 민족을 강제로 끌고와 학대혹사하며 강제노동 끝에 비참하게도 원폭에 맞아 죽어간 전쟁책임을 그들에게 사과함과 동시에 이 세상에서 핵무기의 완전철폐와 조선의 자주적 평화통일을 염원하여 마지않는다."

원폭낙하 중심지를 지나 두 번 다시 전쟁의 비극을 되풀이하지 않겠다는 맹세와 세계평화에 대한 염원을 담은 평화공원으로 갔다. 원폭당시 형무소였던 이곳은 흔적이 사라지고 시멘트 기초만 남았다.

입구에 들어서자 '평화의 샘'이 보이고 일본어 몇 자가 적혀 있었다. 일본어를 모르는 나에게 기무라 씨가 해석을 해줬다. 전쟁이 끝난 후 작문시간에 "원자폭탄이 떨어졌을 당시 상황에 대해 쓰라는 담임선생님의 말을 듣고 썼다."는 9살 소녀의 글이다.

"목이 말라서 견딜 수가 없었다. 하지만 어떻게든 물이 마시고 싶어서 겨우 기름이 떠 있는 대로 마셨다."

기무라씨가 1933년에 발간됐다는 <나가사키 일일신문> 기사 내용을

1 일행을 안내한 기무라 씨가 효창공원에 있는 독립의사묘에서 촬영했다는 묘지들로 왼쪽부터 이봉창, 윤봉길, 백정기 선생의 묘가 보인다. 시신을 찾지 못한 묘에는 가묘를 썼다

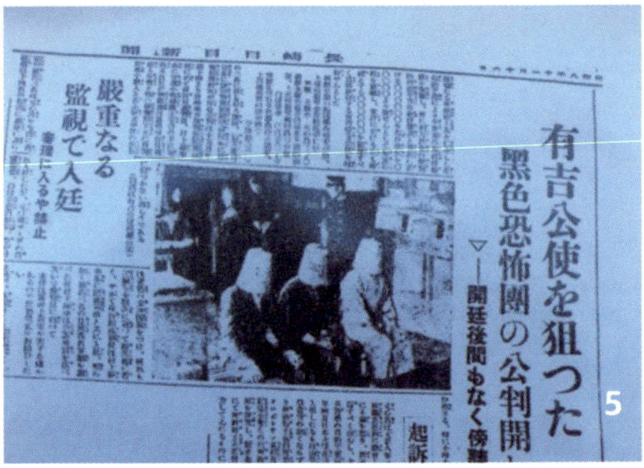

2 평화를 염원하는 시민들이 종이학을 접어 '평화'라는 글귀를 적어 넣었다

3 평화공원모습. 입구에는 평화의 샘이 보이고 "원폭당시를 회상해 글을 쓰라"는 담임선생님의 말을 듣고 9살 난 소녀가 썼다는 글귀가 적혀 있다. "목이 말라 견딜 수가 없어 기름이 떠있는 물을 마셨다"는 글귀가 적혀 있다

4 나가사키 원폭자료관 옆에 있는 나가사키 원폭희생자 조선인 추모비. 일행을 안내한 기무라 씨가 이효웅 씨에게 비문 내용을 설명하고 있다

5 기무라 씨의 설명에 의하면 평화공원이 있던 자리는 나가사키 형무소로 1933년에 독립운동을 하던 백정기 선생이 갇혀 있다가 나가사키 법정에서 무기징역을 선고받았다. 기무라 씨가 당시 발간된 신문을 보여줬다. 두건을 쓴 가운데가 독립운동가 백정기 선생의 모습이다

보여주며 설명을 해준다.

“이 자리가 원폭 당시 형무소였는데 원자폭탄이 떨어지기 전인 1933년에 독립운동을 하던 백정기 씨가 이곳에 끌려와 나가사키 법정에서 무기징역을 선고 당했다는 신문 내용입니다.”

“효창공원 독립운동가 묘역에는 이봉창, 윤봉길, 백정기의 묘가 나란히 있다.”며 기무라 씨가 사진을 보여줬다. 나보다 한국역사를 더 많이 공부하는 기무라 씨를 보고 부끄러움을 느꼈다.

공원 가운데에는 조각가 기타무라 세이보가 5년의 작업 기간을 거쳐 1955년 8월에 완성한 높이 9.7m의 평화기념상이 있다. 하늘을 향해 뻗은 오른손은 핵무기 위협이 없기를, 수평으로 뻗은 왼손은 평등과 평화를, 지그시 감은 눈은 희생자의 명복을 비는 것이라고 한다.

(15. 05. 14)

이념이 뭐기에... 눈물 흘리는 라오스 이민

평화로운 나라 라오스에서 잊혀진 전쟁의 그림자를 보았다

여수지구촌사랑나눔회원들이 라오스 고산족인 폰싸 마을에서 의료봉사활동을 마치고 밤비행기를 타기 전 일정은 라오스 수도인 비엔티안 관광이다. 배낭여행을 즐기고 현지인들과 어울리기를 좋아하는 나는 아침 일찍 일어나 메콩강변 산책에 나섰다.

라오스 최대도시 비엔티안. 정확한 지명은 '위앙짠'이며 '백단향의 도시'라는 의미를 가지고 있다. 1563년 타티랏 왕이 루앙프라방에서 이곳으로 천도하면서 라오스 수도가 됐다. 1828년 싸얌(현재의 태국)의 침략을 받아 약탈당했던 탓에 화려한 옛 모습은 찾아볼 수 없었다.

프랑스 식민지배 기간 동안 도시가 정비됐지만 우리나라의 도청 소재지 정도의 모습을 보여준다. 78만 인구라 '동남아시아에서 가장 조용한 수도'라는 불명예를 안고 있다고 알려졌는데 출퇴근시간에 도로에 즐비한 차를 보면 그 얘기가 맞는 건 아닌 것 같다.

한 손에 칼을, 다른 한 손으론 태국을 가리키는 아누웡 동상

태국과 국경을 이루는 메콩강변을 따라 야시장이 있었던 쪽으로 걸어가니 '짜오 아누웡 공원'이 나왔다. 산책 나왔던 시민들이 꽃과 향을 바치며

짜오 아누웡 동상을 향해 기도를 드린다. 2010년에 세워진 6m 높이의 동상은 한 손에는 칼을 차고, 다른 손은 강 건너 태국을 가리키고 있다.

짜오 아누웡은 비엔티안 왕국의 마지막 왕이다. 싸얌의 속국으로 전락했던 시절 싸얌과의 전쟁을 승리로 이끌었던 라오스 전쟁영웅이기도 하다. 하지만 군사력 우위를 점했던 싸얌이 세력을 재정비해 비엔티안을 침략하며 비엔티안 왕국은 패망했고 왕은 포로로 잡혀가 방콕에서 죽임을 당했다. 왕의 손가락이 마치 잃어버린 국토 수복의지를 보여주는 듯하지만 태국 입장에서는 반역자에 불과해 못마땅해 한다고 한다.

1 라오스의 상징이자 라오스에서 가장 신성시되는 '탓 루앙' 사원. 종교건축물로 위대한 탑이라는 뜻이다. 건설 당시에 450킬로그램의 금을 사용해 화려했었다. 지난 10월 31일에도 10킬로그램의 금박작업을 했다고 한다

2 비엔티안 인근을 흐르는 메콩강변에는 '짜오 아누웡 공원'이 있다. 2010년에 세워진 높이 6m의 동상은 라오스 독립전쟁 영웅인 '짜오 아누웡' 왕으로 한 손엔 칼을, 다른 손에는 칼을 차고 건너편에 보이는 태국땅을 바라보고 있다

3 메콩강변에서 낚시질하는 사람. 네 귀퉁이 끝에 그물을 달아 주기적으로 올렸다 내렸다를 반복하다 고기가 잡혀 있으면 뜰채로 건져 담았다

1 라오스에서 가장 오래된 '왓 씨싸켓' 사원. 라오스 미술사에서 가장 가치 있는 절이라는 글귀가 있었다.

2 라오스에서 가장 넓은 타논 란쌍거리 모습으로 중요한 정부기관이 모여 있다

3 라오스 국립박물관에는 프랑스식민지배 시절 탄압받았던 라오스인들의 사진이 전시돼 있었다

4 파리의 개선문을 닮은 빠뚜싸이. 프랑스 식민지배에 대항해 싸우다 죽은 이들의 기념물이다. 멀리서 본 외관과 달리 조잡했다. 시멘트로 만들었기 때문이다

5 박물관 곳곳에는 인도와 흡사한 유물이 많아 인도에서 문화가 전래된 것을 알 수 있었다

6 탓 루앙 사원인근에 있는 와불

라오스에서 가장 오래된 사원인 '왓 씨싸켓' 사원

1818년 짜오 아누웡 시절에 건설된 '왓 씨싸켓' 사원은 특이하게도 태국양식이다. 싸얌의 속국에서 벗어나기 위해 짜오 아누웡이 반기를 들고 전쟁을 벌여 일시적으로 영토를 회복했으나 전쟁에 패하여 싸얌의 지배를 받게 된다. 이때 비엔티안을 약탈하는 과정에서 태국양식으로 건설된 사원은 피해를 입지 않고 살아남았다.

대법전은 승려들의 출가 의식이 행해지던 곳으로 붓다의 전생을 기록한 벽화가 희미하게 남아있다. 16세기에서 19세기에 걸쳐 만들어진 불상은 무려 6,840개나 돼 불상 박물관을 연상케 한다.

사진촬영이 금지된 사원내부에서는 오래된 벽화를 복원하는 공사가 진행 중이었다. 사원을 설명하는 기록을 보니 라오스 미술사에서 가장 가치있는 절이라는 글귀가 적혀있었다.

사회주의 정부 수립이전에 프랑스와의 독립전쟁에서 사망한 사람들을 기리기 위해 세운 '빠뚜싸이'는 프랑스 개선문을 닮았다. 라오스어로 '빠뚜'는 문, '싸이'는 승리를 의미한다. 건축자재는 비엔티안 공항 활주로를 건설하기 위해 미국에서 지원한 시멘트를 사용했다.

멀리서 보았을 땐 괜찮았는데 가까이 가서 보니 시멘트가 드러나고 조잡하다. 중앙천장에는 불상과 '낀나리'(새와 사람이 합쳐진 신), 힌두신화인 '라마야마' 이야기가 조각되어 있다. 입장료를 내고 내부 계단을 올라가면 중간에 기념품 가게가 있다.

옥상에 올라 아래를 내려다보니 정면에 곧게 뻗은 타논 란쌍거리가 한눈에 들어온다. 타논 란쌍은 라오스에서 가장 넓은 8차선 도로다. 비엔티안의 중심도로로 대통령궁을 비롯한 외국계 은행과 라오스 정부 각 부처가 모여 있는 중심가다.

프랑스식민 지배기간에 만들어진 국립박물관 구경에 나섰다. 1층에는 크메르 조각상, 공룡뼈, 도자기 파편과 씨앙쿠앙에 있는 돌 항아리 등의 고대유물이 전시되어 있다. 2층은 라오스 현대사에 중점을 둬 씨얌의 침략, 프랑스의 라오스 식민통치, 인도차이나 전쟁과 라오스의 독립에 이은 사회주의 정부 수립에 관한 내용이 적혀있었다. 흑백 사진 속에는 프랑스 식민지 시절 탄압받았던 사진과 함께 미군이 투하한 불발탄도 전시되어 있었다.

라오스의 상징이자 라오스에서 가장 신성시되는 종교건축물인 '탓 루앙'은 '위대한 탑'이라는 뜻을 갖고 있다. 69m의 직사각형 기단 위에 45m 높이의 탑을 올린 사원은 연꽃봉오리를 형상화한 탑이다.

전설에 따르면 3세기경에 인도 승려들이 가져온 붓다의 사리를 안치했던 장소로 알려졌다. 18~19세기 버마와 싸얌의 침략을 받아 대부분 파괴됐으나 프랑스 통치기간인 1900년대에 들어 복원했다.

1930년대에 재공사가 이뤄졌으며, 1995년 라오스 인민민주의 공화국 탄생 20주년에 맞춰 황금색을 입혀 탑이 번쩍이게 됐다. 건설당시에는 450kg의 금을 사용해 화려했으나 재건축한 사원은 콘크리트 건물에 금색을 칠했다. 그러나 최근(10월 31일)에 황금 10kg을 모금해 올리고 금단장을 하고 있었다.

라오스에서 의료봉사활동을 하며 본 전쟁의 그림자

라오스 북부 고원지대에 있는 씨앙쿠앙은 전 세계에서 인구 대비 가장 많은 폭탄이 투하된 지역이라는 아픈 역사를 간직하고 있다. 인도차이나 전쟁기간 동안 베트남과 라오스가 공산화되는 것을 꺼린 미국은 비밀리에 공습작전을 진행했다.

라오스에서 살고 있는 교민의 설명에 의하면 불발폭탄을 이용해 장식한 건물을 볼 수 있다고 했다. 산악 지역으로 뒤덮인 북부 라오스 지역에서 넓은 평원으로 이뤄진 씨앙쿠앙은 베트남 수도였던 하노이로 가는 길목이기도 했다.

미국은 인도차이나가 공산화되는 걸 원치 않았고 베트남은 라오스와 캄보디아의 산악지역을 따라 군사물자 보급로(호찌민 트레일)를 확보했다. 미국은 CIA가 비밀리에 지원한 몽족 용병들을 이용했고 총 58만 944번의 출격을 통해 200만T 이상의 폭탄을 투하했다. 씨앙쿠앙에는 지금도 불발탄을 제거해주는 NGO단체가 활동하고 있다고 한다. 이 평화롭고 아름다운 나라에 이념이 무엇이기에 전쟁의 재앙이 닥쳤을까 곰곰이 생각했다.

라오스는 불교 신자가 67%로 가장 많다. 기독교도는 1.5%에 불과하며 소수민족들이 토착신앙을 믿는다. 인구의 55%가 라오족인 라오스의 라오족 남성은 평생에 한 번은 승려로 수행하는 것을 삶의 가치로 여긴다. 그래서일까? 대부분 평화를 사랑하고 여유롭다. 그런 나라가 강대국들의 침략을 받아 신음한 적이 있다.

국립박물관에 가서 영어로 써진 현대사를 보니 프랑스는 식민주의자, 미국은 제국주의자로 적혀 있었다. 의료봉사 현장인 몽족 노인들한테 인도차이나 전쟁 당시 상황을 듣고 싶었지만 대화도 되지 않았고 꺼리는 분위기였다. 전쟁의 상처를 직접 들을 수 있는 기회는 우연히 찾아왔다.

한국으로 돌아오는 비행기 좌석 옆자리에는 라오스인 부부가 타고 있었다. 내 좌석이 창 쪽인데 "창밖을 보고 싶다."며 양해를 구해 양보했다. 비행기가 서서히 공항 활주로를 흐르고 지면을 박차고 하늘로 날아오른 순간 부인이 눈물을 흘리며 "굿바이 비엔티안! 굿바이 비엔티안!"을 자그맣게 외치고 있었다. 그들과 대화가 시작됐다.

"한국에 가세요?"

"아니요. 한국을 경유해 미국 집으로 돌아가는 중이에요."

"미국으로 이민 갔습니까?"

"이민간 게 아니라. 저! 그! 그! 예! 뭐, 이민간 거나 마찬가지죠. 텍사스에 살고 있습니다. 인도차이나 전쟁 때 미군편을 들었다가 전쟁이 끝나자 황급히 보트 하나를 마련해 전 가족을 태우고 비엔티안 인근에 있는 메콩강을 따라 흘러내려가 태국 피난민 캠프에 살다 미국으로 갔습니다. 당시 가진 것 하나 없이 이 손목에 찬 시계 하나만 가지고 피난 갔습니다."

1 탓 루앙 사원에서 소아과 박승원 원장 부부. 의료봉사활동에 고운 마음씨를 가진 분들이 참여했다

2 의료봉사활동에 동참한 학생인 김성은(중1) 학생은 "한국 사람들이 더 잘산다는 걸 알았지만 라오스 애들이 더 행복한 것 같아요. 학원에 안 가고 너무 밝아 보여서요"라고 말했다. 강현규(대1)군은 "유럽배낭여행에 도전하겠다"고 했다

3 예물을 바치고 불공드리러 온 가족들

4 여수지구촌사랑나눔회원들이 의료봉사활동을 마치고 떠나는 버스를 바라보며 미소 짓는 몽족 어린이들이 학교 담장에 올라서 일행을 바라보고 있었다. 인도차이나 전쟁이 한창일 무렵 이들의 할아버지 할머니도 전쟁의 소용돌이에 말렸을까를 생각하며 이 땅에 평화를 기원했다

웃고 있었지만 얼굴은 울고 있었다. 그들은 "라오스 당국이 반역자라고 해서 입국금지를 했었지만 지금은 금지령이 풀려 자유롭게 왕래할 수 있다."고 했다. "한국도 6·25전쟁이 끝나고 당신처럼 북한에서 피난 온 사람들이 북한을 방문하고 싶어 하는데 북한이 허락하지 못해 못 간다."고 했더니 "슬픈 이야기!"라고 화답했다.

갑자기 내 머릿속에 1975년 4월 30일이 떠올랐다. 남베트남이 패망하자 김일성은 적화통일을 하겠다고 선언해 전군에 비상령이 내려졌다. 강원도 전방사단 수색중대에 근무하던 부대에도 훈련중지와 함께 전투태세 명령이 떨어지고 부대원들은 모든 전투준비를 하고 실탄이 지급되기만 기다리며 대기하고 있었다.

일촉즉발 상황이 되자 우리나라 영해에 미군 핵 항공모함 두 척이 들어오고 김일성은 전쟁을 일으키지 못했다. 다시 의료봉사활동 했던 몽족 마을의 천진난만한 어린이들의 얼굴이 떠올랐다. 이들이 무슨 죄가 있어 전쟁의 참화를 당해야 했나, 우리 같은 평민들과는 아무 상관도 없는 전쟁은 정치가들의 욕심 때문이다.

친지 집에서 한 달간 지내다 미국으로 돌아간다는 부부 얼굴이 알려지면 피해를 입을까 염려돼 사진을 찍지 않았다. 당시 전쟁직전까지 갔던 위급한 상황에 대해 얘기하자 "뉴스를 들어 한국의 상황을 잘 압니다. 또 다시 한국에 커다란 비극이 발생할 뻔했네요."라고 말한 그에게서 평화를 염원하는 눈빛을 읽었다. (16. 11. 22)

“여긴 밤문화가 없어요” 한국 거쳐 알아보는 하와이 교포

제주도 크기인 마우이섬, 고대 하와이안의 성지 할레아칼라

하와이 여행 둘째 날, 일행은 오아후에서 비행기로 30분 정도 떨어진 마우이 섬을 방문했다. 현재 하와이 주도는 호놀룰루지만 최초의 주도는 마우이의 ‘라하이나’였다. 가이드의 설명에 의하면 항구 해수면이 낮아 대형선박 접안이 어려워 호놀룰루로 주도를 옮겼다고 한다.

제주도보다 살짝 큰 마우이는 원래 2개의 섬이었으나 할레아칼라 산의 분화로 섬이 이어져 사람 얼굴형상의 섬이 탄생했다. 지도를 놓고 보면 머리 부분과 몸통을 살짝 기울여 놓은 것처럼 생겼다. 목 부분에 있는 도로는 유명 해변휴양지로 가는 통행로이다.

마우이는 최고의 일출장소로 손꼽히는 할레아칼라, 전 세계 골프팬들의 워너비 장소인 카아나팔리, 호화리조트가 모여 있는 와일레아, 지상낙원으로 꼽히는 하나 등이 있어 현지인들조차 동경하는 섬이다.

워너비(wannabe)란, “유명인을 동경하는 사람, 유명인을 동경하여 행동, 복장 등을 그들처럼 하는 사람”을 뜻하는 것으로 “무언가가 되고 싶다” 뜻의 영어 ‘want to be’를 연음으로 발음한 말이다.

가이드 설명에 의하면 세계최고의 골프선수들이 참가하여 매년 열리는 PGA대회의 첫 번째 대회가 이곳에서 열린다고 한다. 과연 달리는 차창 밖으로 그림 같은 골프장들이 눈에 들어왔다.

포경업으로 유명했던 라하이항구, 현재는 혹등고래 관찰 투어로 전환

마우이 중심 라하이나항은 미국 고래잡이배들이 모여 들면서 포경업 기지가 되었다. 라하이나는 허먼 멜빌의 소설 <백경>의 배경이 된 곳이다.

덕분에 지금까지도 겨울(12월~4월)만 되면 고래를 볼 수 있는 투어로 인기를 얻고 있다. 1845년 수도를 오아후의 호놀룰루로 옮긴 뒤에도 포경업이 번성했지만 1860년대부터 쇠퇴하기 시작했다.

자연보호를 엄격히 시행하는 미국인들이 엄격하게 규제했기 때문이다.

1 '태양의 집'이라는 뜻을 가진 할레아칼라 분화구 모습. 지름 45킬로미터 분화구속에 작은 분화구가 25개 있다. 화가가 물감을 칠해 그리면 이런 멋진 색깔이 나올까?

2 바다를 배경으로 한 쉐라톤 호텔의 멋진 수영장 모습

3 높은 절벽에서 바다로 뛰어내리는 절벽다이빙으로 유명한 블랙락 해변 모습

1 마우이 해안에서 겨울을 지내는 혹등고래가 가끔 물 위로 뛰어오른다고 한다. © pixabay

2 오아후에서 마우이로 가려면 프로펠러 비행기를 타야만 했다

3 카아나팔리에는 하와이에서 가장 오래된 호텔이 있다.

4 알래스카에 살던 혹등고래가 겨울동안 따뜻한 마우이 해안에서 지내며 새끼를 낳고 지내던 바다. 허먼 멜빌의 유명한 소설 <백경>의 소재가 된 지역이기도 하다

5 녹색터널을 달리는 자동차 길.

6 카나아팔리 마우이의 왕이 살았던 성벽이 남아있다

심지어 다이빙할 때도 물고기를 잡을 수 없다. 다이빙할 때는 바닷가에 깃발을 세우고 입수를 해야 한다고 한다.

허가를 받고 고기를 잡을 때도 1.5파운드(약 680g) 이상이어야 가능하다. 규정에 어긋나게 고기를 잡으면 엄청난 벌금을 물어야 한다. 가이드가 난처했던 경험담을 이야기해줬다.

"초등학생들을 데리고 한국인이 운영하는 가게를 방문한 적이 있어요. 그런데 멸치를 보고 학생들이 '왜 저렇게 작은 고기를 잡냐?'며 울고 안 가는 걸 이해시키느라 진땀을 흘렸어요."

가이드 설명에 의하면 마우이 섬의 1/4이 사탕수수 밭이었다고 한다. 사탕수수 재배와 수확이 너무 힘들어 한국인 노동 이민자를 끌어들였던 153년 전통의 하와이 사탕수수재배는 작년 말(2016. 12. 31)로 문을 닫았다. 사탕수수재배는 인건비가 싼 저개발국가나 아프리카로 바통을 넘겼다.

14만 명이 거주하는 마우이에는 한국인이 500명 정도 살기 때문에 코리아타운이 없다. 대부분 레스토랑이나 세탁업에 종사하고 관광가이드는 파트타임으로 한다. 65세라는 가이드가 하와이가 좋은 이유 3가지와 한국에서 지낼 만한 곳을 알아보기 위해 전국을 돌아다닌다는 이야기를 시작했다.

"하와이에서 좋은 점 3가지를 들자면 하와이 바다는 냄새가 없고, 일 년 열두 달 23도를 유지하며 파란 하늘이 자랑입니다. 은퇴 후 등산, 낚시, 수영을 즐기지만 그것도 하루 이틀이지요. 하와이는 밤 문화가 없기 때문에 친구들하고 술 한 잔하고 싶어 한국에 거주할 곳을 알아보고 있습니다. 아이들이 이곳에 살기 때문에 한국으로 왔다 갔다 할 예정입니다."

절벽에서 바다로 뛰어내리는 아찔한 다이빙으로 유명한 블랙락(Black Rock)이 있는 카아나팔리는 관광객들이 가장 많이 찾는 장소다. 넓은 백사장과 맑은 바닷물이 관광객을 기다리는 곳으로 과거 하와이 왕족의 휴양지였다. 이곳에는 하와이에서 가장 역사가 깊은(124년) 호텔이 있고 800평에 달하는 반얀트리가 그늘을 드리워 관광객과 노점상들에게 편의를 제공해주고 있었다.

원래 하와이에 기독교를 전하기 위해 온 3명의 유태인 선교사(볼드윈, 알렉산더, 와인버거)들이 살았던 곳으로 그들 후손들이 하와이 땅의 40%를 소유하고 있다고 하니 놀랍다.

'태양의 집'이라는 뜻의 할레아칼라 분화구

1 할레아칼라 정상 부근에 자라는 은검초. 해발 2천 미터 이상의 고산지대에서만 자란다. 은검초로 은색털이 난 잎이 칼을 닮아서 붙여진 이름이다

2 세계적인 '트루 드 프랑스' 자전거 대회에도 참가했던 아버지가 11살짜리 아들과 함께 3천 미터 정상까지 3시간에서 6시간이면 올라간다고 한다

3 할레아칼라 정상에서 하늘을 향해 높이 뛴 일행들. 정상이 3,055m이니 3,056m높이 날았을까. 뒤에는 세계에서 두 번째로 큰 천체망원경이 있다

4 할레아칼라에는 '네네'라는 새가 살고 있어 보호하고 있다. 정상으로 올라가는 길가 기념관에 박제된 모습이다

할레아칼라 국립공원은 과거 하와이안들이 성지로 받들었던 산으로 마우이를 찾는 대부분의 관광객이 찾는 곳이다. 할레아칼라는 해수면 아래 숨겨진 부분과 해발 3,055m 정상 높이를 더하면 9,000m에 달하는 세계 최대 휴화산이다.

영화 <2001 스페이스 오디세이>의 촬영지이기도 하다. 나사(NASA)의 달 착륙 훈련시 사용됐던 분화구는 지름이 45㎢에 달할 뿐만 아니라 그 속에 25개의 작은 분화구가 있다.

산 정상 부근에서는 해발 2,000m 이상에서만 자라는 고산식물인 은검초(Silversword)를 볼 수 있다. 은검초라 불리는 실버스워드는 은색털이 난 잎 모양이 칼을 닮았다는 데서 불린 이름이다.

3천 미터가 넘는 산이니 자동차도 힘겨워할 길을 자전거로 올라가는 부자가 있었다. 깜박 잊고 이름을 못 물어봤지만 부자와 대화를 나눴다. 아버지는 세계최고의 자전거 경주대회인 트루 드 프랑스(Le Tour de Francd)에 출전하는 선수로 초등학생 아들(11살)을 훈련시키고 있다고 한다.

"아니! 걸어서 올라가기도 힘들 것 같은데 힘들지 않아요?"

"힘들지 않아요. 1주에 두 번씩 자전거로 정상까지 올라가는데 3시간에서 6시간쯤 걸립니다. 더 큰 도전을 위해 이렇게 훈련하고 있습니다"

가파른 길을 올라갈 때는 아들이 아버지의 허리춤을 잡고 있었지만 자전거를 끌고 걸어서 올라가는 모습은 볼 수 없었다. 나는 엄홍길 대장과 함께 아프리카 최고봉 킬리만자로를 올라가 보았다.

고도 3,000m는 고산병이 시작되는 곳이며 올라가기가 얼마나 힘든지 안다. 때론 유약해 보이는 미국이지만 강한 미국의 힘은 바로 이런 곳에서 나오지 않나하는 생각이 들었다. (17. 04. 12)

여수에서 고베까지, 범선을 타고 현해탄을 건너다

국제범선축제… 한·러·일 범선 한 자리에

지난 10일~21일 일본 고베항에서 열린 국제범선축제 현장을 다녀왔다. 고베개항 150주년을 기념하기 위해 열린 축제에는 27척의 배가 참가했다. 그 중에는 일본의 '해왕환', 러시아의 '팔라다', 한국의 '코리아나'호를 비롯한 8척의 범선이 행사의 중심에 섰다.

<두산백과사전>에 따르면, 기원전 고대 이집트부터 19세기에 이르는 동안 대양을 항해한 배는 모두 범선으로 분류했다. 처음에는 1개의 마스트에 1개의 횡범을 단 간단한 것이었으나, 15세기에 와서는 상업자본주의에 따른 원양무역의 필요에 따라 규모가 커졌고, 속력을 높이기 위한 새로운 범장양식이 나타났다.

범선이라고 해서 반드시 돛만을 가지는 것은 아니고 돛과 기관을 함께 갖추고 있는 것도 있는데, 이와 같은 선박을 기범선(機帆船)이라 부른다. 이러한 기범선도 돛으로 바람에 의해 항진할 경우에는 항법상 범선과 동일한 취급을 받는다. 오늘날 소형어선·요트 등을 제외한 대부분의 범선은 돛과 보조용 동력기관을 갖춘 기범선이며, 순풍에만 돛을 이용하고, 그 외는 동력으로 운항한다.

현장에서 관광객들에게 선실내부를 공개한 일본의 '해왕환'과 러시아의 ‘팔라다’호는 20여개의 돛을 올려 관광객들의 탄성을 자아냈다. 해양대학교 학생들의 실습선인 해왕환은 길이 110m에 총톤수 2,556톤으로 128명이 탈 수 있다. 러시아 범선인 팔라다호는 길이 108m에 총톤수 2,284톤으로 144명의 실습생이 승선한다.

각종 국내·외 요트대회에 참가한 국내 유일 범선 코리아나호

정채호(70세) 선장이 운영하는 코리아나호는 국내에 유일한 범선이다.

1 고베개항 150주년을 맞이해 오사카만에서 열린 범선 퍼레이드에 참가한 범선들 모습

2 러시아 범선 팔라다호 스태프들이 한국과 일본 관계자들을 선실로 초대해 환영연을 열어주었다

3 돛을 펼치기 직전 팔라다호 돛대에 오른 선원들 모습이 마치 까마귀가 앉아있는 것처럼 보인다

1983년 네덜란드에서 건조한 코리아나호의 제원은 길이 41m, 총톤수 135톤으로 정원은 71명이다.

코리아나호에는 폭이 100㎡에 달하는 돛이 11개나 된다. 맨 앞에 다는 제노아 돛을 포함해 모든 돛을 합치면 931㎡에 달해 3백 평짜리 논 한마지기의 넓이가 된다. 때문에 돛을 올리고 내리려면 배에 승선한 모든 사람들이 함께 힘을 모아야 한다. 보통 7노트로 달리던 코리아나호가 제노아 돛 하나만 올렸는데도 2노트가 빨라졌다.

범선을 영어로는 '키가 큰 배'라는 뜻에서 'Tall ship'이라고 부른다. 코리아나호의 마스트 높이는 30m이다. 배를 타고 오가는 동안 몇 번이나 돛을 올리기도 하고 내리기도 했지만 정말 키가 크다는 걸 실감한 사례가 있었다. 시모노세키를 거쳐 고베로 향하는 길에는 일본의 본섬과 인접한 큰 섬을 연결해주는 대교들이 있다.

고베와 오사카가 위치한 오사카만으로 들어가는 입구에는 아카시와 아와지섬을 잇는 아카시대교가 있다. 여수에서 오사카만으로 들어갈 때는 몰랐지만 고베항을 떠나 여수로 돌아오는 길에서 만난 아카시대교는 만조 때여서인지 마스트가 다리 밑 부분에 부딪힐까 조마조마했다.

코리아나호를 타고 현해탄을 건널 때는 배가 심하게 흔들려 대부분이 멀미에 시달렸다. 심한 사람은 구토하기도 했다. 승선한 사람들이 불안해하는 모습을 본 정채호 선장이 범선의 복원력에 대해 설명해줬다.

"코리아나호 선저에는 280톤이나 되는 납이 들어있어 복원력이 뛰어납니다. 총 톤수가 135톤인데 납이 280톤이면 배가 가라앉지 않을까 걱정하는 분도 계시겠지만 납 무게는 제외합니다."

행사가 끝나는 17일 밤에는 기조 히사모토 고베시장이 주최한 환송연이 열렸다. 고베항 인근 '디자인 크리에티브 센터(Design Creative Center)'에서 열린 연회에는 한국, 러시아, 일본의 선원 500여명이 참석했

1 고베항에 정박한 코리아나호(앞부분)와 러시아 범선 팔라다호 모습.

2 범선은 '키가 크다'는 의미로 'Tall ship'이라고 부른다. 코리아나호 마스트가 30m나 되기 때문에 만조기에 아카시대교를 통과할 때는 조마조마했다

3 고베개항 150주년 기념 국제범선축제 환송연. 중앙에 정채호 선장이 보인다.

4 고베개항 150주년을 맞이해 고베시에서 만든 축등 모습

5 코리아나호에 돛을 올리려면 여러 명의 힘을 모아야 한다

6 환송연에서 코리아나호 일행들이 축배를 들고 있다

다. 히사모토 시장의 축사다.

"먼저 고베개항 150주년 범선축제에 오신 여러분을 환영합니다. 이 자리에 참석한 세 나라가 우정을 나누고 화합하는 자리가 되기를 빕니다."

여수에서 고베항까지의 항해거리는 800㎞. 현해탄을 건너 일본의 내해인 시모노세키항 인근에서 정박한 후 3일 만에 고베항에 도착할 예정이었지만 파도에 시달린 승선원들이 쉬지 않고 가기를 원했다. 62시간이 걸릴 예정인 항해시간을 50여 시간으로 단축했다.

장시간의 항해가 지겹지 않도록 선상학술세미나도 열어 유익한 시간을 가졌다. 생활문화아카데미 대표 궁인창의 '풍계 현정의 <일본표해록> 항로 탐사', 해양탐험가 이효웅의 '동해해류' 등은 해양을 바라보는 새로운 시각으로 다가왔다.

여수로 돌아오는 항해는 바람이 불지 않아 순조로웠다. 시모노세키를 떠난 배가 대마도 인근을 항해할 때는 수십 척의 오징어잡이 배가 바다를 환하게 밝혔다. 하늘에서는 별빛이 쏟아지고, 바다에서는 오징어잡이 배들이 불을 밝히고 일행은 또 다른 미래를 향해 희망의 불을 지폈다.

(17. 07. 24)

일본의 축제인 '단지리'

마츠리는 종교적 의미, 단지리는 축제

국내유일 범선인 코리아나호는 고베개항 150주년을 기념하기 위해 열린 국제범선축제에 초대 받았다. 여수에 선적을 둔 코리아나호에 승선한 필자는 정채호 선장을 포함한 14명의 지인들과 12일간(7. 10~7. 21)의 항해를 마치고 돌아왔다.

국제 범선축제가 열리는 고베항에 정박한 코리아나 바로 뒤에는 러시아 범선 팔라다호가 정박해 있었다. 배가 정박한 부두에는 축구장 크기의 넓은 공터가 있었다. 15일(토), 축제본부에서 공터에 준비한 오전 프로그램은 '단지리 축제'(Danjiri Festival).

'마츠리 축제'는 들어보았지만 '단지리 축제'는 처음 들었기 때문에 고베시 행사관계자에게 "마츠리 축제입니까?"라고 묻자, "마츠리가 아니고 단지리입니다."라는 답변이 돌아왔다.

행사 관계자인 '가즈오 야히사'씨에게 마츠리와 단지리의 차이를 묻자, "마츠리는 한 마디로 종교적 의미이고 단지리(地車)는 축제의 의미."라고 설명해줬다. 보다 더 정확한 자료를 얻기 위해 <위키백과사전>을 참고한 내용이다.

1 4톤이나 나가는 무거운 수레를 전속력으로 끌다가 급정거하며 회전하기도 하는 단지리 축제 모습

2 단지리 축제 모습

3 수레에 새겨진 문양으로 일본인들이 존경하는 노인상이라고 한다

4 무거운 수레를 밀며 한 자리에서 몇 바퀴 돌자 아스팔트가 패였다

5 전직 단지리 축제 담당자였다는 '가즈오 야히사'씨가 축제에 대해 설명해주고 축제자료도 보내줬다

6 분장을 처음 본 아이가 울음을 터뜨렸다. 남성은 수레 지붕위에서 열정적으로 외치며 수레꾼들을 지휘했다

7 단지리 축제가 시작하기 전 기념촬영하는 모습

8 수레 경쟁이 위험하기 때문에 한쪽으로 비켜서서 자기 팀을 응원하고 있었다

‘마쯔리’라는 말은 ‘제사를 지내다’의 명사형으로, 원래는 신에게 제사를 지내는 것을 말하며 그 의식을 가리키는 말이기도 하다. 이 의미로의 ‘마쓰리’는 현재에도 지진제, 기원제의 형태로 남아있다.

현재 일반적인 의미로서의 마쓰리는 신사나 절을 주체 혹은 무대로 하는 경우가 많다. 의식에서는 풍작, 풍어, 사업번창, 무사고, 무병장수, 가내안전 등을 빈다. 또는 이것들의 성취를 감사하며 지내는 것도 있고, 다섯 가지 명절 등 연중행사가 발전되기를 기원하기 위한 것이나 위인을 기리기 위해서 행하는 것 등 여러 가지가 있다.

이런 목적에 따라서 개최 시기나 행사의 내용이 아주 다양하고 같은 목적, 같은 신에 대한 마쯔리라도 취향이나 전통에 따라, 지방이나 지역에 따라 크게 차이 나는 경우도 많다.

‘단지리’란, 주로 일본의 서쪽 지방에서 축제 때에 봉납되는 전통적인 수레를 말한다. 16세기 ‘겐로쿠시대’ 이나리 마츠리(Inari Matsuri)에서 기시와다 성주에 의해 고안된 축제로 풍년을 기원하는 축제이며 지역으로부터 적극적인 지원을 받고 있다.

수레는 목재로 만들어져 있고 2톤부터 4톤이나 나가는 무게며 스피드와 힘, 퍼포먼스를 겨루기 때문에 위험하다. 때문에 여성들은 수레 옆에서 열심히 응원하고 있었다. 수레에는 용문양이나 호랑이나 말과 관련된 괴물의 문양이 새겨져 있다.

고베에는 100개 이상의 단지리가 있지만 이날 ‘단지리’ 축제현장에 나온 팀은 5개 지역에서 출전했다. 화려한 색깔과 문양을 한 복장을 입고 동시에 ‘토바세!(Tobase) 토바세!(Tobase)’를 외치며 온 힘을 다해 달리다 지휘자가 호르라기를 불면 급정거 해 “저러다 다치면 어쩌나!”하는 생각이 들었다.

담당자에게 “’토바세’가 무슨 뜻이냐?”고 묻자, “힘내라!”는 뜻이라고 설명해줬다. 수레의 맨 앞에는 지역의 리더가 타고 보통은 2명의 리더가 타지만 큰 수레는 3명의 리더가 탔다.

수레는 보통 50명 정도가 끌며 빨리 달리다 급히 방향전환을 해야 하기 때문에 수레꾼들은 앞바퀴를 들고 달렸다. 폭염이 한창인 여름에 땀을 뻘뻘 흘리며 온힘을 다하는 일본 젊은이들을 보며 그들의 열정을 느꼈다.

수레 지붕위에 올라탄 사람들은 허리에 밧줄을 묶은 채 큰 소리로 지휘를 하며 수레꾼들을 지휘하고 있었다. 수레꾼들이 앞바퀴를 들어 올린 채 360도 회전하자 아스팔트가 패이기도 했다.

수레 안에서는 북과 종을 울리며 수레꾼들을 고무시키고 있었다. '토바세! 토바세!'를 외치며 축제 장단에 맞춰 힘차게 전진하는 모습은 잊지 못할 추억이었다.

(17. 07. 27)

"에비야" 슬픈 연원따라 찾아간 대마도 귀무덤

한국민족종교협의회원들의 대마도 연수

(사)한국민족종교협의회원이 참가한 대마도 합동 연수가 부산과 대마도일대에서 열렸다. 문화체육관광부가 지원한 '민족종교 정신문화사업'의 일환으로 열린 연수(13일~15일)에는 12개 교단 소속회원 80명이 참여했다. 회원들이 참가한 시민민족문화강좌는 역사문화에 대한 인식을 높이고 참여자들을 역사문화 지도자로 양성하기 위함이다.

서울과 대전 등 전국각지에서 모인 회원들이 주간 일정을 마치고 여장을 푼 곳은 아르피나 유스호스텔. 개회식(저녁 7시)에 이어진 차례는 김문길 교수의 '일본에 있는 한국인 귀·코·머리 무덤실태' 강의다.

일본각지에 묻힌 귀·코·머리 무덤을 연구 발표해 '코 박사'가 된 김문길 교수

부산외국어대학 명예교수인 김문길 교수는 일본 국립교토대학과 고베대학원에서 한일관계사를 전공했다. 20여 년간 일본에서 독도를 연구했고 일본인이 제작한 고지도와 고문서를 발견·연구해 일본인들에게 "독도는 조선 땅."이라고 강연하고 있다. 공로를 인정한 보훈청에서는 그에게 독도를 강연하는 국가 교수로 임명하기도 했다.

김문길 교수는 교토대학 시절 귀 무덤 가까이 살았다. 자연스레 귀·코

무덤에 대해 조사 연구한 후 논문을 발표하자 각 언론으로부터 집중 조명을 받았다. 그 후 일인들이 그에게 붙여준 이름이 코 박사다.

그는 임진·정유의 왜란 시절 왜장들이 조선인의 귀와 코, 장군과 의병장들의 머리를 무자비하게 베어 전리품으로 삼고 무덤을 만든 것에 분개했다. 또다시 아픈 역사가 반복되지 않도록 하기 위해 애쓰며 전국을 돌며 숨은 역사를 알리고 있다.

그가 발견한 오카야마현 비전시 가가토 구마야마 산기슭에 있는 로쿠스케 코 무덤은 1992년 대한불교 자비사 주지 박삼중 스님과 한일불교협

1 대마도 연수에 나선 한국민족종교협의회원들이 귀무덤 앞에서 위령제를 지내고 절하고 있다

2 귀무덤 앞에서 위령제를 마치고 기념촬영에 나선 겨레 얼살리기 국민운동본부 이찬구 사무총장(왼쪽)과 김문길 교수. 뒷편에 귀무덤이 보인다.

3 부산 아르피나 유스호스텔에서 열린 한국민족종교협의회 개회식 모습

4 한국인들의 위령제를 허락한 대마도 귀무덤의 땅주인과 함께 기념 촬영했다. 왼쪽부터 부산종교인평화회의 박차귀 공동회장, 대마도 땅 주인, 김문길 교수

회가 주선해 전주 호벌치에 안장했다.

대마도 조선인 귀무덤... 부산출신 8,500명 귀 잘려 대마도에 묻혀

김문길 교수가 대마도에 있는 귀 무덤을 발견하게 된 것은 우연한 사건이 계기가 됐다. 2014년 8월 대마도에서 도난당한 불상을 연구하기 위해 '서산 부석사 금동관세음보살좌상 제자리 봉안위원회'와 3일 동안 대마도 현장조사 중 발견했다.

임진왜란 당시 1진으로 부산에 상륙한 대마도 도주 소 요시토시는 고니시 유키나가(소서행장)와 처남 남매간이다. 초기엔 출병을 꺼렸지만, 부산지리에 밝다는 이유로 선봉에 서서 조선 땅을 유린했다.

두 번의 왜란을 일으킨 도요토미 히데요시는 임진왜란 당시 전리품으로 귀를 잘라 오라고 했다. 사람의 귀는 두 개다. 임진왜란 당시 두 개의 귀를 두 사람으로 계산해 전공을 쌓는다는 걸 안 도요토미는 정유재란시에는 "코를 잘라 소금에 절여 보내라"고 명령했다.

김 교수가 발견한 문서에는 코를 잘라 바쳤다는 코 영수증도 있다. 임진·정유의 두 전쟁당시 귀와 코가 잘린 사실을 기록한 오카와우치 히데모토의 <조선물어(朝鮮物語)>의 기록내용이다.

"조선인 18만5,738명, 중국 명나라군 2,914명 총합계 21만4,752명이 된다. 고니시 유키나가의 진군에서는 머릿수 879명의 조선인 코를 베었다."

교토에 있는 귀 무덤은 간판을 걸고 관리가 되어있지만, 대마도 무덤은 귀 무덤인지 코 무덤인지에 대한 문헌 자료가 없어 귀 무덤으로만 알려져 있다. 김문길 교수는 "대마도에서 발견된 귀 무덤은 소 요시토시의 전리품일 것."으로 추측하고 있다.

어린이들이 가장 무서워했던 "에비야!" 연원은 코와 귀를 잘라간 일인들

호남이 고향인 필자는 어릴 적에 어른들로부터 "에비, 에비야!"라는 말을 수시로 듣고 자랐다. 필자가 뜨거운 불이나 물 옆에 간다거나 만져서는 안 되는 물건을 만지려고 할 때 들었던 소리다. 그래서인지 내 어릴 적 가장 무서운 존재는 "에비야!"이다.

에비는 '이비야(耳鼻爺)'에서 유래한 것으로 알려져 있는데 귀(耳), 코(鼻), 사람(爺)이 합쳐진 말로 귀나 코를 베어가는 사람이라는 뜻이다.

1 나베시마 나오시게가 도요토미 히데요시에게 보낸 코 영수증. "코를 9상자에 넣어 히데요시께 보냈다"고 기록되어 있다. © 김문길

2 조선인들의 귀를 절이는 모습. 임진, 정유의 두 왜란 중 도요토미는 조선인들의 귀, 코, 머리를 잘라 바치라고 명령했다. 일제강점기 시절 자신들의 우월성을 강조하기 위해 일본교과서에 수록된 내용이다

3 위령제를 마친 일행이 귀무덤 앞에서 기념촬영했다

4 위령제를 마친 후 부산종교인평화회의 박차귀 공동대표가 귀무덤에 술을 따르고 있다

정유재란 때 종군한 승려 게이넨이 쓴 '조선일일기(朝鮮日日記)'에도 나오는 내용이며 일제 강점기에도 일본 순사를 에비라 불렀다고 한다.

13일 오전 9시 반, 연수단 일행이 부산항을 출발해 대마도 히타카스항에 도착해 관광버스로 30분쯤 거리에 있는 가미시마 가와우치에 있는 조선인 귀 무덤을 방문하는 날 하늘은 청명했다.

전혀 관리되지 않은 지름 1.5m 돌무덤... 한국으로 이장하든지 비석 세워야

김 교수의 노력이 아니었더라면 결코 발견하지 못했을 것 같은 생각이 들었다. 수년 동안 대마도를 안내한 가이드도 처음으로 알았고 방문도 처음이라도 한다. 밭두렁 사이 풀숲에 지름 1.5m 정도의 돌무더기만 보였기 때문이다. 50여㎝ 정도의 돌부터 주먹 크기의 돌들 사이로 풀들이 삐죽이 솟아나와 있었다.

400년간 이국땅에 묻혔지만, 고국으로 돌아가고픈 원혼들일까? 김 교수로부터 발견하게 된 자세한 전말을 들은 일행은 한국에서 가지고 온 제수용품을 놓고 머리 숙여 절하며 위령제를 지냈다. 김 교수가 말을 꺼냈다.

"이 무덤을 처음 발견했을 때 저는 울었습니다. 억울하게 돌아가신 영령들을 이렇게 방치하지 말고 비석이라도 세웠으면 좋겠습니다."

귀 무덤 앞에서 눈물 흘리던 일행 중 한 분의 얘기가 내 가슴을 짓누른다. "한 마디로 가슴 아프죠 뭐!" 이제라도 늦지 않았다. 방치된 귀 무덤을 한국으로 봉안하던지 조그만 비석이라도 세워 혼령들을 위로해야 한다.

(17 .09. 18)

당신 아이 잡아먹었어요?

해외 의료봉사활동 지속되어야

(사)여수지구촌사랑나눔회원들의 필리핀 4일차 의료봉사활동은 산페드로시에 있는 꾸얍에서 진행됐다. 꾸얍은 그동안 방문했던 바얀바야난과 란다얀보다 환경이 훨씬 더 열악했지만 사람들의 얼굴에서 불행하다는 느낌이 들지 않았다.

의사들이 진료 공간을 마련하자 마을 체육관에 500여명의 환자들이 모여들었다. 이어 현지인 자원봉사자들이 환자들의 이야기를 듣고 치료받아야 할 병명에 따라 치료받을 장소와 번호표를 분류해줬다.

의사의 처방전에 따라 약을 한 보따리씩 들고 가는 환자들은 환하게 웃고 있었다. 가난한 이들은 약을 살 돈이 없기 때문이었다. 이때였다. 내 앞을 지나가는 자원봉사자의 등 뒤에 이상한 글씨가 보였다. 영어 그대로만 해석하자면 '아이를 잡아먹었다'라는 뜻의 "Ate Baby"다.

그녀 등 뒤에 적힌 글자 사진을 찍고 나서 그녀를 불러 세워 그녀와 대화가 오갔다. 뚱딴지같은 질문이라 당황한 표정이었지만 태극마크가 달린 봉사단 옷을 입은 한국인이었기 때문에 놀란 눈으로 질문에 응했다.

"당신 아이 잡아먹었어요?"

"무슨 소리입니까? 무슨 말을 하는지 이해가 안 되는 데요"

“여기 카메라에 찍힌 당신 셔츠에 써진 글을 보면 ‘아이를 잡아먹었다’ 라고 적혀 있어요.”

“예에? 에 에. 아하! 그거요. 호호호호.”

그녀가 질문의 내용에 답하며 큰소리로 웃으며 상황을 설명하자 현지인들도 자지러지게 웃었다. 그녀가 설명을 시작했다.

“Ate은 영어로 ‘먹었다’라는 뜻이지만 필리핀 현지어 따갈로그어로는 ‘Sister’이고 제 이름이 따갈로그어로 ‘Baby’예요” 그래서 아이 잡아먹었냐고 물었군요. 저 아이 못 잡아먹어요. 사랑스러운 아이를 어떻게 잡아먹어요.”

언어의 차이로 인해 생긴 해프닝이었지만 땀 흘리며 봉사하는 봉사단과 현지인들이 함께 웃었다. 봉사단원들은 한 번도 의사진료를 못 받아본 사람들로부터 감사인사 받을 때 행복해 했다. 오후 5시가 가까워지고 진료가 마무리 될 무렵 의료봉사단을 총지휘하는 산부인과 강병석 원장이 현장으로 나왔다. 여기저기서 현지인들로부터 감사하다는 인사를 받는 강병석 원장에게 장래계획에 대해 들었다.

“2007년부터 11년째 해외의료봉사를 하고 있습니다. 처음에 시작할 때는 자의반 타의반으로 시작했지만 아프리카와 아시아 8개 국가를 두 번씩 방문하기도 했어요. 시행착오를 겪으며 의료봉사 방향에 대해 논의했어요. 한 곳을 지속적으로 다닐 것인가 아니면 여러 나라를 가는 게 옳을까에 대해서요. 한곳을 계속 다니면 회원들이 지루해하기도 해요. 지금은 인연 맺은 국가의 요청에 따라 재방문 요청이 옵니다.

초창기 멤버도 변했고 시스템도 변해 애착을 갖고 있는 사람 중심으로 갑니다. 한 번도 의사진료를 받지 못한 사람들로부터 호의적 반응을 받았을 때 보람을 느낍니다. 먼 미래의 일을 장담할 수 없지만 당분간은 지속할 것입니다. 여수시에서 지원해주고 시민들도 박수를 보내줄 때 힘을 얻

1

2

3

4

5

6

7

8

1 환자들에게 영양식을 제공한 의료봉사단

2 꾸얍의 청년들이 무척 순진했다.

3 (사)여수지구촌사랑나눔회 강병석 원장(왼쪽)과 심병수 원장 모습.

4 필리핀 자원봉사단

5 필리핀 자원봉사자들 모습

6 필리핀 산페드로시 의료봉사 일정을 마친 봉사단

7 (사)여수지구촌사랑나눔회 서현기 사무국장과 총무 김미숙 씨 모습

8 봉사단 등 뒤에 “Ate Baby”라는 글자가 적혀 있어 “아이 잡아먹었느냐?”고 물었다. 따갈로그어로 “ate는 sister의미이고 Baby는 본인 이름이란다.

습니다."

의사와 봉사단은 장비와 몸만 가면 되지만 출발부터 돌아올 때까지 모든 살림을 책임지는 사무국장의 어려움은 말할 필요가 없다. (사)여수지구촌사랑나눔회가 출범할 때부터 11년 동안 사무국장으로 일하는 서현기 국장을 만나 그동안 가장 힘들었던 일과 일하면서 느꼈던 보람에 대해 들어보았다.

"봉사단이 한 번 출발하려면 보통 4개월 정도 준비합니다. 가장 힘들었던 점은 방문국 공항을 통해 입국할 때 겪는 약품인허가 조율, 의료기기 통과가 있죠. 한 가지 에피소드를 들자면 몽골 공항을 거쳐 입국할 때 약품리스트에 있던 약을 몰래 빼가버린 일이 있었어요. 그럴 경우를 대비해 개인수하물에 넣기도 합니다. 치기공 장비를 몰래 빼가버린 경우도 있어 당황한 일도 있어요.

보람이요? 내가 가진 조그만 재능이 어려운 사람들에게 도움이 된다는 점에 대해 이루 말할 수 없는 보람을 느끼죠. 힐링이 됩니다. 앞으로도 힘닿는 데까지 계속하겠습니다. 초창기 멤버들의 열정이 식지 않아 지속되지만 무엇보다도 강병석 원장의 열정과 리더십이 없으면 이런 활동을 지속할 수 없습니다. 개인적으로 천만 원이란 큰돈을 기부하고 제일병원에서 세 분의 의사선생님을 보내주셨잖아요"

여수에서 개인병원을 운영하는 심병수 신경외과원장은 병원 개원 이래 한 번도 휴가를 못 가봤다. 그가 휴가로 여겨 병원을 떠나는 날은 해외의료 봉사팀과 함께 떠나는 일주일이 전부다. 병원장인 그가 병원을 비우려면 일주일간 다른 의사를 모셔오는 경비도 심원장이 부담한다.

국내에서도 어려운 이들을 위해 무료봉사하는 그의 부인이 봉사단에 합류해 남편의 조수역할을 했다. 심병수 원장 부인 김소양 씨를 만나 남편을 평해달라고 부탁했다.

"올해 세 번째 봉사활동에 따라왔습니다. 남편이 봉사 활동하러 간다고 했을 때 반대했어요. 병원 운영하느라 너무 바쁘게 살아서 휴가도 못 갔는데 해외에 나가서까지 일해야 하느냐고요. 남편은 적극적이고 매사에 긍정적이에요. 24살 먹은 딸한테 이렇게 말합니다. 네 남자친구는 아빠 같은 사람 데리고 오면 허락해주겠다. 힘들겠지만."

어려운 가운데서도 물적 심적 에너지를 쏟아 어려운 이웃을 돕는 이들에 박수를 보낸다. (17. 11. 11)

세계자연유산으로 지정된 호주 '그레이트 배리어 리프'

눈물 날 정도로 아름다운 산호초가 죽어가고 있다!

죽기 전에 꼭 한번 가보고 싶은 곳으로 꼽힌 호주의 '그레이트 배리어 리프(The Great Barrier Reef)'를 방문했다. 그레이트 배리어 리프는 호주 북동쪽 해안에 위치한 세계 최대의 산호초 지대로 35만 ㎢에 달해 우주선에서도 보인다고 한다.

케언즈에서 산호초가 있는 지역으로 가는 쾌속선에 오르니 날씨가 흐리다. "파도가 심할 것 같으니 멀미약을 복용하라."는 안내방송이 나가자 대부분 승객들이 멀미약을 먹고 의자에 앉아있다.

배에는 워킹홀리데이로 호주에 들어와 아르바이트하는 두 명의 한국 젊은이들이 일하고 있었다. 그들이 10여 명의 한국 관광객을 위해 스노클링 장비 착용법, 다이버 용품 착용법, 구명복 착용법 등을 설명하고 나자 배가 서서히 항구를 떠난다. 꿈꿨던 산호초 관광에 나선 승객들 대부분은 배멀미에 대한 두려움을 모르는지 들떠있다.

항구 가까이에 있는 섬들을 지나 큰 바다로 나가자 배가 요동치기 시작했다. 파고는 별로 높지 않았지만 바람이 세게 불어와 쾌속선이 높은 파도와 부딪힐 때는 2층 선실유리까지 파도가 몰려와 앞이 보이지 않는다.

파도가 몰려와 배가 롤러코스터를 탄 것처럼 요동치자 배를 잠깐 세우고 다시 속도를 내기도 했다. 여기저기서 비닐을 들고 화장실과 후미 갑판으로 달려가 토하는 사람들.

목적지에 도착했지만 배멀미로 극심한 통증을 겪은 아내가 호텔로 돌아가겠다고 하자 350달러를 주면 호텔로 보내주겠다고 한다. 배보다 배꼽이 더 크다. 너무 비싸 선사의 요구를 거절한 아내는 안락의자를 구해 잠을 자고나서야 약간 회복됐다.

어린 아이 둘을 데리고 온 일본인 부부는 멀미를 더 심하게 했다. 목적지에 도착해 괜찮아진 부인은 스노클링을 즐겼지만 남편은 아예 드러누워 버렸다. 약도 먹지 않고 아무렇지도 않게 앉아있는 나를 본 한국 젊은이와 대화를 나눴다.

"아니! 다들 멀미하느라 정신이 없는데 선생님은 괜찮으세요?"

"나는 마린보인데! 국내 유일 범선 코리아나호를 타고 여수에서 험한 파도로 악명 높은 현해탄을 건너 나가사키와 고베, 울릉도 독도 등 많은 곳을 항해했기 때문에 이 정도는 괜찮아요."

목적지인 '우포루 리프(Upolu Reef)'는 케언즈항에서 50㎞떨어진 산호초 군락지로 1시간 반쯤 걸렸다. 다행히 바람이 잦아들었다. 사람들이 잠수복으로 갈아입고 각자가 선택한 종류의 해양탐사활동을 시작했다. 스노클링장비를 착용하고 바다를 향해 천천히 나가 물속을 들여다보니 환상세계가 펼쳐졌다.

다양한 모습의 산호초가 자라고 산호초 사이로 형형색색의 크고 작은 물고기들이 헤엄친다. 수중카메라로 옆에서 헤엄치는 커다란 고기를 촬영하려는데 쉽지가 않다.

다른 지역을 가보지 못해 비교가 안 됐지만 일행이 수중탐사를 벌이는 지역의 산호초가 어제 탐사 갔던 그린아일랜드 지역보다는 훨씬 못했다. 그린아일랜드에서는 한 아름 되는 고기가 셀 수 없이 많았을 뿐 아니라

1 천천히 유영하는 나폴레옹 피쉬 옆에서 기념촬영

2 케언즈에서 한시간 반 거리의 대산호초인 '그레이트 배리어 리프' 에서 스노클링으로 수중 탐사

3 예쁜 산호초 모습

4 산호초 탐사를 위해 슈트를 갈아입는 관광객들

5 수중카메라로 관광객 옆에서 유영하는 고기를 찍는 모습

6 반잠수선에서 물속 세상을 구경하는 관광객들 모습

1m 이상 되는 대왕조개도 몇 개 보았기 때문이다.

처음 착용해보는 스노클링장비 사이로 물이 들어와 뱉으려다가 바닷물을 마셨다. 당황스러워 배로 되돌아가려고 해도 잘 안 된다. 처음으로 착용한 오리발이 나를 더 괴롭힌다. 체면 구길까봐 "도와주세요!"라며 "Help!"를 외칠 수도 없고.

바닷물 세 모금을 마시고는 해양학자가 안내하는 탐사활동을 포기하고 몸을 회복한 아내와 함께 보트와 반잠수선을 타고 바닷속 세계를 감상했다. 하루 종일 계속되는 산호초탐사활동 종류는 다양했다.

스노클링 투어, 스노클링 사파리, 헬멧 다이빙, 수중다이빙, 공인다이빙, 헬리콥터 관광, 글래스 보텀 보트관광(배 밑바닥이 투명한 유리로 된 보트), 고기밥주기, 반잠수선 탑승 등등.

점심시간이다. 다양한 종류의 빵은 물론 동양인들을 위한 김밥부터 청포도, 자몽, 오렌지 등의 과일과 반찬이 25가지나 됐다. 승무원 사이에서 열심히 음식을 분배하는 한국 젊은이들이 눈에 띄어 약간 한가한 시간에 만나 이곳에서 일하게 된 동기를 들었다.

군 제대 후 복학해 산업공학과 4학년인 이성주 씨는 5개월 전 워킹홀리데이로 호주에 와 배에서 일하고 있었다. 그는 영어와 한국어, 중국어로 안내방송까지 했다. 그가 호주에서 1년간의 워킹홀리데이를 선택한 이유를 말했다.

"이곳에서는 돈도 벌고 영어도 배울 수 있어요. 제 목적을 80%정도 이룬 것 같습니다. 영어 못하는 한국이나 중국 손님들에게 설명해줄 때 희열을 느낍니다. 힘든 것은 사람이 주는 스트레스가 크죠."

또 다른 한국 젊은이 부은광 씨는 해병대 중위로 제대한 후 다이빙을 하고 싶어서 워킹홀리데이로 이곳에 왔다. 제주도가 고향인 그는 다이빙 강사가 되고 싶어 케언즈에 왔다. "한국에 돌아가 파일럿이 되는 게 꿈이라."는 그와 대화를 나눴다.

"도전 같은 걸 해보고 싶어서 이곳에 왔어요. 다이빙의 매력은 물속이 아름답고 같이 다이빙하는 동료들이 좋았기 때문입니다. 특히 기억나는 것은 야간 다이빙할 때 상어를 만났을 때입니다. 케언즈는 먹이사슬이 풍부하기 때문에 사람을 안 건드립니다. 12월초부터 2월초까지 진에어 직항이 열리면 한국 손님이 많이 옵니다."

온난화로 인한 수온상승 때문에 백화현상으로 죽어가는 '산호초의 눈물'

1 산호초는 해양생물들이 포식자로부터 숨을 곳을 제공해 주는 물고기 아파트다.

2 호주 케언즈에서 산호초로 유명한 '그레이트 배리어 리프(Great Barrier Reef)'로 가는 크루즈선에서 열심히 일하는 한국 젊은이들. 워킹할러데이로 호주에 온 두 젊은이 부은광, 이성주

3 수온상승으로 죽어 백화현상이 나타난 '그레이트 배리어 리프' 산호초 © <출처: 테리 휴스 교수 트위터>

4 탐사활동이 끝나고 케언즈로 돌아온 관광객들을 환송하는 크루즈선 직원들 속에 한국의 두 젊은이가 손을 흔들고 있다. 열심히 활동하는 그들이 믿음직스러웠다

산호초를 보고 돌아온 후 '한국해양연구원 해저환경 자원연구본부'에 근무하는 김웅서 연구원이 쓴 글의 일부를 발췌했다.

"산호가 식물일까, 동물일까? 산호를 처음 본 사람들은 흔히 식물이라고 생각한다. 겉모습만 보면 나뭇가지나 꽃처럼 생겼기 때문이다. 그렇지만 산호는 엄연한 동물이다. 산호는 말미잘, 히드라, 해파리와 친척사이로 모두 자포동물이다."

산호초를 만드는 산호는 세계적으로 500여 종이 있다. 산호초는 해양 생물들이 포식자를 피해 숨을 곳이 많아 물고기 아파트인 셈이다. 해저지진이나 태풍으로 생긴 강한 해류로부터 육지를 보호해준다. 이산화탄소 농도를 낮춰 지구온난화 방지에도 일조한다. 최근에는 산호에서 유용한 물질을 추출해 항암제, 항생제, 소염제 등 의약품을 개발하기도 한다.

케언즈에서 27㎞떨어진 그린아일랜드 지역의 산호초는 건강했는데 케언즈 북쪽 50㎞떨어진 우포루 지역산호초가 건강하지 않다는 것을 발견한 필자가 귀국해 연합뉴스(2018.4.19)를 검색하다 이유를 알았다. <시드니 AFP 연합뉴스> 내용이다.

미국과학저널 네이처지에는 기후변화로 해양열파(marine heat wave)가 심해지면서 전 세계에서 가장 큰 산호초인 호주 북동부 그레이트 배리어 리프에 있는 산호초들이 죽어가고 있다는 논문이 실렸다.

그레이트 배리어 리프는 지난 2016년 광범위한 해양열파를 겪었으며 이는 대규모 산호초들을 백화시키거나 사망시켰다. 그레이트 북쪽 약 804㎞ 일대가 가장 치명적 영향을 받았다. 이번 논문 저자인 제임스 쿡대학교 호주산호초연구협회의(ARCCECRS) 테리 휴스는 '우리는 2016년 3월에서 11월 사이 9개월 동안 산호초 중 30%를 잃었다고 밝혔다.

수중생태계 보고인 산호초의 소멸현상을 보며 환경보호는 전 지구적 숙제라는 생각이 들었다. (18. 04. 23)

'왕의 도시'라는 뜻을 가진 리마

리마 구시가지에서는 잉카제국 정복자 피사로의 흔적

필자의 오랜 소망 중 하나는 남미여행이었다. 다른 지역은 배낭과 패키지여행을 통해 대부분 다녀왔지만 남미여행을 선뜻 나서지 못한 이유가 있었다. 멀고 경비가 많이 들기도 하지만 소매치기와 강도를 만났다는 전설 같은 이야기를 직접 들었기 때문이다. 하여 여행사가 모집한 자유배낭여행팀과 함께 33일간(18.11. 9~12. 12)의 여행을 마치고 돌아와 후기를 작성한다.

LA공항에서 랜덤체크를 당해 일행보다 하루 늦게 페루 리마행 비행기를 탄 필자의 비행기가 '호르헤 차베스 국제공항'에 부드럽게 착륙했다. 배낭을 걸머진 관광객이라고 여겨서일까, 입국신고서만 받고 바로 통과다.

페루! 죽기 전에 꼭 한번 가보겠다고 다짐했던 나라다. 안데스산맥, 사막, 정글, 잉카유적, 식민지시대의 유적이 남아있는 곳이다. 특히 고대 잉카제국의 수도인 쿠스코와 잉카인들의 위대한 문화유산인 마추픽추는 꼭 가보고 싶었던 곳 아닌가?

공항 직원이 안내해준 택시를 타고 일행이 도착해서 나를 기다리고 있는 호텔로 향하는 도로 주변에 보이는 건물들은 후미진 모습이다. 마치

실크로드 주변도시 건물처럼 칙칙한 모습이다. 약간은 실망스런 마음이 들어 생각에 잠겨있는데 택시운전사가 말을 건다.

"어디서 오셨어요?"

"한국에서 남미 여행 왔어요."

"아! 그래요. 요즈음 한국인들의 페루 방문이 늘어났어요. 제 차가 한국 자동차인데 오래됐지만 성능도 괜찮고 특별한 고장 없이 잘 굴러다녀요. 한국 차는 오래 전에 페루에 상륙했지만 일본차는 몇 년밖에 안됐어요."

보아 하니 한국산 중고 자동차인 것 같았지만 잘 굴러다니고 성능도 좋다는 말이 반가웠다. 신호에 걸려 정지해 있는 동안 양옆을 바라보니 정

1 리마 중심가인 아르마스 광장. 인근에 있는 리마 대성당 모습. 스페인 출신 정복자 피사로가 직접 초석을 놓은 성당으로 그의 미라도 안치되어 있다

2 페루 수도 리마 뒷골목에서 관광객들에게 그림을 그려주는 길거리 화가 모습

3 대통령궁 인근 골목 모습

말 한국산 자동차가 여러 대 보였다.

심지어 경찰이 사용하는 순찰차도 한국산이다. 지구 반대편까지 와서 한국 제품을 파는 한국 비즈니스맨들이 자랑스럽기까지 하다. 호텔이 가까워질수록 건물 모습들이 달라지기 시작했다. 옛 정취를 간직한 유럽의 대도시 같은 모습이다.

정복자의 흔적 남아있는 구도심과 화려한 모습 자랑하는 신도심

페루는 남한 면적의 13배에 달하는 128만 제곱킬로미터에 달하는 면적을 가졌고 수도 리마는 남미 태평양 연안 중심도시이다. <다음백과사전>에 의하면 리마는 페루 해안 사막에 둘러싸여 있으며 바로 곁에는 안데스 산맥이 위압적인 모습으로 자리 잡고 있다. 리마 중심부는 태평양 연안항구인 카야오에서 내륙으로 약 13㎞ 떨어진 곳, 리막 강 남쪽 기슭에 있다.

교외 지역이 사방으로 확장되어 있지만, 동쪽은 안데스 산맥 때문에 발전하지 못하고 있다. 열대지대에 있지만, 근해인 페루(훔볼트)해류의 냉각효과 때문에 평균기온이 겨울에는 약 17℃, 여름에는 약 24℃로 온난한 기후를 나타낸다. 상당히 습한 편인데도 불구하고 연평균강우량은 25~50㎜에 지나지 않는다.

리마에는 페루 인구의 30%인 889만 명이 살고 있다. 페루, 볼리비아, 칠레, 아르헨티나, 브라질을 돌아보고 나서 얻은 결론이지만 인구 구성에서 백인은 소수다. 원주민인 인디오(45%)와 원주민과 백인의 혼혈인 메스티조(35%)가 80%를 차지하고 백인은 15%에 불과하다.

길거리에는 작은 키에 땅딸막한 몸집과 커피색 얼굴빛, 머리카락을 길게 늘어뜨린 원주민 여성들이 많이 보였다. 피는 못 속이는가 보다. 몽골리안의 후손이어서인지 이질감이 들지 않고 친근감이 들었다.

1 페루 수도 리마의 경찰순찰차는 한국산이었다. 자부심을 느꼈고 이렇게 먼 곳까지 와서 국위를 선양하는 이들이 애국자라는 생각이 들었다

2 리마 신도심 "사랑의 공원"에는 두 남녀가 안고있는 조각상이 있다. 이곳에서 키스하면 헤어지지 않는다는 속설이 있어 남녀들의 키스장면을 목격할 수 있다

3 "사랑의 공원" 인근에서 행글라이더 타는 사람들을 구경하고 있는 리마 시민들

4 이교도 원주민이나 개종을 거부하는 사람들을 고문하고 살륙한 처형 현장을 그대로 재현한 종교재판소 박물관 모습

5 "사랑의 공원"에 페루 공연단 일행이 찾아와 포즈를 취해줬다

6 리마 신도시"사랑의 공원" 바로 아래에는 태평양 파도가 몰아치는 해변이 있다

남미의 옛 중심가는 한결같은 모습을 보인다. 식민제국주의자들이 군대(Army)를 주둔시킨 후 광장을 만들고 통치를 위해 대통령궁과 대성당을 만들었다. 그래서 남미의 대부분 국가의 옛 중심에는 군대가 주둔했던 광장의 의미를 지닌 '아르마스 광장(Plaza de armas)'이 있었다.

아르마스 광장을 둘러싼 한편에는 리마 대성당이 있다. 스페인 정복자 피사로가 1534년 리마를 수도로 정하고 1535년부터 건설하기 시작해 페루에서는 가장 오래된 대성당이다. 바로크 양식으로 지어진 성당은 건축에 관심이 많은 피사로가 직접 초석을 놓은 것으로 유명하며 그의 미라도 안치되어 있다.

리마에서 필자가 꼭 가보고 싶은 곳은 종교재판소 박물관이었다. 가이드북과 리마지도를 펼쳐들고 물어물어 찾아갔지만 빙빙 돌기만 했다. 거리에는 관광객을 보호하기 위해 경찰들이 많이 배치되어 있었다. 유명한 명소를 찾으려면 경찰에게 물어보는 것이 가장 현명하다. 신원을 믿을 수 있을 뿐만 아니라 친절하다.

경찰에게 가이드북에 나오는 종교재판소 박물관 사진을 보여주며 알려달라고 하자 핸드폰으로 검색하던 경찰이 스페인어로 뭐라고 하는데 알아들을 수 없다. "어디서 왔느냐?"는 물음에 "한국에서 왔다."고 대답하자 그가 보여준 한글번역기에는 "보수공사 중입니다."라는 글이 보였다. 낭패다. 그래도 여기까지 왔는데 정문이라도 보기위해 갔더니 사진으로 본 종교재판소 박물관이 보인다.

종교재판소 박물관은 종교재판이라는 미명하에 순박한 원주민이나 개종을 거부하는 사람들을 살육하고 박해한 고문과 처형 현장을 그대로 재현해놓은 곳이다. 모든 종교의 근본은 사랑 아닌가! 스페인을 비롯한 식민주의자들은 종교라는 이름하에 용서받지 못할 역사적 범죄를 범했다. 아무것도 모른 채 죽어간 원주민들의 명복을 빌었다.

택시를 타고 신시가지인 라르꼬(Larco)거리로 갔다. 큐피드 상이 보이는 길 건너에 '사랑의 공원(Parque del Amor)'이 보이고 드넓은 태평양이 펼쳐졌다. 두 남녀가 부둥켜안고 키스하는 조각상으로 유명한 공원에는 연인들이 많이 찾아와 기념사진을 찍고 있었다. 페루 젊은이들 말에 의하면 이곳에서 첫 키스를 하면 헤어지지 않는다는 속설이 있다고 한다. 그래서일까 여기저기서 키스하는 장면이 보인다.

산책로를 따라 오른쪽으로 15분 정도 걸으니 복합쇼핑몰이 나왔다. 각종 고가브랜드 제품, 레스토랑, 게임센터, 극장, 볼링장 등 각종 편의시설이 널려있다. 무엇보다 눈길을 끄는 것은 행글라이더들의 비행이다. 태평양에서 불어오는 기류를 타고 한 바퀴 돌기도 하고 자유자재로 하늘을 나는 그들이 부러웠다.

(18.11. 9~12. 12)

종이 한 장의 틈도 없는 정교함... 어떻게 만들었을까

잉카의 찬란했던 문명

남미 여행 5일차는 본격적으로 잉카문명을 들여다볼 수 있는 쿠스코에서 시작됐다. 아침 일찍 리마 공항에 도착해 수속을 마치고 공항에서 간단한 조식을 마친 일행은 쿠스코행 비행기에 올랐다. 사뿐히 하늘로 날아오른 비행기가 안데스산맥 상공을 나르자 만년설이 쌓인 산들이 보였다.

저 아래 어딘가에 잉카인들의 고향 쿠스코가 있겠지 하며 상념에 잠겨 있는 것도 잠시 "곧 쿠스코공항에 도착하니 안전벨트를 매라."는 멘트가 나왔다. 리마에서 쿠스코까지는 1시간 정도 밖에 걸리지 않는 거리다.

시차 때문에 깊은 잠을 못 자고 새벽 일찍 일어나서인지 컨디션이 좋지 않다. 공항에 도착해 터미널에 가는 발걸음이 무겁다. 숨까지 가팠다. 가이드가 발을 천천히 움직이란다. 해발 3,395m의 고지에 자리한 쿠스코. 잉카사람들은 이곳을 우주의 중심이란 뜻의 쿠스코라 명명했다. 쿠스코는 잉카인들의 언어인 께추아어로 '배꼽'이란 뜻이다.

직원들이 공항터미널 입구에 둔 광주리에 코카 잎이 들어 있었다. 마음대로 가져가라는 뜻인 것 같아 몇 개를 가져와 원주민들이 하는 것처럼 씹었다. 조금 후 기력이 회복되는 느낌이 들었다. 코카 잎 효력을 맛 본 필자는 주머니에 넣고 다니며 4,000~5,000미터의 고산지대를 열흘 동안 여행하면서 씹었다.

공항을 나서니 현지가이드와 관광버스가 일행을 기다리고 있었다. 버스로 30분쯤 달려 도착한 곳은 친체로 잉카제국 시절 거대한 신전이 있던 곳이었지만 잉카 토속신앙과 가톨릭이 혼합된 성당이 길가에 보였다.

가이드가 원주민 옷가게로 안내한다. 라마 털로 만든 모자, 장갑, 옷들이 울긋불긋한 색깔로 갈아입고 손님을 기다리고 있었다. 값도 싸다. 영어를 잘하는 원주민이 천연 염색재료를 이용해 옷감에 물들이는 시범을 보여준다. 염색재료는 대부분 식물에서 추출한 것이지만 벌레도 있었다.

잉카인들의 찬란했던 문화

우루밤바 마라스에는 잉카제국 시절의 경작지 '모라이(Moray)가 있다. 모라이는 께추아어로 '푹 파인 곳'이라는 뜻으로 잉카제국시절에 땅을 원형으로 깊숙이 파서 조성한 계단식 밭이다.

원형경기장처럼 생긴 모라이는 약 280m 깊이로 층층이 계단을 만든 계단식 원형경작지다. 가이드 설명에 의하면 경작지의 가장 높은 곳과 낮은 곳의 온도차는 약 5℃. 온도차에 따른 농작물재배실험을 했다고 한다.

일설에 의하면 태양신에게 제사를 지내기 위해 만들어 놓은 제단이라는 설도 있지만 입구에 기록된 안내판에는 농산물의 유전형질을 보존하기 위한 실험센터라고 기록돼 있다. 만약 잉카인들이 농작물을 실험 재배하기 위해서 모라이를 건설했다면 그들의 문화수준은 대단하다고 할 수 있다. 황금에 눈이 어두웠던 스페인 침략자들은 이들을 야만인 취급하고 학살했을 뿐만 아니라 강제로 개종시켰다.

마지막 격전지 오얀따이땀보

1530년 스페인 정복자들이 잉카제국에 도착했을 때는 잉카제국의 전성기였다. 잉카는 현재 콜롬비아 남부에서 칠레북부까지 4,000㎞에 이르는 광대한 제국이었다. 잉카제국은 해안과 산중에 남북로를 연결해 도로망을 구축했다. 이 길을 '잉카의 길'이라고 부른다. 이 길에는 20~30㎞마다 '땀보(tambo)'를 배치해 통치수단으로 사용했다. '땀보'는 몽골의 역참제도와 비슷한 역할을 했다.

마추픽추로 가는 길에는 잉카인들이 스페인 군대에 대항해 마지막까

1 오얀따이땀보 뒷산에는 거대한 돌 6개를 종이 한 장 들어가지 않을 만큼 정교하게 연결해 놨다. 하나가 수십 톤에 이를 것으로 짐작되는 바위들을 산 정상부까지 끌고와 쌓은 석축들을 보면서 입이 다물어지지 않았다

2 잉카제국시절 거대한 신전이 있었던 친체로에는 잉카 토속신앙과 가톨릭이 혼합된 성당이 있다

3 라마털을 이용해 옷 만드는 과정과 염색 방법을 설명하는 원주민 여성들

1 원주민 여성이 베틀에서 옷감 짜는 모습

2 원형계단처럼 생긴 모라이 모습. 잉카인들이 높이에 따른 농작물 재배 실험장이다

3 오얀따이땀보의 옛 유적 모습

4 현지가이드가 보여준 잉카인들이 오얀따이땀보 정상에 거대한 석축물을 끌고 올라가는 그림

5 오얀따이땀보 높은 산위에 돌을 쌓아올린 모습. 돌의 각도가 10개다. 정교한 솜씨가 대단하다

6 침략자 스페인군에 맞서 잉카군이 마지막 결전을 벌였던 오얀따이땀보

7 잉카시절 만들었던 집과 거리. 도로 중앙에 관개수로

8 잉카인들의 돌 다듬는 모습이 그려져 있다

지 싸운 격전지 오얀따이땀보가 있다. 잉카의 파차쿠텍왕이 이 지역을 정복한 후 신전 및 제단을 만들었다고 하는 마을에는 잉카시대에 만들었던 관개수로와 하수도가 지금도 사용되고 있다.

안데스(Andes)라는 말은 산비탈에 만들어진 계단식 밭을 가리키는 스페인어 'andenes'에서 유래됐다는 설과 잉카제국의 4개 지역 중 동쪽지역을 가리키는 '안티수유'의 'Anti'나 께추아어에서 '산꼭대기'를 의미하는 'anti'에서 유래했다는 설이 있다.

오얀따이땀보 마을 뒷산에는 돌로 쌓아올린 계단식 밭이 있다. 45도 경사진 밭두렁을 따라 산 정상에 오르면 잉카인들의 놀라운 석조건축물들을 만날 수 있다. 격전지였던 만큼 가파른 요새 형태로 만들어진 산 정상부에 수십 톤에 달하는 6개의 거석을 정교하게 연결해 세웠다. 종이 한 장 들어갈 수 없을 만큼의 틈도 없이 거대한 돌을 연이어 세운 그들의 석조건축술이 놀랍다.

현재의 기술로도 쉽게 쌓아올리지 못할 것 같은 거석들을 보고 입을 다물지 못하는 일행을 위해 현지가이드가 그림을 보여줬다. 책 속에는 수많은 잉카인들이 밧줄을 이용해 가파른 산정상으로 거석을 끌어올리는 장면이 그려져 있었다. 잉카인들은 가축을 이용해 물건을 실어 나른 수레가 없었기 때문에 돌을 나르는 일은 모두 인력에 의존할 수밖에 없었다.

다른 페이지에는 돌 가운데를 쪼개 물을 부었다가 얼음의 힘을 이용해 바위를 깨는 장면과 돌을 다듬었던 도구들인 모루, 망치, 롤러, 광택기 등의 도구들이 그려져 있었다.

마추픽추와 오얀따이땀보, 쿠스코시내의 12각 돌을 보면 잉카인들의 석조건축술이 얼마나 대단한지 알 수 있다. 스페인 정복자들이 잉카의 혼을 잠재우기 위해 쿠스코에 있는 꼬리칸차 신전을 허물고 그 위에 산토도밍고 성당을 세웠다. 하지만 1650년과 1960년 있었던 두 차례의 지진에

성당 대부분이 무너졌지만 잉카인들이 세웠던 석축은 견고한 모습을 그대로 유지했다.

로마나 유럽 조각에 사용된 대리석들은 세공하기 쉬운 재료들이지만 잉카인들이 건축에 사용한 돌들은 화강암으로 매우 단단했다. 그들의 석조건축술을 바라보다 생각에 잠겼다.

무생물인 돌을 갈고 닦아 정교하게 세공해 생명을 불어넣으면 건축이 되고 이 건축물들은 인간의 마음을 표시하는 기록이 되고 예술이 되어 문명을 이룬다. (18. 12. 28)

세상사가 시들해? 마추픽추에 가라

잃어버린 도시 마추픽추에서 인간의 한계는 어디까지인가

"세상사가 시들해지면 마추픽추에 가보라!"는 말이 있다. 사정상 마추픽추를 못 가는 분들에게는 미안한 일이지만 그 말이 틀리지 않다는 생각이 든다. 여행을 좋아하는 사람들에게는 꿈의 대상이니까. 뿐만 아니다. 인간이 궁지에 몰렸을 때 해낼 수 있는 한계가 어디까지인지를 가늠해 볼 수 있는 곳이기도 하다.

쿠스코에서 마추픽추로 가는 방법은 두 가지가 있다. 일반적으로 기차를 이용하거나 택시나 버스를 이용하는 방법이다. 기차는 쿠스코의 산페드로 역에서 출발해 마추픽추 아랫마을인 아구아 깔리엔떼스가 종착역이다. 버스나 택시의 경우는 쿠스코 터미널에서 출발해 오얀따이땀보(해발 2,800m)에서 아구아 깔리엔떼스행 기차로 갈아타야 한다.

전날 오얀따이땀보 관광을 마친 일행은 아구아 깔리엔떼스행 야간열차를 탔다. 야간열차를 선택한 건, 다음날 마추픽추 입장시간에 맞추기 위해서다. 일행은 새벽에 일어나 간단한 조식으로 때우고 마추픽추 구경에 나섰다.

세계 최고의 관광지인 마추픽추는 입장 시간과 입장 인원을 철저히 통제한다. 미리 입장권을 구입하지 않거나 입장 시간을 못 맞추면 산에 오를 수가 없다. 문화재를 보호하기 위한 정책이다.

와이나픽추... 하루 두 번 입장을 허용하고 인원도 400명으로 제한해

마추픽추 유적은 '늙은 봉우리'라는 뜻의 '마추픽추'와 '젊은 봉우리'라는 뜻의 '와이나픽추' 능선 사이의 2,350m능선에 자리하고 있다. 세계 각지에서 몰려오는 관광객들로 몸살을 앓자 페루 당국은 입장 시간과 입장 인원을 제한하고 있다. 마추픽추 하루 입장객은 2,500명이다.

마추픽추 유적을 지나 와이나픽추로 올라가는 입구 안내판에는 등산 시간과 입장허용 인원수가 적혀있었다. 와이나픽추 입장은 하루 두 번

1 세계 최고의 관광명소 마추픽추 모습

2 아구아 깔리엔떼스 마을에 있는 잉카상

3 등산객을 실은 열차가 마추픽추 아래 아구아 깔리엔떼스에서 쿠스코로 출발하고 있다

(07:00-08:00. 10:00-11:00)으로 한 번에 입장할 수 있는 인원은 200명. 하루 허용인원이 400명이니 미리 입장권을 끊지 않으면 낭패를 볼 수 있다.

마추픽추는 '잃어버린 도시', '공중도시', '불가사의한 도시'라는 명칭을 가지고 있다. 유적지를 향해 떠나기 전 날 아구아 깔리엔떼스 호텔에서 새벽에 일어나 밖을 내다보니 비가 세차게 내리고 있었다.

'아! 좀 참아주지!'하며 원망스럽게 하늘을 쳐다봤지만 비는 거세게 내리고 있었다. 하지만 한국에서 먼 나라 페루까지, 그것도 꿈에서도 그리던 마추픽추 탐방인데 비 온다고 멈출 수는 없었다.

일행은 우산과 비옷을 준비해 마추픽추행 버스로 갈아탔다. 유적 발견자인 하이럼 빙엄로드를 따라 구불구불한 길을 따라 10여 번 돌고 돌아 건너편 산 정상을 보니 구름이 휘감아 돌아 환상적인 모습이다.

나무사이로 언뜻 보이는 계곡에는 우루밤바강이 흐르고 버스를 탄 지 30여분 만에 목표지점에 도달했다. 다행히 비는 멈췄다. 매표소 입구에 도달하니 관광객들로 인산인해다.

'잃어버린 도시' 마추픽추를 찾아낸 사람은 누구?

스페인 군대는 높이 2,400m 험준한 산봉우리에 3만5천 헥타아르에 이르는 완벽한 마을이 있을 것이라고는 상상도 못 했다. 그런데 16세기 당시 이같이 산속 깊은 곳에 살던 사람들이 어느 날 사라졌다고 한다.

스페인 군대를 피하려고 지은 요새, 스페인 군대에 복수하기 위해 은밀히 군사훈련을 하던 곳, 홍수 같은 자연재해를 피하기 위해 만들어진 도시 등 다양한 설이 있지만 아직도 마추픽추를 건설한 목적은 수수께끼로 남아있다.

수백 년 동안 인간의 발길이 끊겨 수풀 속에 덮여있던 유적을 찾아낸 이는 탐험가 하이럼 빙엄이다. 예일대학에서 라틴아메리카 역사를 가르치는 사학자였던 하이럼 빙엄은 1910년 탐험대를 조직해 우루밤바강 유역에서 고대 잉카문명 유적을 조사하고 있었다. 이때 한 농부로부터 강 좌측 절벽 위에 마추픽추와 와이나픽추라는 두 개의 유적이 있다는 이야기를 들었다.

한 소년의 안내를 받아 뱀이 득실거리고 풀이 뒤덮인 산 능선을 올라가자 눈앞에 다랑이 밭과 신전들이 나타났다. 놀라운 일이 벌어졌다. 산상 도시 남쪽에는 100여개의 다랑이 밭이 있고 북쪽에는 광장과 거주지, '태양의 신전', '달의 신전', '콘도르 신전' 같은 종교시설이 있었다.

마추픽추 유적에서 가장 높은 곳에는 동서남북을 완벽하게 나타낸 커다란 돌 하나가 놓여있다. 잉카인들이 가장 신성하게 여겼던 '인띠와따나'다. '인띠와따나'는 께추아어로 '태양을 묶어놓은 기둥'이라는 뜻이다.

1 와이나픽추 정상에서 바라본 마추픽추 모습
2 마추픽추의 경사진 밭과 집들 모습
3 마추픽추를 거쳐 와이나픽추로 올라가는 길은 거의 기어 올라가다 싶이 가파랐다
4 정상에는 잉카인들이 돌로 건설한 유적이 즐비하다

1 마추픽추 유적에 정신이 팔려 중요한 내용을 기록했던 기자수첩을 분실했다는 걸 몰랐다. 와이나픽추 정상에서 주위를 둘러보는데 수첩을 주워 돌려줬다. 무려 세 분을 거쳐 내 손으로 돌아왔다. 한글이 적힌 걸 보고 한국인일 거라며 나를 찾아왔다. 맨 오른쪽 수첩을 든 마리아노 씨는 두 번째 주은 분으로 아르헨티나 멘도사에서 왔다고 한다

2 마추픽추 아랫마을 아구아 깔리엔테스 역무원 아르날도(Arnaldo)이 마추픽추에는 겨울이 눈이 쌓이지 않기 때문에 4계절 관광객이 온다고 한다. "아들이 BTS 멤버인 김남준, 김석진 등을 무척 좋아한다"며 멤버 이름을 정확히 말해 문화가 경쟁력임을 실감했다.

3 마추픽추 최정상부에는 해시계 "인띠와따나"는 께추아어로 "태양을 묶어두는 기둥"이라는 뜻으로 동지에 돌기둥에 태양을 붙잡아 매는 의식을 치렀다

4 마추픽추 유적 뒷길로 10여분 걸으면 잉카군인들이 걸었다는 절벽길이 있다. 지금처럼 네모 반듯한 벽돌도 아닌 돌을 절벽에 덧대 쌓아올려 길을 만든 잉카인들의 석축술이 놀랍기만 하다. 넓이 1미터도 안되는 좁은 길에 천길 낭떠러지로 떨어질 것만 같았다.

5 비좁은 외길에서 떠들며 라마에게 입으로 먹을 것을 주는 중국인 관광객. 와이나픽추 정상에서는 "야호!"를 외쳤다. 수많은 외국인들 앞에서 꼴불견이었다.

잉카인들은 태양의 궤적이 바뀌면 큰 재앙이 온다고 믿어 해마다 동지가 되면 이 돌기둥 바로 위에 떠있는 태양을 붙잡아 매려고 돌기둥에 끈을 매는 의식을 치렀다고 한다.

마추픽추 유적 뒷길을 따라 멋진 절벽길이 있다는 말을 듣고 트레킹에 나섰다. 깎아지른 절벽에 만든 길을 따라 조심조심 내려가니 쇠창살로 막아놓은 막다른 곳이 나왔다. 쇠창살 틈으로 절벽을 바라보니 절벽을 따라 수백 미터의 담장을 쌓아올린 길이 보였다. 너비가 1m가 못 되어 보이는 좁은 길이다.

난간도 없는 절벽길 아래로는 수백 미터의 깎아지른 절벽이다. 절벽을 따라 담장을 쌓은 것도, 사람이 그 길을 따라 다닌 것 같은 흔적도 믿어지지가 않았다. 관광객들의 안전을 위해 길옆에 서있는 현지인 직원과 대화를 했다.

"저 절벽길을 따라 사람이 건너갔습니까?"

"예! 잉카군이 절벽길을 따라 저 건너편으로 가 망을 보기도 했습니다."

내가 서있는 이 길에서도 오금이 저리는데 믿을 수가 없었다. 고소공포증이 있는 나는 죽어도 저 절벽길을 건너갈 수 없을 것 같다. 바람이 불거나 발을 잘못 디디면 천 길 낭떠러지로 떨어질 것 같은 길이다.

현대인들이 사용하는 네모반듯한 벽돌을 이용해 길을 만든다 해도 쉽지 않을 길을 돌을 정교하게 깎아 만들어 절벽길을 만든 잉카인들의 솜씨가 놀랍기만 하다.

인간이 궁지에 몰리면 못하는 게 없는 걸까? 인간의 한계는 어디까지일까? 산 정상을 허물어 밭을 만들고 절벽에 길을 만든 잉카인들의 혼을 생각하며 경건한 마음으로 고개를 숙였다. (18. 12. 28)

"죽어도 여한 없어" 400m 암벽호텔에서 하룻밤 보낸 부부

3,000m 높이에 있는 소금밭 살리네라스와 이색적인 암벽호텔

남미여행 7일차는 쿠스코 인근 유적지를 방문하는 날이다. 전날 마추픽추를 등정하고 난 감동이 아직 가시지 않았지만 호텔에 남아 쉴 수는 없다(관련 기사 : 세상사가 시들해? 마추픽추에 가라). 일행이 현지 가이드의 안내를 받아 도착한 곳은 마라스에 있는 살리네라스 염전으로, 쿠스코에서 서북쪽으로 약 58㎞ 떨어진 조그만 마을이다.

마라스로 가는 길 주변에는 라마들이 한가롭게 풀을 뜯고 있었다. 한 시간 여를 달린 버스가 염전 인근에 도착했다. 버스 차창 밖에 펼쳐진 풍경을 보니 우리네 산골짝에 있는 조그만 다랑이 밭들이 떠오른다. 마치 눈 내린 것처럼 하얀 모습을 띠고 있는 모습이 이채롭다.

염전은 해발 3,000m 고지의 깊은 골짜기 바닥 경사면에 조성되어 있다. 염전 아래로는 우루밤바강이 흐르고 있었다. KBS프로그램 '차마고도'에서 보았던 것과 같이 소금기가 있는 물을 길어 논에 가둬 증발시킨 뒤에 남는 소금을 거둬들이는 줄 알았지만 아니다. 관리사무소 인근 조그만 골짜기에서 도랑을 따라 물이 졸졸 흐르고 있었다.

도랑에 내려가 흐르는 소금물을 찍어 입에 댄 일행이 "와! 짜다!"를 연발했다. 물은 도랑을 따라 졸졸 흐르다가 소금밭두렁에 낸 수로를 따라 흘렀다. 가이드 설명에 의하면 소금밭 하나가 다 채워지면 다음 소금밭을 채우는 방식으로 운영한다.

소금밭에 고인 염수의 수분이 햇볕을 통해 증발하면서 염전이 생긴다. 4,000여 개나 되는 소금밭에서 생산되는 소금은 불순물이 섞인 정도에 따라 등급이 매겨진다. 최상급 소금은 백색소금으로 연간 수백 톤 생산한다고 한다.

지금은 소금이 흔하지만 교통과 운반수단이 발달하지 못한 옛날에는 소금은 권력과 돈줄의 바탕이 됐다. 오죽했으면 '작은 금'이라는 의미의

1 살리네라스 염전 모습

2 해발 3천 미터의 고산지대에 있는 살리네라스 염전으로 4천개의 소금밭으로 이뤄져 있다

3 소금골에서 흘러나온 물이 조그만 소금밭두렁에 만들어놓은 수로를 따라 흘러들고 있다. 물이 다 차면 다음 소금밭에 물을 댄다

'소금'이라고 했을까. 하늘이 준 천혜의 자원을 누렸을 살리네라스 염전주인들의 삶은 옛날의 영화가 사라진 것 같다. 마을 발전기금이라는 명목으로 제법 비싼 입장료를 받고 있었다.

400m 절벽에 매달린 호텔에서 잔다고?

세상에는 참 별난 모험을 즐기는 사람도 있다. 살리네라스 염전을 구경하고 돌아오는 길, 까마득한 절벽 위에 통처럼 생긴 물건 3개가 대롱대롱 매달려 있었다. 가이드가 차를 세우고 그 물건들에 대해 설명하길 암벽호텔이란다.

쿠스코 세이크리드 밸리(Sacred Valley)에 지어진 호텔 이름은 '스카이로지 어드밴쳐 스위트(Skylodge Adventure Suite)'. '스위트(suite)'를 영어사전에서 찾아보니 '(호텔 등의) 특별실, 스위트 룸(거실과 침실이 이어져 있는 호화로운 방)'이라고 적혀 있다.

홈페이지에 들어가 호텔 내력을 찾아보니 지상 400m 높이에 설치된 캡슐형 암벽호텔이다. 호텔은 장비를 갖추고 암벽등반을 해서 올라가야 한다. 밑에서 위를 바라보고 있노라니 암벽에 박은 말뚝을 잡고 올라가는 사람들이 보였다.

한 젊은 기업가의 발상으로 만들어진 호텔은 길이 24피트(7.31m), 높이 8피트(2.43m) 크기로 6개의 창문과 4개의 환기 닥트, 화장실, 거실과 침대가 있다. 호텔에서 보이는 각도는 300도로, 아침과 와인을 곁들인 정찬이 준비되어 있다.

놀란 눈으로 호텔을 바라보던 사람 중에는 "저 곳에서 한 번 자보고 싶다."고 하는 사람도 있었지만 "나는 돈 줘도 안 자겠다."고 하는 사람도 있었다. 일행들의 이야기를 듣고 있던 한 부부가 "우리는 이미 저 호텔에서 잤는데요."라는 말을 하자 일행의 시선이 모두 그들 부부에게 쏠렸다.

1 깎아지른 듯한 400미터 절벽위에 있는 암벽호텔 모습. 9부 능선에 있다"

2 400미터 위 암벽호텔로 올라가는 이원희 씨 부부 © 이원희

3 소금골에서 흘러나오는 물을 손에 찍어 입에 댄 일행..."와! 짜다"

4 해발 3천 미터의 살리네라스에는 4천여 개의 염전이 있다. 염전의 원천은 이 조그만 소금골이다. 소금물을 가둬 햇빛에 증발시켜 소금을 만든다

5 암벽호텔에서 내려올 때는 집라인을 타고 하강한다

6 암벽호텔 3 개의 방에서 잠자게 된 사람들이 기념 촬영했다. 이원희 씨 부부와 호주인 부부, 미국인 부부 모습

그들 부부는 인천공항을 거쳐 남미까지 여행 온 부부가 아니었다. 남편인 이원희 씨의 환갑을 기념하기 위해 호주 시드니에서 출발해 페루에서 합류한 호주교민들이다. 부부는 남미여행팀이 페루에 도착하기 전 이곳 호텔에서 1박을 했다. 무서워 아무도 이용하지 않을 것 같은 호텔인데도 6개월 전에 미리 예약을 해야 한다고 한다. 이원희 씨가 암벽호텔에서 잔 소감을 말했다.

"깎아지른 400m 암벽등반은 태어나서 처음 경험해본 겁니다. 힘도 들고 무섭기도 하고 정신이 혼미한 상태로 올랐지요. 캡슐호텔 내부는 아주 안락했어요. 바람 불면 어쩌나 하고 걱정했는데 누워서 천정 커튼을 걷으니까 별이 쏟아져 들어왔어요. 환상적인 밤하늘 별자리를 보고 죽어도 여한이 없다는 생각이 들었어요."

내려올 때는 집 라인을 타고 내려온다. 밥 먹으러 갈 때도 줄을 타고 가야 한다는 암벽호텔. 나는 돈 주면서 자라고 해도 잘 생각이 없다. 무서울 뿐만 아니라 밑에서 까마득한 절벽에 걸린 호텔을 쳐다보기도 힘들기 때문이다. (19. 01. 01)

해발고도 3,800m에 충청남도만 한 호수 있다

세상엔 참 다양한 거주방식이

남미여행 8일차는 티티카카 호수에 사는 사람들을 만나는 일정이다. 쿠스코에서 심야버스를 7시간쯤 타고 뿌노에 도착한 것은 새벽녘. 호텔에 여장을 푼 일행은 간단한 식사를 마치고 곧바로 티티카카호수로 향했다.

선창에 나가니 수많은 배들이 묶여있다. 배가 이렇게나 많다니! 조그만 경비정까지 보인다. 이곳이 호수가 맞나? 의아해했지만 티티카카 호수의 규모와 호수를 찾는 관광객들을 보고나서야 이해가 됐다.

티티카카호수는 어떤 곳?

다음백과사전에 의하면 티티카카호수는 페루와 볼리비아 두 나라 접경지대에 자리하고 있다. 뿌노고원 북부에 자리한 티티카카호수는 면적 8,135㎞, 최대 수심 약 280m 규모를 자랑하는 남미 최대의 담수호다. 상상이 안 되면 충청남도보다 약간 작다고 생각하면 된다. 해발고도 3,800m에 있으며 배가 다니는 호수 중 세계에서 가장 높은 곳에 있다.

이 호수는 우기와 건기 계절에 따라 면적이 약간씩 달라진다. 유역면적은 5만 8,000㎢에 달하며 길이는 190㎞이고 너비는 80㎞이다. 전체 호수 면적의 60%는 페루에, 나머지 40%는 볼리비아에 속해 있다. 주로 주위 고산지대에서 흘러내리는 25개의 빙하수 강이 호수로 유입되는데 반해 볼리비아쪽 파파호로 흘러나가는 물은 5%에 불과하다.

잉카 전설에 따르면 태양신 인띠(Inti)가 이 호수에 있는 태양섬에 아들 망꼬 카팍과 딸 마마 오끄요를 내려 보내 잉카의 조상이 되게 해 문명을 깨우치도록 했다. 아이마라 원주민 언어로 '티티'는 퓨마, '카카'는 호수 혹은 바위로 해석되며 당시 원주민들이 퓨마를 지상의 신으로 믿어 붙여진 이름으로 추측하고 있다.

티티카카 호수의 주요 섬으로는 우로스섬(Uros)을 비롯해 타킬레섬

1 섬을 방문하고 떠나가는 관광객들을 환송하는 주민들 모습. 현재 원주민들이 서있는 곳은 "또또라"라는 갈대로 만든 섬이다

2 티티카카호수에 사는 원주민 마을 모습

3 티티카카호수에 있는 우로스섬 한 마을에 들러 주민 대표로 부터 섬을 만들어가는 과정과 생활양식에 대해 설명을 듣고 있는 관광객들

(Taquile)과 아만타니섬(Amantan) 등 41개 섬이 존재한다. 일행이 호수를 방문한 시기가 우기가 아니어서인지 날씨가 화창했다. 호수주변을 감싸고 있는 높은 산들과 햇살에 반짝이는 호수가 한 폭의 그림 같다.

선창을 떠난 배가 20분쯤 달려 도착한 곳은 우로스의 한 섬. 작달막한 키에 커다란 모자, 길게 땋은 머리를 한 현지인들이 노래를 하며 일행을 환영해줬다. 전형적인 잉카인 모습이다. 마을 대표가 일행들 앞에서 갈대로 섬을 만드는 과정을 보여주고 집과 배들의 모형을 보여줬다.

집과 부속건물들은 이 호수에서 자라는 또또라(부들)로 지었다. 또또라는 높이 2m정도 크기의 가늘고 긴 잎사귀를 가진 다년생 식물이다. 원주민들은 이 식물 뿌리를 잘라 단단히 묶은 다음 그 위에 또또라 잎사귀를 약 3m두께로 깐다. 원주민들은 이 토대위에 집과 부속건물을 짓는다. 마을대표의 설명이다.

"이 섬에 4가족 20명이 살고 있어요. 이 섬을 만드는데 1년 걸렸지만 섬의 크기에 따라서 걸리는 시간이 달라요. 밑바닥은 매 2주마다 새로운 층으로 갈아 줍니다."

주인을 따라 걸어가니 발이 푹푹 빠져 신발이 젖을까 염려가 됐다. 초대를 받아 집안에 들어가니 두 평 정도의 집에 간단한 세간 비품과 조잡해 보이는 TV가 있다. TV를 보려면 전기가 있어야 하는데 어떻게 해결할까 살펴보니 집 뒤에 태양광 발전시스템이 조그맣게 설치되어 있었다.

집안에서 천정을 바라보니 하늘이 보이는 곳이 있어 현지가이드에게 물어보니 "만약 강우가 내릴 때는 플라스틱 지붕을 덧씌운다."고 했다. 잠자리는 침대크기의 판자를 깔아 한쪽으로 기울지 않도록 했다. 이렇게 높은 고산지대 호수에 사는데 날씨 추운 겨울을 어떻게 이겨낼까 걱정스럽기까지 했다.

원주민들의 교통수단은 또또라를 묶어만든 발사(Balsa)라는 뗏목이다.

일행이 발사를 타고 호수 내에 있는 섬 구경에 나섰다. 관광객들을 위한 식당과 학교도 있었다. 궁금한 사항을 가이드가 대답해줬다.

"우로스섬에는 인구 3천명에 초등학교가 4개나 있어요. 보건소도 있습니다. 가벼운 병은 보건소에서 치료를 하지요. 그렇지만 위급한 상황이 발생하면 뿌노시내 큰 병원으로 갑니다."

호수에는 장어, 준어, 송어 등 7가지 종류의 민물고기가 살고 있어 주민들은 어업에 종사하지만 수많은 관광객이 찾아와 생계에 보탬을 주고 있다는 느낌이 들었다. 조그만 학교 교실에 들어가 학생 몇 명이라도 만나

1 관광객들에게 기념품을 파는 원주민들. 손으로 직접 만든제품이다. 이곳에서는 남자들이 뜨개질을 한다고 한다

2 티티카카호수에 사는 원주민들의 교통수단인 "발사(Balsa)"를 타고 호수를 돌아보는 관광객들

3 티티카카호수에 자라는 "또또라(부들)" 모습으로 줄기에 공기층이 많이 있음을 보여주고 있다. 원주민들은 또또라를 묶어 섬을 만들어 산다

4 티티카카호수 주민은 약 3천명으로 초등학교 4개가 있다. 보이는 것은 한 초등학교 건물이다

고 싶었지만 다음 일정이 바쁘다.

쿠스코에서 밤새워 버스를 타고 뿌노까지 달려온 일행은 쉬지 않고 아침 일찍 티티카카호수 섬 관광에 나서느라 많이 지쳤다. 더구나 3,800m 높이의 고산지대 아닌가. 시차적응과 고산병뿐만 아니라 계속되는 강행군에 지친 일행 중 몇 명은 다음 일정을 포기했다.

티티카카호수 한 가운데 있는 타킬레섬... 섬이지만 주민의 90%는 농업 종사

1 마을의 경계선에는 이같은 아치형 문이 있다고 한다. 육지와 격리되어 스페인 정복자들로부터 약탈을 당하지 않아 옛모습이 그대로 살아있다

2 귀족이 살았다는 집으로 관광객들이 모여 있는 뒤쪽 아치형 조형물위에 사람모양의 조각들이 보인다

3 타킬레섬에 이 형상을 한 조각품이 있으면 그 마을의 우두머리가 산다는 뜻이다

4 티티카카호수 관광 내내 옆자리에 앉았던 연인들로 예쁜 호수를 배경으로 사진촬영을 부탁했다. 칠레에서 왔다고 한다

우로스섬을 거쳐 한참을 달린 보트가 드디어 타킬레섬에 도착했다. 타킬레섬은 길이 5.5㎞, 넓이 1.6㎞, 면적 5.72㎢인 작은 섬이다. 호수에서 정상까지의 높이가 100m 정도 밖에 안 된다는데 숨이 차 헉헉거린다. 나뿐 아니다. 다들 지치고 힘든 기색이지만 여기까지 왔는데 멈출 수는 없다.

커다란 돌계단을 따라 마을이 있다는 곳으로 천천히 올라가는 데 양들이 풀을 뜯고 있다. 길가 돌에 앉았다 서다를 계속하다 정상부에 다다르자 아치형 문이 나왔다. 마을과 마을의 경계를 표시하는 의미란다. 섬은 온통 계단식 밭으로 일구어져 성한데가 없다. 그러고 보니 가이드 말이 이해가 됐다.

"이곳은 섬이지만 주민의 90%는 농업에 종사하고 10%만 어업에 종사해요. 2천 명이 사는 조그만 섬이지만 유치원과 초등학교, 중학교가 있어요"

주민은 계단식 밭에 감자, 옥수수, 밀을 경작하며 생계를 유지한다. 관광객들이 많이 찾아오는 이유가 있었다. 육지와 격리되어 있어 스페인 정복자들이 마을을 파괴하지 않아 옛 모습을 간직하고 있기 때문이었다. 티티카카 호수에서 살아가는 사람들을 보며 세상은 참 넓고 살아가는 방식도 다양하다는 생각이 들었다. (19. 01. 10)

대통령 추대 거절한 혁명가, 돈은 왜 받았을까

라틴아메리카의 해방자, 볼리바르

사람 이름이 국명이 된 나라가 있을까? 있다. 남미 중앙에 위치한 볼리비아다. 볼리비아는 남미 역사상 가장 위대한 지도자 중 한 명이었던 볼리바르의 이름을 따서 지어진 국명이다. 페루와 칠레, 파라과이, 브라질과 국경을 맞댄 볼리비아는 면적 100만 제곱킬로미터에 인구 1,100만 명이 사는 나라다.

볼리비아는 동부 지역을 제외한 거의 대부분이 고산지대이기 때문에 일교차가 심하다. 수도 라파즈와 우유니는 15~20도 이상 일교차가 있어 여행자는 두꺼운 외투가 필요하다. 티티카카호수 관광을 마친 일행이 거대한 호수를 끼고 라파즈로 가는 길에는 때때로 5천 미터에 가까운 고산지대가 나오기도 했다.

티티카카호수는 정말 크다. 뿌노를 떠나 볼리비아 수도 라파즈로 가는 길에 만난 코파카바나 호숫가 경치는 흡사 바닷가 모습과 비슷했다. 수많은 보트와 방갈로에는 관광객들로 넘쳐났다. 멋진 호수 하나가 수많은 사람들을 먹여 살린다는 생각이 들었다.

호수 구역이 사라지고 라파즈가 가까워질 무렵 차창 왼쪽에 하얗게 눈을 뒤집어쓴 안데스 설산들이 보인다. 끝없는 초원 뒤로 눈을 뒤집어 쓴 모습이 몇 달 전 보았던 몽골 설산을 닮았다. 그러고 보니 이곳에 사는 상당수 볼리비아인들의 혈통은 몽골리안이다.

차가 라파즈 시내로 들어가자 길가에 늘어선 포장마차와 수많은 사람들이 보인다. 작은 키, 넓적한 얼굴, 챙 있는 모자를 쓰고 길게 머리를 땋은 할머니들의 모습이 페루에서 보았던 인디오들이다.

남미국가인 칠레, 아르헨티나, 브라질과 달리 페루와 볼리비아의 인구 구성비를 보면 백인이 15%에 불과하다. 우리와 비슷한 생김새인지 낯설지가 않다.

해발고도 3,700m 고산지대에 자리한 볼리비아 수도 라파즈의 주요교

1 볼리비아 혁명을 지휘했던 무리요를 기념하는 무리요 광장 모습. 뒤편에는 대통령 궁이 있다

2 케이블카를 타고 라파즈시내 높은 곳에 올라 촬영한 라파즈 야경 모습

3 뿌노에서 티티카카호수를 구경하고 라파즈로 오는 도중에 만난 코파카바나 모습으로 해변을 연상케 했다

4 산 프란시스코 성당 모습. 성당 앞은 청소년과 예술가들이 그림을 전시하기도 하는 만남의 광장이다

통 수단은 케이블카다. 너무 높고 가파른 곳에 세워진 건물에 올라가려면 숨이 차기 때문이다. 케이블카를 타고 라파즈 시내 높은 곳에 올라서 보는 야경은 수많은 별들이 떠 있는 은하수 같다.

사가르나가 거리에 가면 '마녀시장'이 있다

라파즈에서 여행자들이 가장 많이 찾는 장소는 사가르나가 인근 거리와 산 프란시스코 성당 앞 광장이다. 좁은 골목에는 아스팔트가 아닌 돌을 깔아 만든 도로가 있다. 어찌나 좁은지 관광버스가 길을 막으면 뒤차는 꼼짝없이 기다려야 한다.

이곳에는 여행자들을 위한 숙소, 식당, 여행사, 쇼핑상가와 환전소가 있다. 사가르나가 여행자 길을 따라 내려가면 넓은 광장이 나오고 그 앞에 산 프란시스코 성당이 나온다. 16세기 바로크 양식으로 지어진 성당은 볼리비아의 대표적 성당이다. 성당에 들어가니 대예배당 모습이 예쁘다. 교회 앞 광장은 청소년과 예술가들이 모여 그림을 전시하기도 하고 공연을 펼치는 만남의 장소이기도 하다.

사가르나가 거리를 한 블록 건너가면 라마와 양 새끼를 비롯한 동물과 각종 향신료를 파는 마녀시장(Mercado de las Brujas)이 있다. 흉측한 모습의 동물 말린 시체를 팔아 마녀시장이라는 이름이 붙었지만 마녀를 팔거나 마녀가 장사를 하는 곳은 아니다.

이 재료들은 대지의 신 파차마마에게 제사를 지내거나 주술사들이 미래의 길흉을 점치는 데 사용하는 재료들을 파는 가게다. 파차마마신은 대지의 신이자, 시간을 지배하는 신이며 농사의 수확을 결정하는 신이다.

볼리비아 사람들은 추수철이나 큰일을 앞뒀을 때 파차마마에게 공양하거나 주술사를 불러 길흉을 점친다. 인디오 출신 가이드에게 마녀시장에서 찍은 사진을 보여주며 "지금도 이런 물건을 사용하느냐?"고 묻자 답변이 돌아왔다.

“볼리비아에는 인디오들이 믿는 종교와 가톨릭 두 가지가 있어요. 산악지역에 사는 인디오들은 8월에 태양과 하늘에 제사를 지낼 때 지금도 이런 제물을 사용합니다.” 산 프란시스코 성당을 지나 라파즈 시내가 내려다보이는 높은 지역으로 올라가면 볼리비아 혁명을 지휘했던 무리요 박물관이 나온다. 이곳에는 1809년 7월 16일 볼리비아 혁명을 지휘했던 무리요가 살았던 집이 있다. 집에는 생전에 그가 사용했던 가구와 여러 가지 수집품을 볼 수 있다.

볼리비아를 대표하는 화가 ‘마마니 마마니’

무리요가 살았던 좁은 골목길을 지나 넓은 길에 도착하면 정면에 화려한 그림이 그려진 건물이 나온다. 현재 볼리비아를 대표하는 ‘마마니 마마니’ 작품 전시장이다. 전시장에는 그의 탄생과 작품에 관한 해설이 적힌 책자가 놓여 있었다.

그는 인디오인 아이마라(Aymara)족 부모를 둔 인디오 문화 속에서 태어났다. 그의 작품은 인디오의 비전과 느낌, 안데스의 풍습 속에서 영감을 얻었다. 그는 다음과 같이 말했다.

“내 예술은 내 존재 속에서 태어났어요. 내 작품은 대지의 신인 파차마마(Pachamama) 속에서 탄생했습니다.”

잉카문명을 상징적으로 그린 그의 작품은 볼리비아 뿐만 아니라 남미 여러 나라에서 100회 이상 전시됐고 수많은 상을 받았다. 작품 내용에 대해 알 것 같기도 하고 모를 것 같기도 해서 인디오 출신 가이드에게 그의 그림에 대해 설명해 달라고 부탁했다.

“그의 그림은 볼리비아를 대표하는 전형적인 그림으로 잉카를 상징하는 태양과 달, 콘도르, 퓨마, 뱀, 산과 같은 것들을 형상화한 그림입니다.”

1 사가르나가 여행자 거리. 로마의 옛길처럼 돌을 깔아 만든 길이다.

2 볼리비아의 대표적 화가인 "마마니 마마니"의 그림. 잉카 후손인 그는 잉카문화에서 영감을 얻었다고 한다. 그림 속에는 잉카를 상징하는 태양과 달, 콘도르, 퓨마, 뱀, 산과 같은 것들을 형상화 했다고 한다

3 이 길로 따라가면 볼리비아 혁명가 무리요 생가가 나오고 골목 끝을 지나 넓은 길에는 볼리비아를 대표하는 화가 마마니 마마니 전시관이 있다

4 사가르나가 거리를 걸어가는 인디오 할머니 모습. 이곳 가게에서 파는 라마털로 만든 의류는 정말 싸다

5 여행자들이 사가르나가 거리에서 벽화를 구경하고 있다. 오른쪽 첫 번째 화려한 그림은 볼리비아를 대표하는 화가 마마니 마마니의 작품이다

6 볼리비아의 대표적인 화가 "마마니 마마니" 전시관 앞에 앉아 여가를 즐기는 할아버지 모습. 인자한 모습에 사진 한 장 찍겠다고 했더니 흔쾌히 허락했다

라틴아메리카 해방자 시몬 볼리바르

라파즈 시내를 돌아보고 인디오 출신 가이드 설명을 듣고 나니 볼리비아에 대해 어느 정도 알 것 같다. 그런데 왜 하필이면 국명이 볼리비아일까? 볼리바르는 베네수엘라 출신인데…

궁금증에 그에 관한 내용을 포털 사이트에서 찾아봤다. <문명의 보고 라틴아메리카를 가다>를 쓴 정수일 한국문명교류연구소장의 얘기는 그에 대한 관심을 더욱 증폭시켰다.

시몬 볼리바르 © wiki commons

필자가 일찍이 라틴아메리카의 현대사를 접할 때마다 볼리바르와 맞닥뜨리면서 그에 대한 이해 없이는 결코 라틴아메리카의 현대사에 제대로 접근할 수 없음을 갈파했다.

시몬 볼리바르는 1783년 7월 24일 베네수엘라의 부유한 끄리오요(criollo) 집안에서 태어났다. 끄리오요는 유럽 백인과 원주민 인디오간의 혼혈인을 말한다. 어릴 적 부모와 사별한 그는 초등학교 은사이자 루소의 추종자인 시몬 로드리게스 집으로 들어가 유럽의 시민의식에 관해 배우고 눈을 떴다.

1799년 할아버지마저 사망하자 집을 떠나 스페인으로 유학을 떠났다. 그는 마드리드에서 유명한 학자인 마르께스 데 우스따리스 집에 머물며 외국어, 수학, 역사, 무용, 승마 등을 배우고 스페인과 프랑스를 구경하며 견문을 넓혔다.

결혼 8개월 만에 사랑하던 아내가 병사하자 실의에 빠졌지만 다행히 옛 스승 로드리게스를 만나 루소와 볼테르 등 서구 시민혁명의 거장들을 만났다. 한때 프랑스혁명에 심취했지만 나폴레옹의 황제 군림을 저주했던 그는 1805년 스승 로드리게스와 로마를 여행하면서 맹세했다.

"나 자신의 명예와 하느님의 이름으로, 그리고 내 조국의 이름으로 맹세한다. 나의 마음과 나의 팔뚝은 스페인의 권력이 우리를 속박한 그 사슬을 깨뜨릴 때까지 한시도 쉬지 않을 것이다."

당시 스페인은 라틴아메리카 식민지에 대한 경제적 수탈과 정치적 압박을 일삼았다. 본토 상품과 경쟁이 될 만한 식민지 상품을 강제로 생산을 중지시켰다. 1595년부터 라틴아메리카에서 포도생산을 금지한 것이 대표적 사례이다. 뿐만 아니라 끄리오요를 비롯한 원주민 지도자들에 대한 정치적 앞길도 막았다.

고국으로 돌아온 그는 식민지 수탈정책에 항거해 독립을 이룬 미국에 대한 환상을 품고 미국 각지를 돌아다녔다. 하지만 미국이 라틴아메리카를 지원한 것은 유럽세력을 몰아내려는 속셈이었을 뿐 진심은 라틴아메리카를 장악하는 데 열을 올렸다.

영국이나 미국 등 외부세력의 힘을 등에 업고 독립을 이루어 보자던 순진한 꿈을 접은 그는 오로지 라틴아메리카인 자신들의 힘과 무장투쟁을 포함한 치열한 투쟁을 통해서만 독립이 가능하다는 걸 깨달았다.

미란다와 함께 스페인과 싸울 혁명군을 조직해 정부군과 싸운 그는 승전과 패전을 거듭하다가 결국 승리했다. 그는 콜롬비아와 에콰도르, 베네수엘라 세 나라로 그란콜롬비아공화국을 수립했다. 그리고 초대 대통령에 취임해 페루와 볼리비아 독립투쟁을 진두지휘했다. 페루는 볼리바르의 지도하에 헌법초안작성회를 개최한 후 초대 대통령으로 추대했다. 하지만 그는 사양했다. 그러자 페루 당국은 그에게 선물로 120만 페소를 보냈다. 묵묵히 선물을 받은 그가 말했다.

"당신들이 내게 준 이 120만 페소 외에 내가 가지고 있는 모든 것을 털어서 페루에 있는 전체 노예들을 매입해 자유로이 풀어주고 싶소. 만일 한 나라가 국민으로 하여금 자유를 누릴 수 있게 하지 못한다면 우리가 이 나라를 도와 독립을 쟁취한다고 한들 무슨 의미가 있겠소."

당시 페루에는 약 3천 명 가량의 노예가 있었고 노예 1인당 몸값은 350페소였다. 볼리바르는 라틴아메리카 노예들의 대부였다. 베네수엘라 독립 후 그를 왕으로 추대하려는 일부 제안에 대해 거부한 볼리바르는 유언을 남겼다.

"설사 저 자신에게 왕이라는 직함이 주어졌다 하더라도, 그보다는 차라리 라틴아메리카 해방자로 사람들에게 기억되기를 바랄 것입니다. 해방자라는 칭호야말로 동료 시민들이 인간에게 부여할 수 있는 가장 숭고한 칭송이라고 생각하기 때문입니다."

1830년 12월 17일 향년 47세로 생을 마감할 때 옆에 있었던 프랑스 주치의는 "고인이 입고 있던 유일한 셔츠가 심하게 해어져 있었다."고 회상했다. 20년 동안 불굴의 투지로 베네수엘라, 페루, 콜롬비아, 에콰도르, 볼리비아, 파나마 등 6개 국가를 해방시킨 그의 혼은 볼리비아에 살아 있었다.

(19. 01. 12)

여기서는 아무렇게나 찍어도 인생사진 나옵니다

자연의 신비가 선사하는 아름다움, 우유니 소금 사막

'작은 금'이라 해서 '소금(小金)'이라 불린 소금은 인간에게 대단히 중요한 자산이다. 소금은 인간이 생명을 유지하는 데 없어서는 안 될 무기질 중 하나이다. 음식 맛을 내는 조미료로 오랫동안 이용돼 왔을 뿐만 아니라 인간의 역사에서 중요한 위치를 점했다.

교통수단이 발달하지 못했던 시절에는 소금 생산지인 해안이나 암염, 염호가 있는 곳이 교역의 중심지였다. 소금을 교환하기 위해 사람들이 모여 들면서다. 암염 생산의 중심지였던 오스트리아 잘츠부르크는 소금 때문에 번창했고 인근에서 가장 부유한 도시 중 하나가 됐다. '잘츠(salz)'는 영어로 'salt' 즉, '소금'을, '부르크(burg)'는 '성'이란 뜻으로, 잘츠부르크는 '소금의 성'이란 뜻이다.

로마에서는 군인이나 관리봉급을 소금으로 주었다고 한다. 일하고 받는 대가를 영어로 '샐러리(salary)'라고 하는데 '병사들에게 주는 소금 돈'이라는 라틴어 '살라륨(salarum)에서 유래됐다고 한다. 만약 현재도 소금이 화폐였다면 우유니 소금사막을 보유한 볼리비아가 가장 부유한 국가 중 하나가 되지 않을까?

경기도만 한 우유니 소금사막

우유니 소금사막은 볼리비아 국민이 평생 먹을 수 있는 엄청난 분량의 소금을 보유하고 있다. 경기도 크기만한 우유니 소금사막은 지각변동으로 인해 바다가 증발돼 생긴 소금사막이다. 전날 볼리비아 수도 라파즈 구경을 마친 일행의 다음 일정은 우유니 소금사막이다.

"라파즈에서 우유니까지는 버스로 약 12시간이 걸리는 장거리이니 미리 화장실을 갖다 오라."는 당부를 들은 일행은 마음의 준비를 하고 버스에 올랐다. 그런데 버스엔진 소리가 좀 이상했다. 천천히 가다가 덜컥거리

1 우유니 사막

2 일행을 싣고 우유니 소금사막을 달리는 4륜구동차들 모습

3 소금호텔 앞에는 각국 여행자들이 꽂아놓은 국기들이 펄럭거렸다. 태극기가 나부끼는 모습은 일행을 즐겁게 했다

며 가다 서기를 네 번 반복하더니 엔진이 꺼져버렸다. 고산병과 강행군으로 지친 일행은 단잠에 빠져들었지만 잠이 오지 않은 나는 불안했다.

커튼을 걷어보니 아직 라파즈 시내를 벗어나지는 않았다. 시동이 꺼지자 길잡이가 여행사 담당자에게 전화해 대체 버스를 보내달라고 강하게 요청했다. 한참 만에 대체버스가 왔다. 남미를 달리는 야간고속버스는 우리나라 우등고속만큼 시설이 좋아 거의 누워갈 수 있을 정도다. 하지만 대체 버스는 발도 제대로 뻗을 수 없을 만큼 앞뒤 간격이 좁아 불편했다. 어떡하랴! 집 떠나면 개고생인데. 이런 돌발사고도 여행의 한 부분이고 대체버스만으로도 감지덕지다.

우유니로 가는 도로에는 차가 별로 없었지만 속도를 낼 수 없었다. 과속방지턱이 너무나 많았기 때문이다. 예정시간보다 한 시간여 늦게 우유니 시내에 도착해 식사를 마친 일행은 4륜 구동차량에 배낭을 싣고 소금사막투어에 나섰다.

우유니 소금사막을 제대로 구경하려면

우유니마을에서 소금사막을 향해 차를 타고 가는 동안 소금냄새와 칙칙한 공기가 피부에 와 닿는다. 소금과 먼지가 뒤섞인 곳을 한참 달리니 기차무덤이 나왔다. 군데군데 녹슬고 부서진 기차들을 하필이면 왜 이곳에 방치했을까? 소금이 정말 금덩이처럼 비쌌을 때 이곳에서 각지로 팔려나가다 헐값이 되자 운반수단인 기차마저 버린 건 아닐까?

기차무덤 구경을 마친 일행은 운전사들이 준비해둔 장화로 갈아신고 우유니 사막구경에 나섰다. 일행을 실은 차가 한참을 달려 멈춘 곳은 소금호텔 인근이다. 소금호텔에는 테이블과 의자, 침대까지 거의 모든 인테리어를 소금을 이용해 만들었다. 호텔 앞에는 여러 나라 국기들이 펄럭이고 있었다. 물론 한국 여행자들이 달아놓았을 태극기도 일행을 기분 좋게 했다.

소금사막이라고 해서 소금만 있는 건 아니다. 소금물에 떠다니는 먹이를 찾기 위해 모인 플라밍고와 사막여우, 뚜누파 화산 아랫마을의 라마와 비쿠나, 아직도 용암과 가스를 분출하는 간헐천도 볼 수 있다.

소금사막 한가운데에는 선인장으로 가득한 '페스카도' 섬이 있다. 멀리서 보면 물고기가 누워있는 형상을 해서 물고기 섬이라고 불린다. 아름드리 선인장들이 널려있는 사이를 지나 정상으로 올라가는 오솔길은 힘들었다. "정상까지는 호수 면에서 50m 정도 밖에 안 되는데, 내가 약해졌나?" 하고 생각하다 입구 간판에 적힌 고도를 보고는 고개가 끄덕여졌다.

1 지붕과 문을 빼고는 모든 걸 소금으로 지은 소금집

2 현지운전사들이 준비해온 소품에 앉아 기념 촬영한 일행들

3 우유니 사막

4 석양을 배경으로 일행들이 멋진 포즈를 취했다

우유니 소금사막의 고도가 3,660m였다.

아무렇게나 찍어도 인생사진

우유니 소금사막이 관광객들에게 인기 있는 이유는 뭘까? 단순히 끝없는 하얀 소금 사막, 일상에서는 볼 수 없는 모습들, 맞는 얘기다. 하지만 또 다른 이유가 있었다. 해 질 무렵 현지 운전사들이 일행을 차에 태우고 호수 쪽으로 데려갔다(우기인 12월~3월에는 빗물 등이 고여 얕은 호수가 만들어진다). 그는 일행을 물 위에 세우고 "물결이 일어나지 않도록 움직이지 말라"고 말한 다음 촬영한 사진을 보여줬다.

가히 환상적이었다. 뛰어가는 모습. 의자 위에 앉아 있는 모습. 의자 위에 올라선 모습 등 다양하게 기념사진을 찍었다. 카메라에 잡힌 자신들의 모습을 본 일행 모두 "와! 정말 멋지다!"를 외쳤다. 소금물에서 찍은 사진이 왜 거울 앞에서 찍은 사진처럼 보일까? 고도가 높은 곳에 위치한 우유니는 잔잔한 호수와 맑은 공기 덕분에 세계 최대의 거울로 불리기 때문이다. 가히 어떻게 찍어도 인생사진을 남길 수 있는 곳이다.

(19. 01. 15)

칠레 산티아고에서 만난 여성 시위대

남미에서 정치 경제적으로 가장 안정된 칠레

세계에서 가장 긴 나라 칠레. 길이가 자그마치 4,300㎞에 이른다. 세로로 길고 가로로 좁은 지형을 갖고 있는 칠레는 남북 위도의 차이가 38° 30′이나 되기 때문에 하루에 봄, 여름, 가을, 겨울을 맛볼 수 있는 나라다.

얼마나 길까에 대한 가늠이 안 되면 남한의 10배나 길다고 생각하면 된다. 서쪽에서 동쪽으로는 고도 약 6,000m의 안데스 산맥이 자리하고 있다. 북쪽으로는 페루, 동쪽으로는 볼리비아, 남쪽으로는 아르헨티나와 국경을 접하고 있다.

국토의 길이가 길어 아열대 사막, 지중해성 기후, 온대 기후 등 다양한 기후가 있다. 눈에 띄는 건 칠레가 일명 '불의 고리'인 환태평양 지진대에 속해 크고 작은 지진이 빈번하게 발생한다는 것이다.

칠레 북부사막도시 아타까마 인근의 깔라마 공항을 떠난 비행기가 산티아고 공항에 도착하자 지금껏 느꼈던 남미의 분위기와 사뭇 달라졌다. 페루, 볼리바아와 달리 잘 다듬어진 도로와 건물들. 무엇보다 크게 달라진 건 만나는 사람들의 얼굴 모습이다.

페루와 볼리비아의 주민 대부분은 우리와 비슷한 잉카족 출신이지만 칠레, 아르헨티나, 브라질 주민의 얼굴을 보면 유럽에 온 것 같은 착각이

1 산티아고 시내 모습. 유럽의 시가지 못지않게 발달된 모습이다

2 칠레 수도 산티아고 길거리 모습

3 산티아고 길거리에는 무수한 벽화가 그려져 있었다

4 길거리에서 춤추는 무희 모습

5 칠레는 수산물이 풍부한 나라다. 수산물 시장 모습

6 한국인이 운영하는 "숙이네" 식당. 푸짐한 음식과 인심으로 오랜만에 입맛을 찾았다

들 정도다. 시민들의 얼굴뿐만 아니다. 산티아고 중심가를 돌아보면 중세 유럽의 어느 도시에 온 것 같은 착각이 들 정도다.

세계에서 가장 긴 나라 칠레는 다양한 자연환경을 가진 나라답게 해물산이 풍부하다. 풍부한 강수량 덕분에 과일과 채소가 잘 자라고 긴 태평양 연안에서 난 수산물 역시 넉넉하다. 수도 산티아고에서는 개방적이고 활달한 칠레노를 만날 수 있다. 군부 쿠데타와 급격한 경제성장 등 우리나라와 닮은 점이 많다.

한국인이 운영하는 식당 '숙이네'에서 입맛을 찾다

일행이 남미여행을 떠난 지 보름째다. 일행 중 상당수는 남미 음식을 먹는 데 커다란 불편을 못 느꼈다. 해외여행 경험이 많고 여행 기간 한국음식을 아예 포기했기 때문이다. 하지만 꼭 그럴까? 김치와 된장국이 생각나는 건 당연지사다. 한국음식이 그리운 일행은 길잡이의 안내로 한국인이 운영하는 '숙이네' 식당으로 갔다.

불고기와 삼겹살을 시켰는데 주인은 고기를 엄청나게 줬다. 고기가 싸기 때문이란다. 식탁에는 고추장, 김치, 김, 두부, 단무지, 동그랑땡, 멸치볶음이 나왔다. 특별한 음식도 나왔다. 한국인들이 온 걸 안 주방 아주머니가 파절이에 참기름을 듬뿍 뿌려준다. 카운터를 담당하는 분에게 칠레에서 장사하는 일이 힘들지 않는지를 물으며 대화를 시작했다.

"33년 전 칠레에 이민 온 누나가게를 돕고 있어요. 멸치, 김, 고추장과 소주는 한국에서 배로 수입합니다. 칠레 식당에서는 반찬을 추가하면 추가로 돈을 받지만 우리는 반찬이 떨어지면 무료로 제공해줍니다. 칠레 사람들은 30~40분 정도 앉아 기다리면서도 별로 말이 없어요. 이 사람들은 깐깐하게 따지지를 않아요. 이런 사람들 처음 보았습니다."

오랜만에 한국음식을 실컷 먹은 일행들은 "꿀맛이다!" "한국에서 먹은 것보다 맛이 더 좋다. 특히 파절이가 일품이다."라며 흡족해 했다. 맥주를 마신 후 호텔로 돌아오는 길에는 퇴근시간이어서인지 수많은 사람들이 거리를 오가고 있었다.

그런데 숙소 가까운 곳에 도달한 순간, 주변이 시끄러워지더니 더 이상 길을 건널 수 없었다. 대로변에는 데모대 1천여 명이 행진하며 퍼포먼스를 하고 있었다.

칠레 인권운동의 상징적 존재 '아나 곤잘레스' 여사의 후예들을 만나다

정치 경제적으로 어려움을 겪는 남미국가들 가운데서도 비교적 탄탄한 경제력을 갖추고 민주주의가 정착한 칠레는 우리와 비슷한 아픔을 겪은 나라다. 그 중심에 소아과 의사 출신으로 대통령에 당선된 아옌데와 피노체트 장군이 있다.

지긋지긋한 남미병을 치유하기 위해 발 벗고 나선 아옌데는 1970년 대통령에 당선됐다. 그가 권좌에 앉자마자 진작부터 구상해왔던 급진적 변화를 추구했다. 최대 부존자원인 구리와 석탄, 철강회사와 일반은행 60%를 국유화했다. 지방에서도 농장국유화 정책을 강행했다.

2년도 채 안 되어 반대파의 조직적 반발은 물론 자영농민과 중소기업인들의 불만이 터져 나왔다. 변호사와 학자, 건축가들을 비롯한 중산층까지 가세해 시위에 나서면서 칠레 정국은 걷잡을 수 없는 혼란에 빠졌다.

1973년 9월 11일 아우구스토 피노체트 장군이 쿠데타를 일으켜 대통령궁을 압박했다. 아옌데 대통령은 쿠데타 진압을 시도하던 중 공군장성들로부터 망명을 권유받았지만 거절하며 최후까지 총을 들고 싸우다 자결했다. 반란군은 대통령궁을 공습해 불바다로 만들기까지 했었다.

아옌데는 칠레에 만연된 남미병인 정치부패와 경제파탄, 빈부격차를 해소하기 위해 급진정책을 시행했지만 3년 만에 좌절됐다. 아옌데의 실험이 좌절된 중요한 원인은 보수 엘리트와 군부의 지지를 얻지 못한 데 있다.

또 하나 중요한 원인 중 하나는 미국 닉슨 정부의 배후 조종과 간섭이다. 2000년 12월 빌 클린턴 대통령은 미국 중앙정보부(CIA)가 개입했다는 보고서를 공개하고 유감을 표명했다.

군사독재의 폐해는 컸다. 17년간의 피노체트 군사독재 통치기간 동안 강제 연행돼 고문당하거나 살해 실종된 이는 4만 18명(2011년 집계)에 달했다. 확인된 희생자는 90년대 민주화 이후 유골 발굴과 DNA대조를 통해 확인된 숫자이지만 아직도 1천여 명이 실종 상태다.

1 칠레 인권운동의 상징인 아나 곤잘레스 여사의 생전 모습. 피노체트 군사독재정권시절 남편과 두 아들, 며느리까지 당국에 끌려가 살해당했다. 그녀가 거리에 나설 때면 늘 단단한 꽁지머리에 빨간 매니큐어를 발랐다. 활동하기 편한 풍성한 옷차림에 마푸체 풍의 장신구도 갖췄다 © Wikimedia Commons

2 칠레 원주민인 마푸체족에 대한 경찰의 폭력행위를 중단하라며 시위하는 여성들 모습. 2018년 11월 22일 밤 산티아고 호텔에 방영된 TV뉴스에서 주요뉴스로 보도됐었다

3 마푸체족에 대한 경찰의 폭력행위를 규탄하는 칠레 여성들의 시위 모습

혹독한 군부독재 통치에 반기를 들어 국가폭력을 고발하고 조직적으로 집단적 저항운동에 앞장선 이는 '아나 곤잘레스' 여사다. 그녀의 남편과 두 아들, 며느리까지 끌려가 살해됐다. 그녀는 칠레의 '실종구금자 가족연대(AFDD)'를 조직해 전 세계에 알리는 등 칠레 인권운동의 상징적 존재가 됐다. '칠레의 실종구금자 가족연대(AFDD)' 회원 대부분은 여성들이었다.

1975년에 설립된 칠레 '실종구금자가족연대(AFDD)'는 피노체트 정권의 국가폭력, 특히 '강제실종'의 진실을 묻고 국제사회에 진상을 알린 단체로 2년 뒤 아르헨티나 '오월광장 어머니회' 등 남미 민주화와 인권운동에 지대한 영향을 끼쳤다.

여성이 대부분인 데모대… "더 이상 폭력은 안 돼", 진실과 정의 외쳐!

호텔로 돌아가던 중 길거리에서 만난 1천여 명의 시위대는 대부분 여성이었다. 영문을 모르는 필자와 일행이 사진을 찍자 한 젊은이가 종이를 주며 설명을 했다. 종이 속에는 수염이 난 사람과 스페인어가 적혀 있었다. 시위대들이 든 플래카드에는 영어로 '진실과 정의(Truth and Justice)'라는 글귀가 적혀있었다. 필자는 심상치 않은 사건이 숨어있을 거라는 생각이 들었다.

젊은이가 영어로 사진 속 젊은이를 가리키며 데모하는 이유를 설명했지만 정확하게 알아들을 수가 없었다. 데모대에 휩쓸렸다가 혹시 낭패를 당할까 우려한 일행은 호텔로 돌아왔다. 궁금해진 필자가 호텔 프런트에 있는 여성 직원에게 데모대 사진과 종이를 보여주며 "데모의 이유를 설명해 달라."고 부탁하자 스페인어로 된 글자를 영어로 번역해 주며 신문까지 다운받아 줬다.

칠레 원주민 마푸체족은?

원주민인 마푸체족은 칠레 남부 아라우카니아 지역을 근거로 약 60만 명이 살고 있다. 피노체트 군사독재정권은 이들이 살고 있는 땅을 압수했다. 강제로 땅을 빼앗긴 마푸체족들은 땅을 되돌려 달라고 저항했다. 피노체트 정권은 반테러법을 선포해 이들을 무력으로 진압했다.

반테러법에 저촉되는 행위는 방화나 타인에게 재산피해를 입혔을 때, 또는 무장공격, 살인미수까지 광범위하다. 반정부 시위를 벌이다 경찰과 충돌하는 과정에서 체포돼도 적용된다. 마푸체족들은 칠레가 민주화된 이후 군사독재시절에 압수당한 조상들의 땅을 돌려달라고 요구하고 있다. 하지만 이 땅에는 거대 벌목회사와 대형농장들이 들어와 있다.

호텔 여직원이 영어로 번역해 핸드폰에 보내준 문안에는 마푸체족들에 대한 정보와 인권탄압에 반대하는 내용이 적혀있다. 핸드폰 아랫줄에는

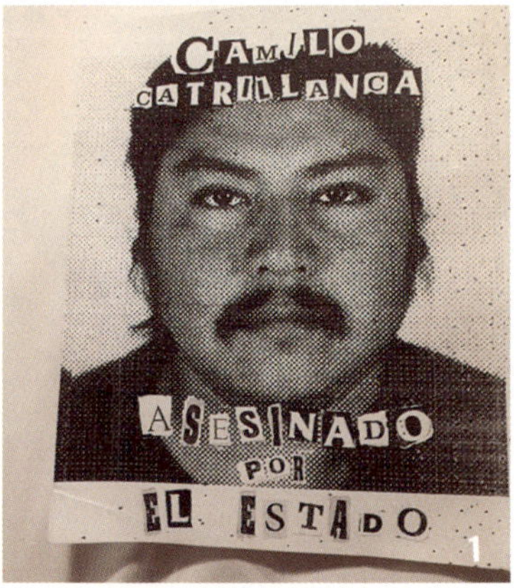

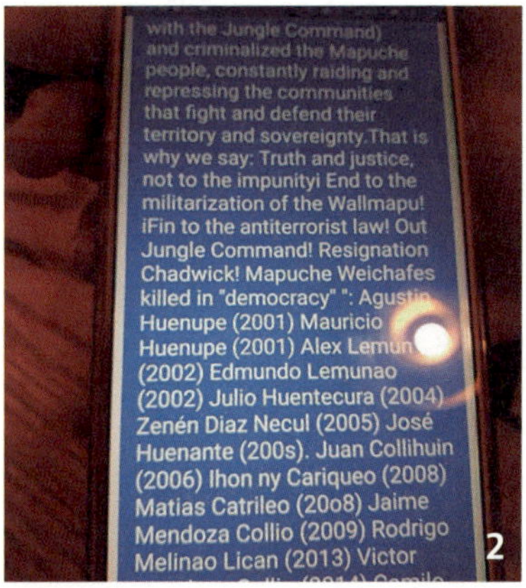

1 칠레 원주민인 마푸체 족 청년 "카밀로 카트리란카"로 경찰에 의해 살해당했다. 산티아고 시내에서 "진실과 정의"라는 플래카드를 든 시위대들이 경찰 폭력에 항의하며 종이에 인쇄된 전단지를 필자에게 주었다. 뒤에는 카밀로 카트리란카에 대한 글이 적혀있었다

2 호텔 프런트에 있는 여직원이 마푸체 족 원주민 탄압에 항의하는 글이 적혀 있는 내용을 영어로 번역해 보내 준 내용이다. 맨 마지막 줄에는 경찰의 총격에 사망한 "카밀로 카트리란카(Camilo Catrillanca)"의 이름이 보인다

경찰의 강경진압으로 사망한 마푸체 원주민들의 이름이 적혀있었다. 맨 마지막 줄에는 이날 데모대들이 주변행인들에게 나눠준 전단지 속 인물인 '카밀로 카트리란카'의 이름도 보였다.

귀국해 마푸체족들에 관해 검색을 한 결과, <울산저널> '원영수 국제포럼'에 나온 기사가 데모대에 관해 내용과 비슷했다. 아래는 2018. 11. 28일에 게재된 <울산저널> "칠레 마푸체 인디오 살해 항의시위 확대" 기사의 주요내용이다.

"11월 13일 카트리란카 사건이후에도 101건의 폭력사건이 발생했다고 밝혔다. 그러나 경찰 폭력에 분노하는 여론이 칠레를 강타했다. 보통사람에 대한 경찰폭력의 잔인함이 도를 넘어섰기 때문이다. 그동안 칠레 경찰은 마푸체 인디오 공동체에 가한 탄압과 폭력성 때문에 많은 비판을 받았다. 특히 칠레인들은 남부 칠레의 인디오 공동체를 감시하는 경찰 특공부대인 정글사령부 해체를 요구하고 있다. 이 악명 높은 특수경찰은 콜롬비아 정글에서 훈련받아 붙여진 이름이다."

일행 중 몇 명은 밤에 산티아고 중심가인 아르마스 광장인근으로 나갔다가 경찰이 데모대에 쏜 최루탄을 맞아 눈물 콧물을 흘렸다고 한다.

칠레는 남미에서 정치경제적으로 가장 안정되어 있는 나라다. 그러나 그 힘의 원천은 아픔을 극복하려는 선각자들의 노력이 낳은 결과다. 불의에 굴하지 않고 정의를 위해 맞서는 강인한 여성의 힘을 보고 감동했다.

(19. 01. 23)

남미의 스위스, '바릴로체'의 아름다움

설산과 호수, 아름다운 꽃들이 주는 아름다움에 취해

남미여행을 떠나는 이들이 꼭 가보고 싶어 하는 곳 중 하나는 파타고니아 지역이다. 남미의 파타고니아 지역에는 만년설에 둘러싸인 봉우리와 멋진 호수가 있다. 무엇보다 여행자의 호기심을 자극하는 것은 피츠로이 산과 토레스 델 파이네. EBS <세계테마기행>에서 환상의 아름다움을 제공한 산들이다.

하늘을 찌를 듯한 모습으로 뾰쪽 솟아있는 산을 바라보며 깨달은 것 하나는 한문 글자인 산(山)을 진정으로 느낄 수 있었다는 것이다. 나무하나 없이 반짝반짝 빛나는 석산이 가운데 우뚝 솟아있고 양쪽으로는 낮은 바위산이 중심부 산을 호위하고 있어 진정한 산(山) 글자다.

'파타고니아'란 1520년 유럽인 최초로 남미를 탐험한 마젤란이 선원들과 함께 남미지역을 탐험하다가 한 말에서 유래했다. 거대한 몸집의 원주민들을 본 마젤란은 '발이 크다'는 의미로 그들을 '파타곤(Patagon)이라고 명명했다. 당시 원주민 테우엘체족의 키는 180㎝ 정도였고 추운 날씨 탓에 짐승의 털가죽 옷과 신발을 신어 거대해 보였을 것으로 추측된다.

남미의 아름다운 안데스 산맥 호수 지방에 있는 '나우엘 우아피(Nahuel Huapi)'호 남동부 기슭에 위치한 바릴로체는 칠레의 푸에르토 바라스를 거쳐 아르헨티나로 입국한 여행자들에게는 파타고니아의 시작점이랄 수 있다.

'나우엘 우아피'라는 이름은 '재규어의 섬'이란 뜻의 마푸체어에서 유래되었다. 이 호수와 바릴로체, 그리고 바릴로체 주변에 위치한 여러 호수와 산이 나우엘 우아피 국립공원 (Parque Nacional Nahuel Huapi)에 속해 있다. 나우엘 우아피 국립공원은 아르헨티나 최초의 국립공원이며, 지금은 두 번째이지만 한때는 가장 큰 국립공원이기도 했다.

1 바릴로체 주변에 펼쳐진 호수와 산이 어우러진 나우엘 우아피(Nauhuel Huapi) 국립공원 모습으로 아르헨티나의 스위스라 불려 관광객들이 많이 찾는 유명 휴양지다

2 파타고니아에는 멋진 산과 호수가 널려있다. 피츠로이 산은 "산 (山)"이라는 글자를 가장 잘 나타내준다. 가운데 뾰쪽하게 솟아오른 산을 중심으로 좌우에 낮은 산들이 보좌해 "山"자를 절묘하게 보여줬다

3 호수 중앙 섬에 있는 아름다운 교회 모습

운이 좋았나 보다. 페루와 볼리비아, 칠레에서 다른 목적지까지 이동할 때마다 야간에 버스를 탔었다. 하지만 이번 여행은 햇살이 내리쬐는 오전에 출발해 오후에 목적지에 도착하는 코스다.

그것도 이층버스 운전석 반대편 맨 앞줄이라 주위전경이 파노라마처럼 펼쳐지는 자리다. 달리는 차장주위로 울창하게 우거진 숲을 지나치면 소와 양떼들이 한가롭게 풀을 뜯는 목장이 나왔다. 어디 그뿐인가. 눈 쌓인 칼부코 화산과 오소르노 화산을 끼고 도는 호수주위를 돌아가는 도로변에는 아름다운 꽃들이 활짝 피어있었다.

차창밖에 펼쳐진 경치가 영화 <반지의 제왕>에 나오는 뉴질랜드 남섬의 '밀포드사운드'로 가는 길처럼 아름다웠다. 멈춰서 카메라로 사진을 찍고 싶은데 무심한 운전사는 앞만 보고 달린다. 잠깐 멈춰서 발이라도 담그고 싶었지만 운전수 마음 아닌가? 차창 밖에는 배낭을 메고 걷거나 사이클을 타고 호숫가를 도는 이들도 보인다. 운전수가 차를 세우지 않은 것은 이보다 더 멋진 곳에 데려다 주려는 게 아닐까?

월트 디즈니가 만든 영화 〈밤비 Bambi〉의 무대배경이 되기도 한 바릴로체

드디어 바릴로체에 도착했다. 호텔에 짐을 내려놓고 '나우엘우아피' 호숫가로 가서 주변 경치를 본 순간 사람들이 '남미의 스위스'라고 부른 이유를 깨달았다. 물속 깊숙한 곳까지 들여다보이는 깨끗한 물, 맑은 공기, 높은 산봉우리에 쌓인 하얀 눈, 도로변 곳곳에 핀 노란 꽃들. 정말 아름다운 곳이다. 개나리처럼 생긴 예쁜 꽃들이 도로변에 흐드러지게 피어 가이드에게 꽃 이름을 물어보니 "레타마(Retama)이고 유럽에서 수입한 품종을 길가에 심었다."고 한다.

현지 가이드 설명에 의하면 1905년 스위스 이주민들이 만든 도시란다. 아르헨티나 사람들이 많이 찾는 휴양지로 신혼여행객들이 많이 찾는 곳이다. 여름철에는 수영을 즐기지만 겨울이면 가까운 로페스 산과 오토 산의 비탈에서 스키를 즐기는 스키어들이 많이 찾는 곳이다.

호숫가에 수영객이 없어 물에 손을 대보니 물이 너무 차다. 만년설이 녹아 흘러든 물인데 수영이 가능할지가 궁금했다. 바릴로체는 그림 같은 경치로 인해 1934년 국립공원으로 지정되었고, 월트 디즈니가 만든 영화 〈밤비 Bambi〉의 무대배경이 되기도 했다.

호숫가를 거닐다 배낭으로 세계를 여행 중인 젊은이들을 만나 대화를

1

3

2

4

1 칠레 푸에르토 바라스에서 아르헨티나 바릴로체로 가는 길은 정말 아름다웠다. 만년설에 둘러싸인 아름다운 산 정상과 호수, 평화로운 목장 주위에 핀 아름다운 꽃들이 일행을 황홀경에 빠지게 했다

2 러시아에서 왔다는 아가씨가 호숫가에서 멋진 폼을 잡으며 모델이 되어줬다

3 화마가 휩쓸고 간 산에 나무들이 말라 죽었다. 어디나 마찬가지겠지만 파타고니아 여행자들은 입산할 때 불을 피울 수 없다. 위반하면 엄청난 벌금을 물린다고 한다

4 아름다운 바릴로체를 더 잘 보기 위해서는 전망대에 올라야 한다. 케이블카를 이용해 오른다

나눴다. 이들은 각자 여행하다 우연히 브라질 상파울루에서 만나 서로를 의지하며 여행 동반자가 되었다. 혼자 여행하면 외롭기도 하고 신변위협에 공동대처할 수도 있겠다 싶어 함께 여행한다는 이들의 얘기다. 직장을 그만두고 세계여행에 나섰다는 박현규(29세)씨가 먼저 입을 열었다.

"처음 브라질 상파울루에 도착했을 당시 치안문제로 상당히 긴장하고 불안해 자유롭게 다니지 못했어요. 하지만 현재까지 한 달 이상 남미를 여행하는 동안 언론과 미디어에서 언급하는 만큼 총기사건 등은 없었고

5 바릴로체의 나우엘 우아피 호숫가에서 배낭을 메고 세계여행에 나선 문지호(왼쪽) 박현규(오른쪽)씨.

6 처음으로 산 명품 토끼가죽 모자. 128년 역사를 자랑하는 모자라고 한다. 한 해 전만 해도 250달러였다는 데 100달러에 팔았다. 한때 세계5대 부국이었던 IMF를 겪는 아르헨티나 현실을 보며 씁쓸했다.

7 유럽의 시가지 같은 바릴로체 시내 모습

8 일행에게 아르헨티나 화폐 5페소에 "00"을 그려 넣어 500페소로 환전해준 푸에르토 바라스의 환전상이 준 돈이다. "00"을 그려 500페소로 만들었을 뿐만 아니라 환율을 형편없이 낮게 적용해 손해를 보았다. 환율을 잘 모르는 외국인들을 악용한 나쁜 환전상이다.

브라질 사람들은 오히려 부담스러울 정도로 친절했습니다. 항상 웃어주는 모습에 감동했어요. 브라질뿐만 아니라 아르헨티나 칠레에서도 미디어에서 들었던 마약, 총기 사건이 일어나지 않았어요. 남미는 자연경관이 풍부해 퇴사를 하고 여행을 왔습니다. 이 아름답고 풍부한 자연환경을 보며 미래에 대한 걱정을 떨쳐버리고 보다 나은 미래를 상상하며 계획 중입니다."

"대학졸업 후 취업하기 전에 오랫동안 꿈꿔왔던 세계여행에 나섰다"는 문지호(27세)씨도 입을 열었다. 그의 얘기는 수능 외국어 7등급 청년의 세계여행 도전기이기도 하다.

"대학 졸업 후 직장에 들어가기 전에 오랫동안 꿈꿔왔던 세계여행에 도전했습니다. 여행을 떠나기 전 저는 미래에 대한 확신이 없었을 뿐만 아니라 취업에 대한 생각도 없었습니다. 처음 시작은 우여곡절의 연속이었습니다. 영어 한 마디도 몰라 옆에 있는 한국 친구의 도움을 받았습니다. 약 2개월이 지나 여행이 익숙해졌을 때 나는 미래와 인생에 대한 생각들을 하고 계획을 세웠습니다. 수능 외국어 7등급이던 제가 외국인들에게 먼저 다가가 말도 걸고 친구가 되어 현지인 집에 초대받기도 했어요. 너무 값진 경험을 쌓은 것에 감사하고 열심히 살겠습니다. 여행을 통해 내면적으로 많이 성장한 느낌이 듭니다."

현지 가이드 설명에 의하면 산 정상이 성당 첨탑처럼 뾰족하게 솟아올라 성당산이라 불리는 산 곳곳에 깎아지른 절벽이 있어 암벽 등반가들이 많이 찾는 곳이기도 한 바릴로체. 호수 중앙에 있는 호텔은 최고급 호텔이라 가장 비싼 스위트룸이 2,000달러나 된다고 한다.

사람들의 모습도 찌들거나 살기 위해 아등바등 거리지 않고 여유 있는 모습이다. 도시와 건축물만 보면 유럽을 그대로 옮겨온 듯해 여기가 남미인지 유럽인지 구분이 안됐다. 물가도 엄청 싸다. 명품에 욕심이 없는 내가 오랜만에 모자를 하나 샀다.

토끼 가죽으로 만든 모자는 아르헨티나에서 128년 역사를 자랑하는 모자란다. 작년만 하더라도 250달러였는데 100달러를 주고 샀다. 일행을 인솔한 길잡이 설명에 의하면 인사동에서 몇 십만 원 하던 물건이라고 하니 횡재한 걸까?

오랜만에 밥이 먹고 싶어 중국집에 들어가 볶음밥과 새우볶음, 마파두부 완탕을 시켜 먹었는데도 2만 원 밖에 되지 않는다. 알고 보니 아르헨티나가 IMF를 겪어 경제가 어려워졌다고 한다. 한 때 세계 5대 부국이었던 아르헨티나가 경제적 동력을 잃어버린 이유가 궁금해졌다. 궁금증은 아르헨티나 수도인 부에노스아이레스에서 풀기로 했다.

(19. 02. 13)

세상에서 가장 멋진 산 중 하나 피츠로이

아르헨티나에서 트레킹 성지가 된 엘 찰튼

남미는 바다 생물인 해마와 비슷하게 생겼다. 아르헨티나의 스위스라 불리는 바릴로체 여행을 마친 일행의 다음 여정은 칼라파테다. 칼라파테 위치는 해마의 꼬리부분에 해당해 일행의 남미여행이 종반전에 다다랐음을 의미한다.

이제 시차적응도 끝났고 현지 문화와 경치를 즐길 때도 된 일행들 입에서 "조금 아쉽다"는 소리가 나오기 시작했다. 하지만 어쩌면 남미여행의 진수가 시작되는 곳은 여기서부터다. 엘 칼라파테에서 출발하는 파타고니아 유명 여행지 모레노 빙하 트레킹과 등산인들의 로망인 피츠로이 봉우리와 토레스 델 파이네 국립공원이 있기 때문이다.

비행기가 칼라파테 공항에 도착해 마을로 향하는 도로 주변은 삭막한 스텝 지대다. 푸른 초원이 펼쳐진 게 아니라 자갈과 흙모래 위에 듬성듬성 풀이 자라고 있었다. 여름이라 이런 모습이겠지만 한겨울에 척박한 이런 곳에서 살 수 있을까 하는 의문이 들었다.

마을 호텔에 여장을 풀고 가을 잠바를 걸친 다음 마을 가까운 곳에 있는 니메즈 자연보호구역을 둘러보았다. 한 시간 30분쯤 걸리는 호수 주위를 돌아보는 거리는 3㎞. 사람에 익숙해진 100여 종의 새들은 사람이 가까이 가도 경계를 하지 않았다.

다음날 일정은 산을 좋아하는 이들의 로망인 피츠로이산이다. 오전 7시 반에 숙소를 떠난 버스가 두 시간쯤 달려 도착한 곳에는 몇 채의 집이 보였다. 오랜 시간 달려야 하니 화장실을 다녀오라는 길잡이의 얘기를 듣고 일행이 화장실에 간 사이에 열어놓은 문으로 반갑지 않은 손님(?)들이 들어왔다.

수백 마리의 날파리들이다. 차창 밖으로 스쳐가는 아름다운 모습에 넋을 잃고 바라보며 "이런 곳에서 며칠간이라도 살아보면 좋지 않을까?"하

1 아름다운 카프리 호수 뒤로 세계적 명산인 피츠로이 봉우리가 보인다

2 엘칼라파테 니메즈 자연보호구역 안에는 100여 종의 새들이 살고 있다. 자연보호구역이라서인지 새들이 사람들을 경계하지 않았다

3 엘칼라파테 자연보호구역 호수에서 평화롭게 헤엄치는 새들의 모습

는 생각은 날파리들 때문에 사라져 버렸다. 주위를 살펴보니 20여 마리 말을 키우는 목장이 있었다. 날파리들은 동물들의 피를 빨며 살아가고 있었다.

옷가지를 벗어 날파리들을 밖으로 쫓아내고 버스가 달리기 시작했다. 희끗희끗 눈을 이고 있는 산 정상 아래 초원에는 키 작은 관목과 풀들이 듬성듬성 자라고 소와 말, 양들이 풀을 뜯고 있었다. 인가가 거의 보이지 않는 길에 간혹 관광버스만 달린다. 수십 킬로미터를 달리자 몇 채의 농가가 보인다.

주위에 철조망이 쳐진 것으로 보아 목장주인의 집인 것 같다. 풀과 관목이 자라는 땅을 보니 자갈과 흙모래만 있는 척박한 땅이다. 현지 가이드 얘기에 의하면 여름이면 가축들을 데리고 이곳으로 왔다가 겨울이면 낮은 곳으로 이동한단다. 겨울에 얼마나 추우면 그럴까?

아름답고 평화롭게만 보이는 이곳의 삶이 녹록하게 보이지 않는다. 삶이 다 그런 것이지만 보이는 게 다는 아니라는 생각이 들었다. 그런 속에서도 의미를 찾는 게 인생이 아닐까?

천하 명산 피츠로이 봉우리를 구경하며 도는 트레킹코스

엘 칼라파테에서 북쪽으로 230㎞ 지점에 있는 엘 찰튼은 만년설에 둘러싸인 작고 아담한 마을이다. 엘 찰튼이 아르헨티나에서 가장 유명한 성지가 된 것은 피츠로이(3,405m) 봉우리 덕분이다. 시간이 충분한 사람들은 피츠로이 봉우리뿐만 아니라 라구나 데 로스 뜨레스, 라구나 또레 등을 보기 위해 며칠씩 머물기도 한다.

마을 뒤로는 피츠로이 봉우리가 우뚝 서있고 그 옆으로 수십 개의 작은 봉우리와 호수가 장관을 이룬다. 현지 가이드 설명에 의하면 "황금빛에 물든 피츠로이의 압권을 보기 위해서는 피츠로이 산 아래 호숫가에 텐트를 치거나 새벽에 일찍 일어나 산에 올라 일출 장면을 보아야 한다."고 설명해줬다.

시간이 넉넉지 않은 일행이 선택한 트레킹코스는 카프리 호수다. 카프리 호수는 피츠로이 봉우리를 전망할 수 있는 곳으로 피츠로이 트레킹로를 따라 두 시간쯤 걸린다. 트레킹 코스를 따라 걷는 산길 주변에는 민들레꽃이 활짝 피고 갖가지 야생화가 만개해 있었다.

현지 가이드가 이름 모를 나무줄기를 가리키는 곳에는 사탕처럼 둥글게 생긴 열매 같은 게 달려있었다. 열매처럼 생겼지만 꽃가지에서 열리지

1 피츠로이 봉우리로 향하기 전에 만나는 마을인 엘찰튼 모습

2 엘칼라파테에서 엘찰튼으로 가던 도중에 만난 간이 휴게소 화장실 문을 열어놓자 수백 마리의 날파리들이 차안으로 날아들어와 곤혹스러웠다

3 엘찰튼에서 피츠로이 봉우리를 향해 트레킹에 나선 일행들

4 엘칼라파테에서 피츠로이 봉우리를 보기 위해 가던 도중 만난 스텝지대로 자갈과 모래흙이 뒤섞인 척박한 땅위에 듬성듬성 풀들이 자라고 있었다

않아 자세히 보니 고목의 줄기에 붙어있다.

가이드는 열매가 아니고 버섯의 일종으로 '인디언 빵(Indian Bread)'이라고 불린다며 원주민인 인디언들이 식용으로 따 먹었다고 한다. 바릴 로체를 안내했던 현지 가이드는 "맛이 달다"고 했는데 피츠로이 가이드는 "달지 않다"고 해 하나 따먹어 확인해 보고 싶었지만 자연보호에 철저한 그들을 위해 참아야 했다.

카프리호수로 가는 4㎞의 트레킹코스는 천태만상으로 구부러진 고사목, 만개한 야생화가 바람에 흔들리는 모습, 주봉인 피츠로이 봉우리 주

1 피츠로이 봉우리로 가는 일행들이 아름다운 산길을 따라 걷고 있다

2 피츠로이로 가는 길에 고목나무 위에 사탕 같은 열매가 열렸다. 버섯의 일종으로 "인디언 빵(Indian Bread)"이며 원주민들이 식용으로 사용했다고 한다

3 민들레 꽃은 한국에만 있는 줄 알았는데 피츠로이 봉우리로 가는 길에 널려있었다

4 엘찰튼에서 피츠로이 봉우리로 가는 도중에 만난 아름다운 모습이다

변을 둘러싼 크고 작은 봉우리에 쌓여있는 하얀 눈들이 주는 신선함으로 일행을 설레게 했다.

오솔길을 굽이굽이 돌아 피츠로이 봉우리가 훤히 보이는 카프리호수에 도착했다. 아! 역시 명산이다. 물이 너무나 맑고 차다. 만년설이 녹아 흘러든 물이니 그럴 수밖에 없다.

아르헨티나 국기의 색깔은 하늘색과 흰색이 섞여 있다. 이곳에 와보면 왜 아르헨티나 국기가 하늘색과 흰색인지 이해가 간다. 하늘색은 옥빛 호수, 그리고 흰색은 호수 뒤로 보이는 설산을 의미하고 있기 때문이다.

(19. 02 .20)

‘와’ 하는 탄성소리, 이게 바로 악마의 목구멍

엄청난 이구아수폭포 물줄기를 뚫고 날아들어가는 새도 인상적

거대한 폭포는 나라의 경계를 가르는 국경선이 되기도 한다. 그래서일까? 세계 3대 폭포 중 하나인 나이아가라 폭포는 미국과 캐나다의 국경을 이루고, 아프리카의 빅토리아 폭포는 짐바브웨와 잠비아의 국경을, 이구아수폭포는 아르헨티나와 브라질을 가르는 국경선에 걸쳐있다.

엄청난 굉음을 자랑하며 떨어지는 빅토리아 폭포는 높이(108m)를 자랑하고 이구아수폭포는 폭(270여 줄기)에서 세계 최고를 자랑한다. 필자는 세 개의 폭포 중 나이아가라 폭포는 못 가봤다. 하지만 이구아수폭포를 본 후 나이아가라 폭포를 관광하던 한 시인이 “아! 가엾은 나이아가라”라고 읊조렸다는 얘기를 듣고 나이아가라의 크기를 짐작할 수 있었다.

‘이구아수’는 이 지역 원주민인 과라니 족의 언어로 ‘큰 물’ 혹은 ‘위대한 물’이라는 뜻이다. 원주민들은 오래 전부터 이 폭포의 존재를 알고 있었지만 서구에 알려지기 시작한 것은 1541년 이후다.

이구아수폭포는 이구아수 강을 경계로 해 아르헨티나와 브라질 두 나라에 걸쳐 있으나 아르헨티나 쪽의 면적이 8:2로 더 넓다. 이구아수폭포는 수려한 자연경관과 다양한 생태환경의 보전 중요성을 인정받아 1984년 유네스코 지정 세계유산에 등록되었다.

집 떠나면 개고생이란 말은 맞지만 관점의 차이다. 이구아수 폭포를 보기위해 부에노스아이레스 호텔에서 일어난 시간은 새벽 두 시다. 가이드가 공항행 택시를 미리 예약해 놓았다. 투덜대는 사람도 있었지만 일행 중 대부분은 수긍하며 빠듯한 일정에 동의했다.

두 시간 여를 비행한 후 오전 7시 40분에 푸에르토 이구아수에 도착했다. 열대우림에 도착했다는 걸 확실히 느끼게 해준 건 울창하게 우거진 숲과 길옆으로 지나가는 야생동물들이다. 이구아수폭포 국립공원 입구에는 세계 각국에서 온 관광객들로 넘쳐났다. 라커에 각자의 짐을 맡기고 관광열차에 올라탔다.

1 아르헨티나 이구아수폭포 가운데 가장 유명한 "악마의 목구멍" 모습

2 햇빛과 물안개가 어우러져 멋진 무지개를 만들었다

3 이구아수폭포로 이어지는 다리를 걸어가는 관광객들

4 길옆 나무위에 새 한마리가 관광객들을 내려다보고 있었다

이구아수폭포가 가까워질수록 지금껏 보았던 남미와는 확연히 달라진 모습이다. 멋진 새소리들. 간혹 나뭇가지 사이로 날아다니는 새들도 보이지만 숲속에 숨어 눈에 띄지 않지만 아름다운 노래로 일행을 반겼다. 폭포가 가까워지자 여기저기서 흐르는 강줄기의 수량이 엄청나다.

수만리 먼 길을 달려왔을 물줄기. 예상했던 만큼 맑은 물은 아니다. 강과 수목들을 배려해 철제로 만든 다리에는 구멍이 뚫려있어 수목들이 자라도록 배려했다. 폭포로 가는 길가에는 이름 모를 새가 인간을 두려워하지 않았다. 먹을 걸 바라는 눈치다.

아르헨티나 쪽 이구아수 폭포의 가장 큰 장점은 다양한 산책로다. 산책로는 높은 산책로와 낮은 산책로로 나뉘어져 있는데 64~82m에 이르는 폭포의 전망을 즐기기에는 낮은 산책로가 좋으며 높은 산책로는 폭포 위에서 아래를 내려다볼 수 있다는 장점이 있다.

다리 아래 80센티미터 정도의 고기가 빠른 물살을 헤치고 헤엄치고 있었다. 입 옆에 큰 수염이 있는 걸로 보아 메기인 것 같기도 하고 잉어 같기도 하다. 한참을 가니 쿵쿵거리는 소리와 함께 하얀 물보라가 하늘 높이 솟아오르며 사람들이 카메라를 들고 사진 찍느라 여념이 없다.

"와!" 하는 탄성소리가 들리는 곳은 이구아수폭포 중에서도 가장 유명하다는 '악마의 목구멍'이다. 수량이 엄청나다. 혹시나 잘못해 발이 미끄러지기라도 하면 살아남을 수가 없을 것 같다. 굉음을 내며 떨어지는 지점은 하얀 포말을 일으켜 바닥이 보이지 않는다. 그 사이로 멋진 모습들이 떠올랐다. 햇빛과 물안개가 합성해 만들어낸 오색찬란한 무지개다.

폭포를 구경하고 벤치에 앉아 있는데 앉아있던 여성들이 "꺅"소리를 내며 놀란다. 폭포 인근에 사는 코아티다. 코아티들은 흘린 음식물을 주워먹는게 일상이 됐는지 사람들을 전혀 무서워하지 않았다. 공원 곳곳에는 "야수처럼 사람을 공격하지는 않지만 간혹 사람을 물어 상처를 입히

1 다리 아래에 80여 센티미터쯤의 물고기가 있었다

2 브라질쪽 포즈두 이구아수폭포 모습

3 이구아수폭포의 세찬 물줄기를 뚫고 들어가는 "구아수(Guaxu)"라는 새들의 능력에 놀랐다

4 엄청난 수량이 쏟아지는 이구아수 폭포

5 어린아이가 들고 있던 과자를 덥석 물고가서 훔쳐 먹는 코아티와 원망스럽게 쳐다보는 아이 모습이 보인다

6 이구아수폭포에서 태권도복을 입은 여성들을 만났다. "송암"이라는 한글이 선명하게 적혀있었다

니 주의하라"는 글귀와 함께 상처 입은 사람들의 사진이 걸려 있었다.

브라질 측 이구아수폭포, 포즈 두 이구아수에서 새들의 놀라운 능력을 보다

브라질 측 이구아수폭포인 포즈 두 이구아수폭포는 폭포 가까이까지 갈 수 있다. 다만 옷 젖을 걸 대비해 비옷을 준비해야 한다. 폭포에 난 길을 따라 폭포 가까이 가자 쏟아지는 물안개가 시야를 가린다. 멋진 모습에 감탄하며 입을 벌리고 있는데 폭포 사이로 뭔가가 날아다녔다. 새다. 저렇게 엄청난 수량 사이를 뚫고 폭포 쪽 바위 사이로 날아드는 새가 있다는 게 믿어지지가 않았다.

잘못 본 걸까? 확인해보기 위해 국립공원직원에게 물으니 '구아수(Guaxu)'라는 새란다. 제비처럼 생긴 '구아수'들은 폭포 상단부 사이의 수량이 적은 부위로 날아들어 갔다 다시 나온다. 믿을 수가 없어 확인하기 위해 다른 직원과 대화를 나눴다.

"저 폭포수를 뚫고 절벽 쪽으로 날아 들어가는 것들이 새가 맞아요?"

"예! 맞아요. '구아수'라는 새입니다. 폭포수 아래 절벽 쪽에 500여 마리가 사는데 둥지 속에 알을 낳아 새끼를 키웁니다."

새들의 능력에 놀라 입을 다물지 못하고 도로에 나오니 여성 두 명이 태권도복을 입고 걷고 있었다. 브라질에서 태권도를 배운다는 여성들의 도복에는 '송암'이라는 한글이 선명히 붙어있었다. "안녕하세요!"라고 말하며 "한국에서 왔다"고 하니까 "안녕하세요!"라고 인사는 했지만 더 이상은 대화가 되지 않았다. 그들은 포르투갈어를 사용하기 때문이었다.

(19. 03. 26)

세계 최고의 건축물에 한글로 된 주요기도문이 있다

곳곳에 천재 건축가 가우디의 숨결이 묻어나는 바르셀로나

스페인을 생각할 때 맨 처음 떠오르는 단어는 컬럼버스, 투우, 플라멩고가 생각난다. 셋 다 스페인 사람들이 가진 열정에서 비롯됐다. 그러나 태양의 나라 스페인의 열정이 그뿐일까? 아니다. 지난주 스페인의 주요 도시를 돌아보며 그들의 열정을 느낀 건 오히려 그들의 건축술이다. 특히 대성당들의 웅장함과 화려함에 입이 다물어지지 않았다.

세비야 대성당에서는 화려함의 극치를 맛보고, 알함브라 궁전에서는 이슬람 건축과 아름다운 정원에 놀라며, 몬세라토 수도원에 오르면 720m 암벽 정상부에 이렇게 아름다운 수도원이 있다는 데 놀란다. 하지만 이 모든 걸 합쳐놓은 세계 최고의 건축물은 바르셀로나에 있는 사그라다 파밀리아 성당이다.

사그라다 파밀리아 성당은 우리말로 성가족성당(Sagrada Familia)이다. 성(聖)가족은 예수와 마리아, 요셉을 일컫는다. 사그라다 파밀리아 성당 입구에는 예수님의 탄생부터 죽음에 이르기까지의 일대기를 조각해 놓았다. 필자가 28년 전 혼자 유럽 배낭여행할 당시에는 옥수수모양의 4개의 탑만 있었는데 좌우로 건축물이 늘어났다.

20세기의 미켈란젤로로 불리는 안토니오 가우디는 타고난 재주가 아니라 처절한 노력에 의해 탄생한 천재다. 1883년 서른을 갓 넘긴 가우디는 스승 비야르가 포기한 성당의 건축을 맡게 된다. 그 후 숨을 거둘 때까지 40년간 남은 생을 바쳐 설계하고 감독한 최대의 프로젝트가 사그라다 파밀리아 성당이다.

안토니오 가우디(1852-1926)는 표현주의와 네오고딕양식을 중심으로 모사라베, 두데하르, 바로크 등 다양한 예술 조류를 조화시켰다. 가우디는 특히 자연의 유기적 형태를 모방하여 어떠한 직선형태도 사용하지 않

1 천재 건축가 가우디가 설계한 사그라다 파밀리아 성당으로 바르셀로나를 대표하는 마스코트이다. 필자가 28년 전(1991년) 유럽 배낭 여행하며 보았을 때는 오른쪽 옥수수 모양의 4개 탑만 있었는데 좌우에 새로운 건축물이 늘어나 있었다. 가우디 사후 100년이 되는 2026년에 완공할 예정으로 지금도 공사 중이다

2 사그라다 파밀리아 성당을 보기 위해 세계 각국에서 엄청난 관광객이 왔다. 너무 많은 관광객이 몰려 하루에 입장할 수 있는 인원을 제한하기 때문에 미리 예약하지 않으면 낭패를 볼 수 있다

3 사그라다 파밀리아 성당 안에는 세계 각국 언어로 쓴 주요기도문이 새겨져 있다. 중간쯤에 한글로 된 주요기도문이 보인다

았고 풍요로운 장식을 선호했다. 또한 건축, 조각, 디자인 등 예술 장르들을 즐겨 혼합했다.

뿐만 아니라 재료 사용에서도 독창성을 발휘했는데 트렌카디스(trencadis) 기법은 대표적인 예이다. 이 기법은 깨진 타일이나 도기 혹은 컵 조각들을 모아 즉석에서 자연스럽게 모자이크하는 것으로 구엘 공원을 가보면 그의 천재적 작품들을 볼 수 있다. 가우디가 처음부터 인정받은 건 아니다. 26세에 바르셀로나 건축학교를 졸업할 때 교장은 이렇게 말했다고 한다. “오늘 우리는 미친 놈 아니면 천재에게 졸업장을 수여했다. 시간이 지나면 그 해답을 알 것이다.”

다행히 가우디는 까딸루냐 모더니즘을 대표하는 세계적 예술가로 성장했다. 멀리서도 보이는 옥수수 모양의 4개 탑은 바르셀로나를 대표하는 마스코트 중 하나다. 성당은 아직 미완성 상태이며 기부금과 입장료만으로 공사를 진행하고 있다. 스페인 정부에서는 가우디 사후 100년이 되는 2026년 완공을 목표로 공사 중이다.

현재 완성된 부분은 동서 파사드, 옥수수 모양으로 솟은 4개의 탑과 지하예배당, 2010년에 완성된 본당 등이다. 본당은 가우디의 계획대로 돔과 창을 통해 자연광이 들어오도록 설계되어 있다.

주계단은 돔에서 내려오는 자연광으로 극적이며 천장과 기둥은 기하학적 문양의 조각들로 장식돼 있다. 본당 안은 온통 흰색이며 화려한 색상의 스테인드글라스를 통해 들어오는 빛에 따라 실내 분위기가 달라진다.

지하예배당에는 가우디의 묘가 있으며 성당 건축에 관한 기록과 사진 등을 전시하고 있다. 옥수수 모양의 탑을 개방하고 있는데 타워 엘리베이터를 타고 올라가서 걸어 내려올 수 있다. 유네스코문화유산으로 지정된 성당은 세계 각국에서 수많은 관광객들이 몰려와 하루 입장객을 제한하고 있어 미리 예약하지 않으면 낭패를 볼 수 있다.

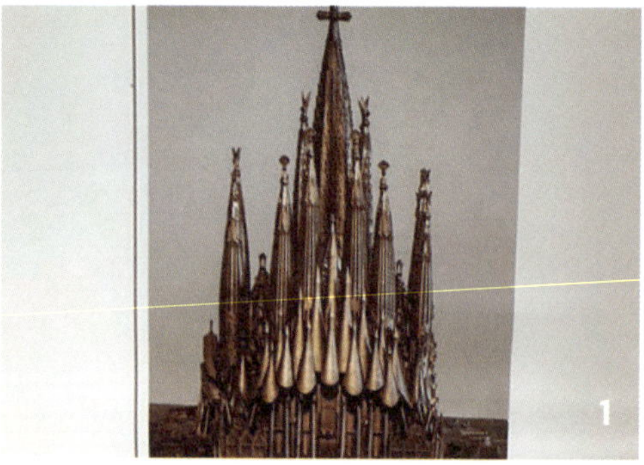

1 지하실에는 가우디 사후 100년이 되는 2026년에 완공될 사그라다 파밀리아 모습을 전시해두고 있다

2 가우디가 후원자인 구엘을 위해 지은 저택이었지만 지금은 시민에게 개방해 구엘공원이 됐다. 가우디는 이 공원의 테마를 지상낙원으로 잡았다

3 사그라다 파밀리아 성당 천정 모습

4 까탈루냐 성지 몬세라토 산을 모티브로 지은 카사밀라 건물. 당시에는 지진 난 집, 말벌집, 고기 파이 등으로 조롱받았지만 20세기 건축 베스트 10에 선정됐다

5 가우디가 후원자 구엘을 위해 지은 구엘공원 모습으로 자연을 그대로 이용한 산책로와 여신기둥이 보인다

6 멋진 포즈를 취한 아가씨 모습. 뒤쪽에 수위실 하나에도 예술적으로 지은 가우디의 정성이 보인다

후원자 구엘을 위해 가우디가 지은 구엘공원

가우디가 세계적 건축물을 짓도록 한 후원자는 구엘이다. 대부호였던 구엘은 가우디의 천재성을 알아보고 재정지원을 아끼지 않았다. 가우디는 후원자 구엘을 위해 영국풍의 조용한 주택가를 만들고자 계획하고 1900~1914년까지 설계를 맡아 공사를 했다.

하지만 사람들의 외면으로 인한 자금난과 구엘의 죽음으로 공사가 중단됐으며 지금은 시민들의 공원으로 개방하고 있다. 정문으로 들어가면 일곱 난장이가 살 것 같은 수위실과 관리실이다. 두 건물은 동화 속에 등장하는 과자 집을 연상시키는데 가우디는 이 공원의 테마를 지상낙원으로 그렸다.

공원 정문을 지나 처음 만나는 계단에는 도마뱀 분수가 있다. 조금만 올라가면 86개 기둥이 있는 건물이 나타난다. 뒤로 돌아 옥상으로 올라가면 바다와 사드라다 파밀리아 성당을 바라볼 수 있는 중앙광장이 있다. 아름다운 타일로 모자이크 장식을 한 이곳의 벤치는 인체공학적으로 만들어져 잠시 앉아 휴식을 취하고 피로를 풀기에 안성맞춤이다.

건축 당시 조롱받았지만 20세기 건축 베스트 10에 선정된 카사밀라

시내 중심가에는 가우디의 팬 '밀라 이 캄프스'가 가우디에게 의뢰해 지은 '카사밀라'가 있다. 가우디가 몬세라토 산을 모티브로 세운 건물은 어느 곳 하나 각진 곳 없이 부드러운 곡선으로 지어졌다.

건물 외관이 출렁이는 물결 모양인 데다 베란다의 난간도 해초들이 아무렇게나 늘어져 있는 모습이어서 어떻게 보면 무너질 것 같다. 당시 매스컴들은 지진 난 집, 말벌집, 고기 파이 등으로 부르며 밀라를 조롱했지만 오늘날 20세기 건축 베스트 10에 선정된 집이다.

(19. 05. 15)

꿈군 적 없던 길이 - 세계여행 값15,000원

2021년 12월 5일 인쇄
2021년 12월 9일 발행

지 은 이 오문수

교 정 이민숙 김옥선
진 행 문기덕
펴 낸 곳 도서출판 비지아이,
펴 낸 이 신익재
출판등록 제2-3315호
등록일자 2001. 04. 19
주 소 서울특별시 양천구 곰달래로 11길 42-1
전 화 (02)2285-2710 FAX (02)2285-2714

ISBN 978-89-92360-59-3